LA JURIDICTION COMMERCIALE

À Lyon sous l'ancien régime

ÉTUDE HISTORIQUE

SUR LA

Conservation des privilèges royaux des foires de Lyon

(1463-1795)

PAR J. VAESEN

Ancien élève de l'École des Chartes

LYON

A LA LIBRAIRIE ANCIENNE D'AUGUSTE BRUN

À l'enseigne de la Providence

13, Rue du Plat, 13

1879

LA

JURIDICTION COMMERCIALE

A LYON

sous l'ancien régime

LA

JURIDICTION

COMMERCIALE

A Lyon sous l'ancien régime

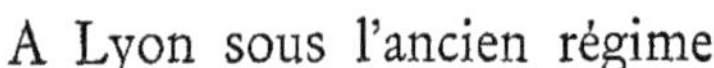

ÉTUDE HISTORIQUE

SUR LA

Conservation des priviléges royaux des foires de Lyon

(1463-1795)

Par J. VAESEN

Ancien élève de l'École des Chartes

LYON

IMPRIMERIE MOUGIN-RUSAND

3, Rue Stella, 3

1879

PRÉFACE

Dans la pensée première de son auteur, ce livre
ne devait pas se restreindre à ce qui est aujour-
d'hui son objet ; il devait embrasser le commerce
lyonnais tout entier. Mais ce commerce c'était,
autrefois comme maintenant, toute la vie de notre
cité ; en entreprendre l'histoire, c'était s'obliger,
sinon à écrire une histoire de Lyon encore
attendue, du moins à la connaître dans tous
ses détails. Aussi a-t-il bien vite fallu rabattre
de semblables prétentions. D'ailleurs toute vie a
son organisme que l'on peut étudier en chacune
de ses parties, et celui du commerce lyonnais
étant très-compliqué, il n'était pas difficile d'y
découvrir quelque élément, qui se prêtât à une
étude isolée, et donnât en même temps une idée
exacte, sinon complète, de l'ensemble auquel il
appartenait. A ce dernier titre, la Conservation

méritait d'attirer l'attention. Chargée de résoudre presque toutes les questions que pouvait soulever le commerce de son temps, elle imposait à son historien le devoir de les examiner toutes. D'autre part, plus qu'aucune institution lyonnaise, ce tribunal avait été associé aux vicissitudes de la cité; il avait suivi dans ses migrations d'une rive de la Saône à l'autre le commerce lyonnais (1); chacun de ses progrès avait été une conquête de l'administration municipale. Il témoignait à la fois et de la science des affaires et de la sagesse politique de nos ancêtres. Dans ces conditions, il avait sa place toute indiquée en tête d'une série d'études, dont chacune pourrait être consacrée à quelque institution analogue. Ainsi concentrée sur cet objet unique, notre étude a pu en embrasser

(1) C'est sur la rive droite de la Saône que s'est développé ce commerce; c'est dans ce quartier que les grands négociants italiens du XVIᵉ siècle, les Gadagne entre autres, avaient établi leurs habitations, dont quelques-unes subsistent encore; c'est là aussi que dès le commencement du XIVᵉ siècle nous trouvons la maison du Change; c'est seulement au XVIIᵉ siècle, et avec la construction de l'Hôtel de-Ville sur la place des Terreaux, que le commerce se déplace et se fixe plus spécialement entre les deux fleuves. Or, la Conservation, à son origine, se trouvait aussi sur la rive droite de la Saône, comme l'indique le nom d'*allée de la Conservation* donnée à une voie « qui de la rue Saint Jean vis à vis la rue Neuve, *passait* par la cour du bureau des finances et se terminait au cul de sac de la rue des Trois-Maries. »

Almanach de Lyon, année 1744, p. 192.

plus facilement tous les détails; nous sommes remonté jusqu'aux origines de la Conservation; nous l'avons prise, pour ainsi dire, au berceau, suivant pas à pas tous ses progrès, étudiant les transformations qu'elle a subies, les luttes qu'elle a eues à soutenir, son caractère, ses attributions, sa législation, sa procédure; nous avons donné les noms de tous les magistrats qui y ont siégé, jusqu'au jour où ils ont cédé la place aux juges du tribunal de commerce. Elle nous offrait, en outre, une occasion de montrer sous un nouvel aspect nos archives lyonnaises si riches, et pourtant si peu exploitées. La plupart des documents qui ont servi à écrire cette étude n'étaient jamais sortis de leur poussière; beaucoup même ne sont pas encore classés (1). Et pourtant, ce sont les seuls matériaux que comporte l'histoire des institutions; les chroniques ont sans doute au premier abord, pour le lecteur, un intérêt plus vif; mais leur auteur, qui voit chaque jour la machine administrative aller son train, va-t-il s'arrêter à

(1) Tels sont ceux de la série FF, que nous aurons à citer dans le cours de notre travail. Quoiqu'ils portent des numéros provisoires, il nous a été impossible d'y renvoyer, ces numéros devant être remplacés par d'autres d'ici à quelques années.

décrire ce que personne ne daigne remarquer? Quand cela lui arrive par hasard, il met toujours du sien dans sa description. C'est par ses archives seulement qu'une institution raconte elle-même son histoire; et si ce récit n'a pas la couleur et le charme pittoresque que prête aux événements celui qui en a été le témoin, l'intérêt psychologique, si je puis ainsi parler, en est souvent plus grand; le lecteur pénètre plus avant dans l'esprit même du passé. Il y a dans l'histoire de la Conservation tels détails de mœurs judiciaires ou municipales, qu'il eût été dommage de laisser perdre; c'est au moins ce qu'il nous a semblé. Dieu veuille que le lecteur soit du même avis.

INTRODUCTION

L'histoire du commerce de Lyon et celle de la ville commencent le même jour. Sa situation privilégiée au centre de la grande voie navigable de notre pays lui avait, dès sa naissance, assigné son rôle. Rendez-vous des négociants gaulois sous les Romains et peut-être avant eux, Lyon était alors citée par Strabon comme le « marché de toute la Gaule. » Elle perdit au Moyen-Age cette réputation, mais sans cesser jamais complètement de la mériter, et quand arriva la décadence des foires de Champagne, qui l'avaient éclipsée pour un temps, Lyon fut leur héritière naturelle; les rois de France dotèrent ses foires de tous les priviléges dont avaient auparavant joui leurs rivales. Les grandes institutions que le commerce avait fait naître sur les bords de la Marne, de l'Aube et de la Seine émigrèrent sur les rives du Rhône et de la Saône, et parmi elles cette juridiction qui devait prendre plus tard tant d'importance sous le nom de Conservation des priviléges royaux des foires de Lyon. Ce fut, en effet, pendant quatre siècles et demi le tribunal commercial de la ville, et l'un des plus considérables de l'Europe, tant par le nombre et la variété des affaires qui lui étaient soumises que par l'originalité de son organisation. Peut-être le nom, insignifiant aujourd'hui, qu'il portait alors a-t-il contribué à faire l'obscurité sur lui. Toujours est-il que tous les auteurs qui ont écrit sur Lyon n'en ont presque pas parlé ou n'ont débité sur son compte que des erreurs. Pourtant un tel sujet eût offert un égal intérêt à l'histo-

rien des institutions et au juriste. La longue carrière de la Conservation avait été bien remplie, elle ne s'était pas arrêtée comme celle de la plupart de nos corps judiciaires, aux premiers jours de la Révolution ; elle avait survécu quelques années encore aux coups de la tempête ; elle avait conquis un à un tous les priviléges dont les Lyonnais étaient si fiers, elle avait tenu à Lyon la place d'un Parlement vingt fois demandé et jamais obtenu, et peut-être comme un Parlement n'aurait pu la tenir ; elle avait contribué pour sa bonne part à créer cette jurisprudence dont notre code de commerce est devenu l'expression légale et définitive ; elle avait laissé après elle, comme monument de son passage dans l'histoire, de précieuses archives amassées pendant des siècles. Si humble à son origine qu'on a peine à découvrir la date précise de sa naissance, elle grandit rapidement par suite des circonstances qui firent de Lyon au XVIe et au XVIIe siècle une des premières places de commerce de l'Europe, et aussi par les efforts persévérants des Lyonnais. Animés sans doute par la pensée qu'un jour cette juridiction serait la leur et deviendrait l'honneur de leur cité, tous leurs efforts pendant près de deux cents ans tendirent à en accroître les priviléges, comme s'ils eussent travaillé pour eux-mêmes, non pour les officiers royaux qui y siégeaient à ce moment. Enfin l'heure arriva où Lyon, la grande ville de commerce de la France d'alors, eut son tribunal à elle, commercial comme elle, avec son organisation, sa procédure, sa législation à part, dont bien d'autres villes étaient jalouses. Elle en était fière, plus même qu'elle ne l'aurait dû, et regardait de bien haut ses rivales moins heureuses. Le temps n'est plus aux mesquines passions qui animaient les Lyonnais d'autrefois, mais est-ce trop espérer de ceux d'aujourd'hui qu'un peu d'intérêt pour ce qui faisait l'orgueil de leurs pères ?

CHAPITRE Ier

LE SÉNÉCHAL DE LYON, CONSERVATEUR ET GARDIEN

DES FOIRES DE LYON

On donnait sous l'ancien régime le nom de *conservateur*
au magistrat chargé de sauvegarder les priviléges d'un
corps constitué, d'une classe de citoyens, et de juger les
difficultés que soulevait leur application. Ainsi les Juifs,
les universités, avaient leurs priviléges et un conservateur
de ces priviléges. Les foires de Champagne eurent les
leurs; et il en fut de même de celles de Lyon, quand elles
eurent reçu au xve siècle, avec l'investiture royale, les priviléges qu'elle entraînait (1). S'il fallait ajouter foi à la plupart des textes qui se rapportent à ses origines, ils remon-
teraient au 6 août 1349 ; cette date est celle d'une ordonnance qui concerne les foires de Champagne, et notamment les attributions de leur tribunal (2). Comme cette
ordonnance donnait le dernier état de leur législation, et
que les foires de Lyon leur empruntèrent d'abord, sinon
toutes leurs institutions, du moins tous leurs priviléges, elle
leur servit pour ainsi dire de charte constitutionnelle, et à

---

(1) C'est au xve siècle, en effet, que l'on trouve les foires de Lyon pla-
cées sous la protection officielle des rois de France; auparavant la ville
a des foires, elle a une industrie et un commerce actifs, mais qui ne
jouissent d'aucuns priviléges spéciaux comme ils en acquirent à ce
moment-là.

(2) Priviléges des foires de Lyon. Lyon, Guillaume Barbier, in-4°,
1647, p. 1.

ce titre figure en tête du Recueil imprimé en 1560 par P. Fradin (1).

Dans l'édition de 1647, elle se trouve à la même place ; je l'ai trouvée également en tête de l'inventaire manuscrit des archives de Lyon, rédigé au siècle dernier par Chappe. On finit par croire que cette ordonnance avait été rédigée spécialement pour régler les foires de Lyon et leur juridiction, et c'est ce qui explique que dans des textes considérés comme officiels, la Conservation soit placée chronologiquement en tête de toutes les juridictions commerciales à cette date de 1349 (2). Cette erreur s'accrédita, et des jurisconsultes de notre temps l'ont encore reproduite (3); la

---

(1) Cette dernière édition est à peu près introuvable aujourd'hui ; je n'ai pu me la procurer ni à Lyon, ni à Paris ; j'ai seulement découvert dans les archives de Lyon un manuscrit curieux qui semble en être une copie destinée à l'impression, car à la suite de quelques feuillets qu'il contient, et qui renferment un titre et une préface, se trouve une liste de mots et de membres de phrases à corriger. La première page est ainsi conçue :

Ordonnances

et

Priviléges

des foires de Lyon et leur antiquité

avec celles de Brie et de Champagne

et les confirmations d'icelles par sept

roys de France depuis Philippe de Valois

jusqu'à François

second à présent régnant

Le lion argentant sous fleur d'or liliales

(Ici les armes de la ville)

S'avance droit marchant par franchises royales

Par privilége

A Lyon, chez P. Fradin, 1560. »

(2) V. la Collection de textes imprimés des archives nationales cotée AD Iᵃ XI, nᵒ 29, connue sous le nom de *collection Rondonneau*.

(3) V. Genevois. Histoire critique de la juridiction consulaire. Toulouse, 1868, in-8ᵒ, p. 54.

Conservation n'en est pas moins l'un des plus anciens tribunaux de commerce qu'il y ait eu en France, puisqu'elle remonte officiellement au 8 mars 1463 (n. st), et que celui qui jusqu'à présent vient immédiatement après elle, la Bourse de Toulouse, fut fondé seulement en 1549. Mais entre l'établissement des foires et la création du conservateur, c'est-à-dire de 1420 à 1463, il y a un intervalle de quarante-trois ans. Tout porte à croire que pendant ce temps, la justice fut rendue aux foires de Lyon par un tribunal constitué comme celui des foires de Champagne. Des textes très postérieurs, il est vrai, et qui n'ont que la valeur d'une tradition, le disent positivement (1)

Un mémoire du XVIIIe siècle, pour la veuve Brunet et Escalier, marchands de Lyon, remontant beaucoup plus haut encore, prétend qu'à la tête des foires fondées par les Romains à Lyon, il y avait un *curator nundinarum* qui aurait été l'ancêtre du *conservateur des priviléges des foires de Lyon*. Paradin, dont il invoque l'autorité, cite lui aussi un *summus curator* « qui se pourroit, dit il, aujourd'hui, dire un conservateur », mais rien ne dit que ce fût celui des foires. Aucun texte, aucune inscription ne nous fait connaître ce fonctionnaire. Peut-être l'auteur du Mémoire, aveuglé par le désir de trouver à la Conservation une généalogie lointaine a t il pris pour le *curator nundinarum, le curator nautarum* dont l'existence nous est attestée par les inscriptions. L'existence d'un *curator nundinarum*, même à défaut de textes, n'en est pas moins possible et même probable, si l'on songe à ce qu'étaient les *curatores* dans l'administration romaine. Chaque service municipal avait le sien ; les foires pouvaient bien avoir le leur.

(1) Dans le *Procès en règlement de juridiction entre la Conservation et la sénéchaussée et présidial*, imprimé en 1669, in-4°, à Paris, par Pierre Lepetit, un passage que nous aurons à citer de nouveau pour prouver qu'à l'origine la procédure de la Conservation était sommaire, est ainsi conçu : « Anciennement, le *garde chancelier* et juge des marchands prononçait *de plano* sur le dire des parties, etc... » Un mémoire du vice-consul de la nation florentine, en 1630, contre l'introduction de nouveaux officiers en la Conservation, renferme ces mots : « Le juge qui a été créé pour la conservation d'iceulx (priviléges) au lieu du *garde et chancelier* des foires de Champagne et de Brie. » Arch. de Lyon,

Le nom de la juridiction champenoise à son déclin est le même que porta plus tard le tribunal lyonnais, savoir : « Conservation des priviléges des foires de Champagne et de Brie. » (1)

D'après les textes que nous citons en notes, il semblerait que la distinction des gardes et du chancelier des foires, distinction qui n'exista ni au début ni à la fin des foires de Champagne, ait été inconnue à celles de Lyon. Il n'y aurait eu à Lyon qu'un chancelier administrateur et garde du sceau des foires, ayant sous ses ordres des clercs des foires ou lieutenants, ce procureur ou ce promoteur, ces sergents et ces notaires, dont M. Bourquelot énumère les attributions (2). Nous ne faisons que les indiquer puisque leur existence à Lyon n'est que conjecturale.

L'ordonnance de 1463 définit et organise enfin d'une façon quelque peu précise notre institution. Voici l'article qui la concerne : « Et pour ce que durant lesdites foires se

FF 277. Un très curieux mémoire sans signature sans date, mais pro bablement du xviiie siècle, pour combattre les prétentions des juridictions consulaires qui voulaient s'égaler à la Conservation et établir sa qualité royale, remonte jusqu'au *chancelier*. Arch. de Lyon, FF. 272. Enfin, n'est ce pas de ce chancelier qu'il est question dans le passage suivant des délibérations consulaires, en date du 10 février 1456 : (nst) « Item pour ce que Mombrison le *chancelier* s'est plaint à eulx (les conseillers), disant que depuis peu de jours en ça il avoit fait de grans perdes tant en argent qu'il avoit presté, comme en argent, draps à lui prins et derobez, et demandoit admoderacion de tailles... Ilz ont esté d'oppinion que ledit Mombrison qui desja avoit esté naguères admoderez fust remis à xiis d. tr. pour tailles dont n'a pas esté content ledict Mombrison pour ce qu'ilz ne le remectent à dix solz tournois ? » BB 8 fo 8o.

(1) Bourquelot. Histoire des foires de Champagne. Mémoires présentés à l'Académie des inscriptions et belles lettres par des savants étrangers, 2e série, Antiquités de la France, 1865, t. v, p. 224, 250.

(2) Mém. cité.

pourroient mouvoir questions et débatz entre noz officiers et les marchands qui fréquenteront lesdictes foires, comme de marchands à marchands et de partie à partie, nous, pour obvier auxdits débatz, questions et procez, et mectre brefve fin, avons ordonné et estably, ordonnons et establissons par ces dictes présentes, *conservateur et gardien desdictes foires,* nostre baillif de Mascon, seneschal de Lyon, ou son lieutenant présent et advenir, auquel nous avons donné et donnons par ces présentes pouvoir, authorité et commission de juger et de terminer sans longs procez et figures de plaids, appellez ceux qui seront à appeller tous les débats qui se pourroient mouvoir entre nos ditz officiers et les marchands fréquentans lesdictes foires et durant le temps d'icelles, ainsi qu'il verra estre à faire par raison. »

De ce texte il résulte que le sénéchal de Lyon, en sa qualité de *conservateur et gardien des foires,* est juge des contestations qui peuvent s'élever :

1° Entre les officiers du roi et les marchands fréquentant les foires;

2° Entre ces marchands eux-mêmes.

En d'autres termes, il réunit le contentieux civil et le contentieux administratif.

Une ordonnance un peu postérieure, celle du 29 avril 1464 (1), complète la précédente. Elle accorde aux conseillers de Lyon le droit « d'élire et commettre aucun prud'homme suffisant et idoine, toutes fois que mestier sera, qui se prendra garde lesdictes foires durant, qu'aucun sergent ne face extortion ou vexation ausdits marchands, et que de toutes les questions et débats qui surviendront entre iceux marchands, durant lesdictes foires, et à cause d'icelles, ledit commis l'appoincte et accorde amiablement,

____

(1) Priviléges des foires, p. 62 et suiv.

si faire le peut, ou sinon qu'il leur face élire deux marchands non suspects ni favorables pour les appoincter, s'il est possible, et s'ils ne le peuvent appoincter, ils les renvoyeront devant le juge auquel la connoissance en devra appartenir et seront tenus de le certifier de ce qu'ilz auront fait. »

Ainsi, lorsqu'apparaît pour la première fois aux foires de Lyon une organisation de la justice qui leur est spéciale, qui cesse d'être calquée sur celle des foires de Champagne, cette organisation comporte trois degrés de juridiction. Au sommet, le représentant du pouvoir royal, le sénéchal, jugeant en dernier ressort les querelles entre les marchands et leurs réclamations contre les officiers du roi, réunissant entre ses mains comme nous dirions aujourd'hui le contentieux civil et le contentieux administratif; au second degré, ce « prud'homme suffisant et idoine, » représentant du pouvoir municipal, chargé de veiller lui aussi « à ce qu'aucun sergent ne face extortion ou vexation aux marchands et de juger toutes les questions et débats qui surviendront entre iceux marchands pendant lesdictes foires et à cause d'icelles; enfin, au plus bas de l'échelle, et cette fois réduit aux cas les plus simples du contentieux civil, ces deux arbitres dont l'intervention a toujours été si usitée en matière commerciale. Même répartition pour les attributions administratives. Aux conseillers, la police municipale des foires, la fixation des emplacements où elles doivent avoir lieu (1),

----

(1) Ce droit avait d'abord été contesté par le sénéchal au Consulat; cet officier avait même fait crier que « nulz ne se meslast ou entremist du fait et gouvernement desdictes foires, ne de faire defaire aucun courretage sans sa licence ou celle de son lieutenant, et plusieurs autres choses contraires et préjudiciables à leursdits droits, preéminences et prérogatives, possession et saisine dessus dite. » Les conseillers protestèrent et le sénéchal finit par reconnaître, dans un acte du 20 avril 1464,

la nomination des courtiers, des prud'hommes chargés de connaître pendant les foires de tous les débats qui pourraient s'élever entre marchands « à cause de la rédargution de leurs marchandises de non estre bonnes ne vendables (1); mais en somme le dernier mot reste à la royauté, en la personne de son sénéchal, car les appels du premier et du second degré de juridiction finissent toujours par arriver

« qu'ils ont et leur appartient, et sont accoutumés d'avoir gouvernement, administration et entremise, tant par eulx que par leurs commis et députez en ceste partie, es fais police et entretenement desdictes foires mesmement et entre les autres es faiz et choses qui s'ensuyvent, c'est assavoir :

Premièrement, de statuer establir et ordonner icelles foyres en ladicte ville es lieux places et rues à ce propices et convenables et par iceulx conseillers et autres manans et habitans de ladicte ville à ce avec eulx appellez veuz choisis et adviscz.

Item de bailler, distribuer et départir es marchands tant estrangers que autres de ladicte ville, mesmement touchant la marchandise de la drapperie les boutiques et ouvreurs estans et situez es places et limites de ladicte drapperie recevoir et rejecter les lots et brevets à ce baillez par lesdits marchands.

Item de tauxer moyenner et mettre pris raisonnable esdites boutiques et ouvreurs desdits marchands tant drappiers que vennans et tenans lesdictes foires..... »

Les conseillers demandaient aussi le droit de faire « clocher la cloche au lieu estably pour la halle es heures par luy ordonnées et establies. » Arch. de Lyon, HH. Titres non classés.

(1) Le droit de nommer les courtiers avait déjà été reconnu aux conseillers par ce même acte du sénéchal, en date du 20 avril 1464, que nous venons de citer en partie, et dans les termes suivants : « Item de eslire nommer et présenter les corrotiers propices et necessaires esdictes foires; » quand il leur fut confirmé par ordonnance royale du 29 avril suivant : « et semblablement voulons que iceux conseillers de nostre dite ville et cité de Lyon puissent élire et nommer au baillif de Mascon seneschal de Lyon ou son lieutenant les courretiers qui seront à élire, pour traiter et moyenner avec lesdits marchands fréquentans lesdictes foires du fait de leurs dites marchandises.... » Priviléges des foires de Lyon, p. 75.

au sénéchal; à lui seul il appartient aussi de prendre les mesures administratives destinées à assurer en dehors de la ville et des limites de l'autorité municipale la sécurité des marchands et la prospérité des foires (1).

L'équilibre auquel tendait cette organisation était peu durable; le Consulat lyonnais devait bien vite trouver trop petite la part qui lui avait été faite; la royauté, ou plutôt ses officiers, regrettait déjà de la lui avoir faite trop grande. Chacune des deux parties allait se servir des droits qui lui avaient été attribués pour conquérir ceux qui lui manquaient; le sénéchal prit les devants et trouva le moyen de sortir des limites qui lui avaient été tracées. Aux termes des lettres du 29 avril 1464, les conseillers avaient, nous l'avons vu, le droit de commettre des agents chargés de protéger les marchands contre les vexations de l'autorité et des courtiers; le 10 août 1464, ils demandent l'enterinement des lettres royales pour pouvoir exercer le droit qu'elles leur confèrent; le lieutenant du bailli refuse (2); le 16 décembre 1465, nouvelle demande des conseillers, nouveau refus du lieutenant; mais cette fois, au moins,

(1) C'est à ce titre que le 29 avril 1464 il est chargé par le roi d'arrêter les marchands de Savoie qui se trouvaient dans son ressort en représailles des arrestations de marchands français faites par le duc de Savoie, qu'il fait publier et enregistrer les priviléges accordés aux foires. Inventaire Chappe, VIII, 31.

(2) « Pour ce que le lieutenant de monsieur le bailly, messire Jehan Grant, a fait reffuz de entériner et faire joyr iceulx conseilliers des previllegez et libertez à eulx dernierement donnez par le roy nostre sire, c'est assavoir de pouvoir eslire et ordonner ung commis pour soi prendre garde que les marchands venans et fréquentans les foyres de ceste ville ne soyent vexez ne molestez et pour iceulx sommierement paciffier et accorder, et aussi de eslire sur chacune espesse de marchandise ung prodomme pour cognoistre des denrez et marchandises desdictes foyres, se icelles sont bonnes ou mauvaises..... » Arch. de Lyon, BB. 10, fo 4.

l'absence du sénéchal peut servir de prétexte ; il est auprès du roi, il conviendrait d'attendre avant de rien décider, « au moins jusques à Noël prouchain ; » le 2 janvier 1466, une troisième démarche, tentée cette fois encore auprès du lieutenant, n'a pas plus de succès (1). Dans l'intervalle pourtant, le 10 novembre 1465, le roi, que les réclamations du Consulat avaient forcé d'intervenir, écrit en sa faveur à ses officiers ; il fallut une seconde lettre de lui le 17 avril 1466, le sénéchal ne pouvait se résigner à entériner cette ordonnance dans laquelle il ne voyait qu'une atteinte portée à ses droits (2).

Une autre porte d'ailleurs restait ouverte aux officiers du roi, car c'étaient eux, encore une fois, bien plus que lui, qui regardaient d'un œil d'envie les priviléges municipaux. Peu importait à un roi comme Louis XI que le pouvoir fut exercé par les villes ou par ses agents directs ; il savait bien imposer l'obéissance aux uns et aux autres, quand il lui plaisait. Mais le sénéchal, mais son lieutenant surtout, étaient jaloux de conserver tout entier le nouveau pouvoir qui venait de naître. L'ordonnance de 1463 permettait au sénéchal de se faire suppléer dans ses fonctions de conservateur par son lieutenant ; il y avait un siècle et demi que les

---

(1) « Lesdicts conseillers après avoir veu le registre de la présentation faicte à messire Jehan Grant, lieutenant de monsieur le bailly, des lettres patentes du roy nostre sire, touchant la faculté et puissance donnée par ledit seigneur esdits conseillers de pouvoir eslire et ordonner ung homme prodomme, pour soy prandre garde que vexacion soit faicte aux marchans fréquentans les foyres de ladicte ville et paciffier les débas qui surviendrayent entre lesdits marchans........ et le reffuz et responce sur ce faicte par ledit lieutenant, iceulx conseillers ont esté d'oppinion de différer le recourt devers le roy jusque à la venue dudit monsieur le bailly estant à présent devers ledit seigneur..... » Arch. de Lyon, BB. 10, f° 128.

(2) Arch. de Lyon, HH. Titres non classés.

baillis et les sénéchaux de la royauté avaient été remplacés dans l'administration de la justice par des lieutenants ou des juges mages ; ce n'était pas pour rendre la justice à des marchands que le bailli allait rompre avec la coutume établie ; en fait, nous venons de le voir, c'était le lieutenant qui remplissait les fonctions de *conservateur* (1) ; même avant d'être créé officiellement *conservateur des foires*, le sénéchal de Lyon en avait cédé le titre et les fonctions à son lieutenant (2) qui avait d'ailleurs le plus souvent sur son

(1) Outre les textes que nous venons de citer, il serait facile d'en produire d'autres à l'appui de ce fait ; à la séance du 11 décembre 1464 les conseillers « ont appointé et esté d'accord que monsieur le *lieutenant de monsieur le bailly conservateur des foyres* de ladite ville envoye par devers le roy tel messaige que bon luy semblera et qu'il verra estre propice pour avoir déclaracion du doubte que les marchans estrangiers qui desja sont venuz demourer en ladicte ville soubz umbre desdictes foyres, font touchant la deffense de l'épicerie et dont ont baillé requeste dudit lieutenant… «Archiv. de Lyon, BB, 10, fos 27, 28.

Et le 15 janvier 1465 (nst) : « Ils ont (les conseillers) esté d'oppinion que les lettres patentes du roy nostre sire, touchant la déclaration faicte par ledit seigneur de la perpétuité des foyres de ladicte ville et deffense de rechief faicte de non aler es foyres de Genève soient baillez et présenteez au *lieutenant* de monsieur le bailly pour icelles faire publier. » Arch. de Lyon, BB, 10, fo 36.

Le 20 mars 1466 (nst) les conseillers en réponse à une défense du roi d'importer aux foires d'autres épices que celles venues sur navires français, décident que « l'en aye memoyre lesquelles escripra *monsieur le lieutenant qui* entent toute ceste matière. » Arch. de Lyon: BB, 10, fo 151.

(2) 8 avril 1461. « Item les derrier nommez conseilliers ont conclu et appoincté que les foyres soent tenuez es lieux et places qui premierement furent sur ce establiz et ordonnez et que l'en face contraindre parjustice tous marchians à aler tenir lesdictes foyres esdits lieux et places et que pour faire ladicte contraincte aussi pour tauxer et mectre pris raisonnable es butiques et ouvreurs estaus esdictes places l'en en parle à monsieur le *lieutenant de monsieur le bailli juge et conservateur* en ceste dicte ville. » Arch. de Lyon, BB, 8, fo 167.

Le fait singulier que nous révèle ce texte, c'est que le conservateur supérieur l'avantage d'être gradué (1). De là, à faire du conservateur un officier gradué connaissant exclusivement des causes nées à l'occasion des foires, il n'y avait qu'un pas. Le mécanisme créé par Louis XI semble avoir fonctionné très peu de temps, si tant est même qu'il ait fonctionné. Nous avons vu avec quelle peine le Consulat avait pu obtenir le libre exercice des droits qui lui avaient été réservés. Il les avait à peine recouvrés, que le transfert momentané de deux des foires de Lyon à Genève vint ébranler une institution trop jeune encore pour être bien solide, tout au plus aurait-elle vécu l'espace de temps compris entre le retour des foires à Lyon le 14 novembre 1467 et la mort de Louis XI (2). A l'avénement de Charles VIII, en effet, les Etats Généraux de 1484 dépossédèrent Lyon de ses foires au profit de Bourges; quand elles furent rétablies, et pour toujours cette fois, dans leur siége primitif, le sénéchal n'était plus conservateur. L'édit de réintégration est du mois de juin 1494; dès le 1er décembre 1497, nous trouvons mentionné comme conservateur, et alors que Gilbert du Gué était sénéchal, un Claude Thomassin, dont la nomination à ces fonctions ne devait pas être bien postérieure au jour même du rétablissement des foires (3).

existait en fait même avant l'ordonnance de 1463, et que dès ce moment, c'était le lieutenant du bailli qui en exerçait les fonctions.

(1) C'était notamment le cas pour ce Jehan Grant que nous avons déjà cité plusieurs fois : « Item ont esté d'accord (les conseillers et consentement au plus grand nombre que pour plusieurs escriptures memoyres et autres service faiz par messire Jehan Grant, *docteur en loys*, et lieutenant de monsieur le bailli à ladicte ville, et tant on fait des foyres que autrement, lui soit donnée la somme de vint livres tournois. » Séance du 2 juin 1467, Arch. de Lyon, BB, 10, fo 251.

(2) Priviléges des foires, p. 61 et suiv.

(3) « Passé mandement de dix livres payables au conservateur

La première phase de la Conservation se terminait ainsi
au profit de la royauté ; cet avantage d'ailleurs ne semble
pas lui avoir coûté de grands efforts. Il s'agissait alors pour
les Lyonnais, bien plus d'assurer l'existence souvent menacée de leurs foires, que de savoir qui y rendrait la justice.
La lutte ne devait commencer que le jour où le Consulat,
certain de les conserver, prétendit en rester le seul
maître.

CHAPITRE II

LE CONSERVATEUR DES PRIVILÈGES DES FOIRES DE LYON, OFFICIER ROYAL

La nouvelle organisation enlevait au Consulat le droit
de nommer ces arbitres dont l'intervention dépourvue de la
rigueur des formes judiciaires et la décision inspirée bien
plus par la coutume et l'équité que par les textes devaient
être souvent invoquées ; c'est à cette institution que s'adres-

(Claude Thomassin, le nom est fourni par le compte qui relate cette
dépense) des foyres pour faire les poursuytes et aller querre ung prisonnier à Valence, qui à la foyre derrenière tua ainsi qu'on dit ung
marchant mulatier auprès de Saint Bonnet le Froit et prins ses che-
vaulx et les balles qu'ilz portoient et les en menna dont ledit conservateur fera faire remboursement sus la première amende qu'escherra pour
ce que la communaulté n'est pas tenue fournir aux fraiz desdictes
poursuites. »

D'autre part, dans une liste de notables où les fonctionnaires figurent avec leurs titres, Claude Thomassin ne porte pas celui de conservateur à la date du 4 septembre 1495, BB, 22, fo 72. C'est entre cette
dernière date et celle du 1er décembre 1497, qu'il faut placer sa
nomination.

sent des regrets dont nous trouverons dès lors l'expression fréquente, jusqu'à ce qu'une nouvelle réforme leur ait donné satisfaction (1). Mais si le Consulat avait perdu ce droit de nomination, si la transmission de la charge de conservateur se faisait en dehors de lui, et dans les formes usitées pour les officiers royaux, les électeurs pouvaient faire de l'officier royal un représentant de la cité en l'appelant au sein de son Conseil; c'était là déjà la réunion des deux fonctions sur une même tête, un acheminement à la fusion de la Conservation et du Consulat qui devait s'opérer plus tard; l'événement ne se fit pas attendre.

Ce Claude Thomassin, dont nous avons signalé la nomination par le roi aux fonctions de conservateur comme l'inauguration du régime nouveau, fut appelé à plusieurs reprises par ses concitoyens à faire partie du Consulat (2); en même temps que conseiller, il est capitaine de la ville et nommé par elle (3), et si en cette qualité il est chargé

(1) Dans une Assemblée de notables convoquée précisément pour obtenir cette réforme, le 22 octobre 1615, le prévôt des marchands s'exprime en ces termes : « En l'année 1465 (c'est 1464 qu'il aurait dû dire), le roy Louis onziesme, après avoir estably les foires au nombre qu'elles sont, donnat pouvoir et authorité au Consullat de nommer et eslire aucung prud'homme suffisant et ydoine pour empescher que aucune extorsion ne vexation fust faicte aux marchandz fréquentans les foires et pour appoincter toutes les questions et débatz qui naistroient entre iceulx pendant et durant icelles, sy à l'amiable ilz le pouvoient faire, si non en feroient le renvoy par devant monsieur le seneschal ou son lieutenant, que lors estoit gardien et conservateur desdictes foires..... » BB. 151, fo 105. V. aussi d'autres textes que nous aurons occasion de citer plus loin.

(2) En 1503, 1510 et 1515, comme les fonctions consulaires duraient deux ans, cela en fait déjà six sur quatorze pendant lesquels il les aurait remplies.

(3) 3 janvier 1511 (n. st). Claude Thomassin, nommé capitaine de la ville en remplacement du sénéchal Gilbert du Gué, récemment décédé, prête serment de fidélité au Consulat. BB. 28, fo 250.

parfois de fonctions en apparence assez insignifiantes, de
recevoir le serment des rois de l'arc de l'arbalète et de la
couleuvrine, de passer leurs compagnies en revue (1),
en revanche il lui faudra pourvoir aussi à la sécurité de la
ville dans de graves circonstances, quand les Suisses la
menaceront d'une attaque en 1512 (2), et à cette occasion il correspond directement avec le roi et en reçoit les
instructions nécessaires (3). Il veille à ce que la mort de

(1) Jehan Salla est nommé, le 30 mai 1511, lieutenant du capitaine
Thomassin, « pour ce que ledit capitaine est aucunement mal disposé
pour le présent de sa personne et qu'il est besoing qu'il assiste dimenche
prochain es monstres que doivent faire les troys roys de l'arbaleste,
l'arc et la colovrine, aussi à recognoistre et renouveller les establyes et
autres plusieurs affaires où partout bonnement ne pourroit assister... »
BB. 28, fº 280. Ledit Salla est confirmé le même jour dans ses fonctions par Thomassin, et le dimanche suivant, à la montre annoncée,
les trois rois susdits prêtent serment au roi, à la ville, audit capitaine
et à son lieutenant. » BB. 28, fº 281.

(2) 4 janvier 1512 (n. st). Claude Thomassin prend la parole dans
l'Assemblée des notables sur les mesures à prendre contre les Suisses
« qui marchent sur la Franche-Comté et au marquisat de Routellin,
où ilz ont jà prins certaines places et villes..... » BB. 28, fº 231.
Le 8 janvier 1512, il est chargé, avec Cayaud et le capitaine James,
d'aller « veoir et visiter au bourg Saint-Vincent quelle fortiffication
l'on y pourroit faire. »

(3) Lettre du roi Louis XII à Claude Thomassin, capitaine de la
ville de Lyon :

1512-13.

De par le roy

Capitaine, puis naguères avons octroyé nos lestres patentes à vous
adreçans par lesquelles pour les causes y contenues vous estoit et est
mandé contraindre tous les manans et habitans de nostre ville et cité
de Lion à eulx fournir d'armeures et bastons de guerre chacun en droit,
soy selon sa faculté aussi à obeyr et aller au guet des portes chacun
à son tour et aux establies pour la garde et l'union de nostre dicte ville
affin d'obvier à surprinse et quelle en puist estre plus forte et deffen-
sable en temps et lieu. Si vous mandons que à l'effect et execucion
d'icelles nos dictes lettres entendez et procédez en façon et manière

Louis XII et l'avénement de François Ier ne deviennent pas une cause de troubles et de dangers pour la ville (1); quand le roi ou la reine passe à Lyon, c'est lui qui est chargé de leur adresser la parole (2); presque toutes les fois qu'il y a une députation importante à envoyer à Paris ou ailleurs, il en fait partie; il va demander l'abolition des maîtrises de métiers dans lesquelles Lyon ne voyait déjà qu'une entrave mise inutilement à l'industrie (3); il repré-

que par faulte de y estre bien et promptement pourveu aucun inconvé-nient n'en puist advenir à nostre dicte ville ne habitans en icelle. Et tout ainsi que par nos dictes lettres vous est mandé n'y faictes faulte. Donné à Bloys le XXIIIe jour de janvier. Loys.

ROBERTET.

Et au-dessous : *Au cappitaine Thomassin.*

(1) Délibération consulaire du 6 janvier 1515 (n. st). BB. 33, fo 187.

(2) 24 août 1511. Claude Thomassin « faict harengue » à la reine, arrivée ce jour-là de Valence à Lyon. Le lendemain, il fait harangue au roi. BB. 28, fo 308.

(3) 3 avril 1511 (n. st). « Ledit Claude Thomassin a rapporté ce qu'il a fait pour la charge qu'on luy bailla dernierement quant il fut envoyé en court comme sensuit :

Premierement touchant la foire obtenue par ceulx de Troyes, il trouva par advis et conseil de monsieur le trésorier Robertet et autres quil n'estoit besoing en parler, car icelle foire ne scauroit porter dom-mage à celles de Lyon, et pour obvier au bruyt de ce qu'on pourroit dire que ceulx de Lyon ne pevent rien souffrir pour les aultres et veullent tout avoir, par quoy en ensuyvant ledit conseil, il n'en a osé faire semblant.

Touchant l'abolicion des maistrises jurées, il en parla bien amplement à monsieur le chancellier, lequel, comme luy semble, a bon vouloir qu'elles soyent abolyes comme abusives, mais pour ce que procès en pend, fut trouvé par conseil qu'il failloit bailler requeste et sur icelle veriffier du dommage, affin d'avoir mandement par édit d'icelle aboli-tion; à ceste cause a esté chargé au secrétaire faire ladicte requeste et articles pour ce nécessaires. »

Les lettres d'abolition des maîtrises que demandait le Consulat lui furent enfin accordées le 8 juillet 1511; les métiers ne devaient plus

sente la ville de Lyon au mariage de François, duc d'Angoulême, futur roi de France, avec la princesse Claude, fille de Louis XII (1). Nous le trouvons tantôt à Blois, en Provence, à Grenoble (2); tantôt aux États de Tournon (3), à ceux du Dauphiné (4). Il est chargé de s'entendre avec le chasse-marée pour fournir les habitants de poisson frais (5); il négocie avec le général de Languedoc l'enregistrement des lettres par lesquelles le Consulat devenait propriétaire de la ferme des gabelles (6), et avec l'élu chargé d'affermer l'entrée des draps de soie, l'acquisition de ce monopole qui devait faire la fortune de la ville (7). Quand il quitte les fonctions municipales, c'est pour prendre le premier rang parmi les notables et avoir voix prépondérante dans leurs assemblées toutes les fois qu'ils sont appelés à donner leur avis sur les affaires de la com-

être soumis qu'à la visite des deux maîtres nommés chaque année par les conseillers; seules, les maîtrises des métiers d'orfèvres, de barbiers et de serruriers étaient exceptées de l'abolition. BB. 28, fo 273.

(1) Mai 1506. BB. 25, fo 24.

(2) 20 juillet 1507. Payement des frais de voyages faits par Claude Thomassin à Blois, en Provence, à Grenoble. BB. 25, fo 168.

(3) 4 février 1507 (n. st). Claude Thomassin, conservateur, demande la fixation de ce qui lui est dû pour un voyage aux États de Tournon. BB. 25, fo 107.

(4) 19 janvier 1507 (n. st). Claude Thomassin est envoyé aux États de Dauphiné (*sic*) pour leur demander, en faveur de la ville, le droit de lever 5 deniers par quintal de sel passant par le Pont-Saint-Esprit pour pourvoir aux réparations du pont du Rhône BB. 25, fo 98.

(5) 22 janvier 1510 (n. st). Claude Thomassin, conservateur, annonce au Consulat qu'il s'est entendu avec le chasse marée pour qu'il fournisse la ville de poisson frais de mer, à raison de 10 liv. le quintal, et le prie d'obtenir du fermier du poisson une exemption de droits en faveur dudit chasse-marée. BB. 28, fo 152.

(6) 24 octobre 1510. Claude Thomassin rend compte de sa mission au Consulat. BB. 28, fo 227.

(7) BB. 28, fo 228. 29 octobre 1510.

munauté (1); outre l'autorité attachée aux dignités dont il est revêtu, il a celle que donne la fortune; il figure sur toutes les listes de ceux auxquels la ville demande à emprunter, et quand les conseillers ont besoin d'une garantie contre les conséquences pécuniaires de leurs engagements, ils viennent la lui demander (2). Nommé capitaine de la ville, comme nous l'avons vu, à la mort du sénéchal Gil-

---

(1) Les Assemblées où Claude Thomassin figure à ce titre, et presque toujours en tête de la liste, sont trop nombreuses pour les citer toutes; nous ne ferons exception que pour les suivantes, qui offrirent un intérêt spécial par l'importance de la matière en discussion :

23 juillet 1500. Assemblée de notables appelée à pourvoir aux moyens de passage du Rhône, en raison de la démolition du pont. BB. 24, f° 265.

18 juin 1503. Assemblée de notables autorisant le Chapitre de Saint-Paul à aliéner l'Hôpital de Saint-Éloi, dont le prix devait être donné à l'Hôpital du Pont du-Rhône. BB. 24, f° 407.

29 juin 1503. Assemblée de notables appelée à examiner la dépense nécessaire pour réparer le pont du Rhône et pour la guerre. BB. 24, f° 410.

8 juillet 1509. Assemblée convoquée pour recevoir la nouvelle de la victoire d'Agnadel. BB. 28, f° 116.

19 juin 1510. Assemblée convoquée pour décider si l'on doit prendre à ferme la rêve, si l'on doit profiter du bas prix des blés pour en faire provision; enfin, si l'on doit construire un second pont sur la Saône, entre Saint Jean et Bellecour. BB. 28, f° 188.

6 janvier 1511 (n. st). Assemblée convoquée pour le vote d'une taxe destinée à compenser le déficit de la rêve. BB. 28, f° 253.

23 juin 1515. Enfin, Claude Thomassin figure parmi les rares personnages que le Consulat avait appelés à délibérer avec lui sur la vente du droit d'entrée des draps de soie aux marchands italiens, qui en offraient jusqu'à 15 et 20,000 liv. tourn. pour se délivrer des exactions des fermiers. BB. 33, f°ˢ 128 et suiv.

(2) 26 février 1516 (n. st). Claude Thomassin garantit, sur ses biens et jusqu'à concurrence de 100 l.t., les conseillers Faye, Laurencin, Poquellet et Villars contre le recours des fermiers italiens de l'entrée des draps de soie, qui leur avaient avancé sur leur recette une somme de 1,200 liv. t. pour les frais de réception de la reine Claude de France. BB. 34, f° 157.

bert du Gué, il proposait au Consulat, le 23 novembre
1507 (1), de faire décider à ses frais que le sénéchal défunt
avait exercé ses fonctions de capitaine sans en avoir le
droit, puisqu'au Consulat seul il appartenait de nommer le
capitaine de la ville. L'offre avait bien quelque mérite, car
le procès que devait prévenir cette décision de la justice
pouvait éclater d'un moment à l'autre et Thomassin être
pris au mot. L'écuyer de Basque vint occuper le poste
vacant du sénéchal et voulut, en même temps, s'emparer
de celui de Thomassin (2); celui-ci plaida et gagna son

(1) Arch. de Lyon. BB. 25, fᵒ 20.

(2) 13 décembre 1514. « ... Le cappitaine Thomassin a récité
comme après ce que messieurs les conseillers l'eurent esleu et nommé
cappitaine de ceste ville, vivant feu monsieur le seneschal du Gué,
il esmeut procès comme cappitaine ayant le droit de ladicte ville contre
ledit feu seneschal du Gué, à cause que ledit seneschal prétendoit avoir
et tenir ledit cappitanage au moyen et soubz umbre de ladicte seneschaulcée, posé qu'il n'eust esté jamais esleu ne nommé cappitaine par
lesdits conseillers de ladicte ville à qui il appartient; auquel procès il a
frayé grans deniers, non tant seullement pour avoir et tenir ledict office
de cappitaine, mais pour garder les preheminences et facultez de ladicte
ville. Et jaçoit ce que souvent il se soit retiré devers mesdits sieurs
pour avoir ladjonction ou le nom de ladicte ville pour poursuivre ledit
cappitainage, neanmoings jamais l'en ne luy voulsist bailler ayde ne
adjonction. Quoy nonobstant, il a si bien poursuivy et à ses propres
despens, qu'il a eu la joyssance dudit office de cappitaine avec maintenue, il y a jà environ troys ans et plus. Et touteffoys ce a esté sans
avoir eu payement des gages dudit cappitainage qui sont de cent livres
par an, jacoit ce qu'il en ayt plusieurs foys requis payement. Et pour
ce que monsieur l'escuyer le Basque est venu en ce pays auquel le roy
a donné la seneschaulcée de Lyon et qu'il est quelque bruyt que ledit
seneschal veult troubler ledit cappitaine audit office de cappitainage, dont
se pourroit mouvoir grans procès, lesquelz ledit Thomassin ne vouldroit
poursuivir à ses despens, veu qu'il n'est payé de gaiges et plus tost en
accourderoit et conviendroit avec ledit seneschal, combien qu'il luy
greveroit fort que ladicte ville perdist sa prééminence, de ceste cause
a requis que mesdits sieurs advisent sur ceste matière quelque expé-
dient et moyen honeste pour obvier au procès, et affin que ladicte ville

procès. Il conserva, à ses frais, des fonctions qu'il exerçait
sans en toucher les gages; quand il lui arrivait d'en demander, le Consulat lui répondait qu'il aviserait (1), que la
question serait soumise à un arbitrage; mais on avait soin
de lui rappeler, en même temps, qu'il avait promis de servir
gratuitement la ville; on obtenait même de lui que s'il
« alloit en court devers le roy et que en ce il pût servir
la ville, il le feroit de très-bon cœur, et que des poynes et
labeurs il n'en vouloit rien. » Mais s'il est assez généreux
pour ne pas toujours exiger de sa ville natale le prix de ses

ne perde sa preheminenee, auquel a esté respondu que ceste matière
sera communiquée à messieurs en bon nombre pour en prendre la solution. » BB. 33, f° 119.

(1) 11 janvier 1514-15. « .... Sur la requeste faicte par le
cappitaine Claude Thomassin demandant payement de ses gages de
son office de cappitaine.... luy a esté respondu que messieurs les
conseillers ont esté advertiz par ceulx que estoient du temps qu'il fust
esleu et nommé cappitaine de ladicte ville, qu'il se declaira et promist
qu'il ne demanderoit riens des gaiges dudit office de cappitaine et que
ce qu'il en faisoit, c'estoit pour faire plaisir à la ville tant seulement.
Et neantmoings pour ce qu'ils n'estoient bien informez de ce que lors
fut faict, ilz verroient les actes du Consulat, et ont offert audit Thomassin ester à lordonnance de gens de bien qui seront esleuz par lesditz
conseillers et Thomassin, ce que icelluy Thomassin a accepté, et nom-
meront d'un costé et d'autre leurs arbitres le plus tost que possible sera.

Après, mesdits sieurs les conseillers ont dit audit Thomassin que pour
ce que derrenierement il avoit dit à mesdits sieurs les conseillers en
présence des notables de ladicte ville qu'il alloit en court devers le roy
et que en ce qu'il pourroit servir la ville, il le feroit de très bon cueur,
et que de ses paynes et labeur il n'en vouloit riens, ilz l'avoient mys et
nommé avec les autres ambassadeurs pour faire la fidelité au roy nostre
sire des clefz et garde de la ville, sans ce que pour ce la ville fust tenue
luy païer pour ce aucune chose de ses vaccations et labeur, ce que ledit
Thomassin a accepté et offert servir la ville de tout son povoir. Et s'est
de rechef déclairé et déclaire que pour ce il nen veult riens de ladicte
ville, ains le fera seullement pour faire service à la ville, ce que mesdits
sieurs les conseillers ont accepté et en ont demandé acte qui leur a esté
accordé... » BB. 33, f° 190.

services, il entend du moins se séparer de la foule de ses
concitoyens en se dispensant de contribuer comme eux aux
charges financières de la communauté; il se prétend noble
et comme tel exempt de tailles; tantôt victorieux, tantôt
débouté de ses prétentions, il devait mourir avant que le
débat eût été tranché en sa faveur ou contre lui, laissant
à son fils le soin de revendiquer ce qu'il croyait être son
droit (1).

(1) Claude Thomassin avait fait reconnaître la justice de ses prétentions à la noblesse par deux lettres patentes, l'une du 28 juillet 1494,
l'autre du 6 août 1498, malgré lesquelles un arrêt de la Cour des aides
de l'année 1509 le condamna à payer la taille. BB. 28, fo 138. Mais
dès l'année 1513 un nouvel arrêt le déclarait « noble extrait de noble
lignée, *apte* à jouir des priviléges de noblesse comme les autres nobles
de Lion, » et le 9 août 1515 il refusait de payer la taxe de 4 den.
tourn. levée pour fournir au roi un subside de 6,000 l. t. BB. 34, fo 43.

11 août 1517. « Sur le différant estant entre messieurs les conseilliers de ladicte ville d'ung costé et venerable personne, messire Bonaventure Thomassin et Jaques Thomassin enfans et heritiers universelz
de feu messire Claude Thomassin, chevalier, en son vivant citoien de
Lion, d'autre, sur ce que mesdits sieurs les conseillers demandent
ausdits frères Thomassin payement des restes de leurs costes de deniers
mys sus en ladicte ville, tant pour les réparations que autres, esquelz ilz
sont tenuz tant du temps que vivoit leurdit père que despuys son trespas; sur quoy disoient lesdits frères Thomassin que leurdit père ne eulx
n'estoient tenuz et ne sont tenuz à aucuns deniers de ladicte ville, non
des réparacions, et que des autres deniers, ilz comme nobles se dient
estre exemptz; disoient en oultre que leurdict feu père, avoir presté
plusieurs sommes de deniers et faict plusieurs advances pour les affaires
communs de ladicte ville; pareillement a faictz plusieurs voyages pour
les affaires de ladicte ville, dont n'a esté payé et luy estoit deu plusieurs
sommes de deniers. Et en oultre dient que leur dit feu père estoit cappitaine de ladicte ville de Lion, lequel office il a exercé lespace de quatre
ou cinq ans, sauf le plus, dont luy sont deutz ses gaiges dudit office de
cappitainage, qui est cent livres par an, lesdictes parties, c'est assavoir
mesdits sieurs les conseillers d'ung costé, tant pour eulx que pour les
autres absens, pour lesquelz ilz se font fortz, et ledit messire Bonaventure Thomassin tant pour luy que pour et au nom de Jaques Tho

La royauté avait eu la main heureuse en choisissant, pour occuper l'office qu'elle créait, un homme aussi considérable que Thomassin; les mérites du nouveau conservateur, ses services, sa popularité, ne pouvaient que profiter à la juridiction nouvelle, l'affermir et retarder ainsi l'éveil des aspirations lyonnaises à une organisation plus municipale de la justice des foires. Claude Thomassin semble bien avoir compris l'importance de sa mission; les nombreuses négociations dont nous l'avons vu se mêler et dans lesquelles les intérêts commerciaux tiennent une si large place, l'avaient préparé à ses nouvelles fonctions. Elles n'étaient pas exclusivement judiciaires; de l'héritage du sénéchal il était resté bien des attributions administratives; c'était le conservateur qui présentait à l'approbation des conseillers

massin son frère, pour lequel il se faict fort, et promect *de rato*, etc., d'autre partie, lesdictes parties sachans, etc., desdictes différences et questions se sont compromises et compromectent audict et ordonnance de honnorables hommes Anthoine de Vinolx et Jehan Doillon, nommez de ladicte partie desdits frères Thomassin, et Amé Buillod et Anthoine Grollier, nommez de la partie de mesdits sieurs les conseillers, et par dessus de venerables personnes messire Franc des Champs, docteur, nommé par dessus, et par chacune desdictes parties, àusquelz cinq arbitres arbitrateurs et amyables compositeurs lesdictes parties ont donné et donnent tout plein pouvoir auctorité et mandement spécial d'en sentencier et ordonner ainsi qu'ilz verront estre affaire, et ont promys et promectent par serement et soubz obligacion des biens et deniers communs de ladicte ville et desdits frères Thomassin, etc., avoir à gré tenir ferme et observer tout ce que par lesdits arbitres arbitrateurs et amyables compositeurs sera faict dict et ordonné es choses dessus dictes, et comme se par arrest de la Court de Parlement avoit esté faict sentencié et ordonné, et non venir au contraire a payne de cent livres tournois d'amende, a apliquer à l'Hospital du Pont-du-Rosne avec reservacion de tous dommages et interetz, etc., eulx soubzmectre à toutes Cours royaulx de monsieur le seneschal de Lion, official et seculiere de Lion et autres, avec les renonciations et clauses necessaires. Présens à ce honorables hommes Edoard Grant et Jaques Collaud, tesmoings. » Arch. de Lyon. BB. 37, f°s 106 et 107.

les noms des marchands lyonnais ou étrangers qui lui
avaient paru capables d'exercer les fonctions de courtiers (1); à lui incombait le soin de poursuivre ceux qui
se seraient permis de faire le courtage sans y être autorisés,
de protéger les marchands étrangers contre les vexations
des officiers royaux qui s'arrogeaient parfois le droit d'ouvrir leurs livres, de lire leur correspondance, d'exiger le

(1) 12 mars 1509-10. « En énonçant ce que jeudy passé (7 mars)
fust ordonné touchant de donner ordre es corratiers, a esté mandé et
prié venir au présent Consulat monsieur le conservateur Thomassin,
lequel est comparu, auquel a esté remonstré par mesdits sieurs les
conseillers les abbuz, tromperies ct larrescins qui se font entre les
marchans et fréquentans les foires et marchans de ladicte ville au
moien du grant nombre desdits corratiers et gens qui se dient estre
corratiers, dont les ungs n'ont aucune lectre de corratage, les autres
n'ont estez nommez corratiers par mesdits sieurs les conseillers, et
qu'ilz doivent estre par le privilleige desdits conseillers; et pour obvier
es dits inconvéniens a esté advisé par mesdits sieurs les conseillers faire
appeller tous lesdits corratiers, pour sçavoir ceulx qui ont estez nommez et retenuz par mesdits sieurs les conseillers, et si aucuns se sont
ingérez d'exercer ledit office de corratier, ilz seront poursuiviz par
devant mondit sieur le conservateur, pour en estre pugniz selon raison; aussi affin que ceulx qui ne seront trouvez ydoines et souffisanz en
soient desmiz et desboutez, et alors y sera mis quelque bon et souffizant
nombre desdits corratiers, et selon les expèces des marchandises; aussi
avoir esté advisé y mettre plus tost des gens et habitans de ladicte ville
que autres, car ilz paient les subsides et aides de ladicte ville et ne
font pas les estrangiers; lequel monsieur le conservateur a dit et respondu qu'il n'a receu ne baillé lettre de corrataige, à personne, que
premierement il n'ait esté nommé et présenté par mesdits sieurs les
conseillers; car il a bien sceu et scet bien que mesdits sieurs les conseillers ont la faculté de nommer et présenter lesdits corratiers. Et pour
obvier es dits abbuz; il a fait faire plusieurs criées et deffenses contre
ceulx qui se vouldroient ingérer dexercer ledit office de corratier sans
avoir estez nommez par lesdits conseillers, et par luy receuz leurs sere-
mentz. Et a trouvé mondit sieur le conservateur ledit moyen bon et
de son costé s'est offert faire observer ladicte ordonnance, néantmoings
a esté son advis que l'on doit mectre aussi bien des estrangiers comme
ceulx de la ville. » Arch. de Lyon. BB. 28, f° 160.

versement du montant des lettres de changes qu'ils expédiaient au-delà des monts; de défendre leurs intérêts devant
le Consulat (1); enfin, et c'était là sa fonction principale,

(1) 30 novembre 1512. « ..... A esté mis en avant par monsieur
le conservateur messire Claude Thomassin, que plusieurs marchans,
tant florentins que autres, se sont renduz plaintifz, sur ce que combien
que le roy ait promis à tous marchans de quelque nacion que ce soit,
hors et excepté les Genevoys, venir en ceste ville aux foires sans
destourbier et empeschement, et joyr des previlleiges desdictes foires
ainsi quilz ont fait d'ancienneté, néantmoins monsieur Finage, maistre
des requestes, monsieur le lieutenant du seneschal de ceste ville, le
maistre des portz et le substitud du procureur du roy soubz umbre de
ce que aucuns Genevoys escripvoient et adressoient certaines lettres
à aucuns marchans pour faire aucuns payemens, lesquelles lesdits
marchans, à qui elles s'adressent, n'y veullent accepter et s'efforcent
contraindre lesdits marchans florentins et autres estans en ceste ville
à monstrer et exhiber leurs papiers de raison, cédulles et obligez, qui
seroit monstrer la richesse ou pauvreté desdits marchans; et par ce leur
totalle destruction, et venir directement contre les previlleiges desdictes
foires, et les chasser hors de ce royaume, qui seroit au grant interest et
prejudice du roy et de tout son royaume, et mesmement de ceste ville,
et la totalle destruction desdictes foires, pourquoy estoit besoing y
donner ordre, en advertir le roy nostre dit seigneur et en parler à ceulx
que besoing seroit. Après que la matière a esté debattue bien au long,
et pour ce que l'on a dit que le roy en estoit desja adverty, a esté advisé
et arresté en parler audit maistre des portz et luy faire bonnes remonstrances du dommaige que fait de estranger et molester les marchans.
Et après, selon sa response, en envoyer en court bonnes mémoyres au
secrétaire de la ville, qui est de présent pour les affaires de ladicte ville,
affin d'en parler à monsieur le trésorier Robertet et autres que besoing
sera, et dès demain matin en parler audict maistre des portz. » BB. 30,
fo 110.

2 décembre 1512. « Monsieur le maistre des portz Secondin-Viel
est venu en l'Ostel de la ville, et a dit qu'il estoit venu a sa notice que
messieurs les conseilliers estoient mal contens de luy, à cause de la
prinse de certaines lettres de Genevoys, adressées à aucuns marchans
oultre montaings, estans en ceste ville de Lion, es foires, dont il estoit
desplaisant, car il ne vouldroit faire chose qui despleust à mesdits sieurs
les conseilliers, ne dommaigeable au roy ne à la ville, et a dit que vray
estoit, que luy, estant au logeys de monsieur Fumée, maistre des reques-

il rendait la justice aux marchands, et parmi les rares
débris des archives de la Conservation, antérieurs au xviie
siècle, figurent un certain nombre de sentences prononcées par lui.

tes, luy fut amené ung poste qui portoit plusieurs lettres de change et
autres que furent ouvertes. Et pour ce que lesdictes lettres en aucunes
choses parloient des affaires du roy luy ont esté envoyées, mais quant
à luy ne vouldroit comme dit est faire chose qui fut au prejudice du
roy ny de la ville, auquel a esté remonstré que messieurs les conseillers
ne le vouldroient prier de chose que portast prejudice au roy ny à son
royaume, mais qu'ilz avoient esté advertiz que pour ce que aucuns
marchans genevoys adressoient lettres en ceste ville ausdits marchans
oultre montains pour payer certaine somme de deniers, et combien que
lesdits marchans ne les veuillent acepter, que l'on les veult contraindre
à les paier, et que plus est à monstrer leurs papiers de raison, ce que
jamais ne fut fait, et seroit la totalle destruction des marchans aussi des
foires de ceste ville, et par ce grant préjudice au roy à son royaume
et mesmement à ceste ville; pour quoy l'on prie y avoir regard et y faire
justice ausdits marchans et lesdictes remonstrances et plusieurs autres
faictes audit maistre des portz, il a dit que touchant ceste matière le
tout a esté remis à la venue de monsieur le général de Languedoc que
doit demain ou ennuyt estre en ceste ville, par l'advis duquel le tout se
conduira, en manière que à chacun son droit sera gardé. Incontinant
après et en l'absence dudit maistre des portz, est venu Thomassin Gaaigne marchant florentin lequel a narré tout ce que devant est contenu
et a dit que si la ville n'y mect remède tous les marchans estrangiers
sont délibérez d'abandonner la ville, car s'ilz estoient contrainctz payer
les sommes que l'on leur adresseroit et monstrer leurs pappiers, se
seroit leur totalle destruction, car les aucuns sont riches, les autres sont
pauvres, qui n'ont que leur bon crédit, et par la vision de leurs papiers
leur crédit s'en pourroit pardre, dont plusieurs inconvéniens en pourroient advenir, si a prié au nom de tous les marchans que la ville preigne la matière à cueur, pour en advertir le roy et autres que besoing
sera, pour obvier à la destruction desdits marchans. La matière bien au
long débatue, a esté ordonné que monsieur le cappitaine sire Claude
Thomassin et Jaques Tourvéon conseilliers demain matin yront au
devant dudit monsieur le général de Languedoc pour l'advertir et informer de la matière, et les autres conseillers yront devers mondit seigneur
Fumée, aussy pour luy communiquer l'affaire et le prier de ayder à y
mectre ordre et donner provision pour obvier au grant inconvénient et

A la mort de Claude Thomassin, vers le mois de mai
1516 (1), et dans la distribution de ses charges que se
partagèrent trois ou quatre personnes, celle de *conservateur*
semble avoir passé sans contestation à son fils, Bonaventure
Thomassin, comme il en arrivait alors pour la plupart des
offices. Le fils avait sur le père l'avantage d'être docteur
ès-lois. Il fut, comme son père, nommé conseiller de la
ville (2); comme lui aussi, il fut parfois choisi comme
député par le Consulat (3); mais le souvenir de son père
semble l'avoir mieux servi que ses propres mérites; sa
carrière fut d'ailleurs assez courte. Nommé membre d'un

dommaige qui en pouroit advenir, affin de après en escripre au secrétaire de la ville estant en court, pour en advertir monsieur le trésorier
Robertet et autres que besoing sera. » BB. 30, f⁰ 112.

(1) 3 juin 1516. Le Consulat procède à l'élection de Jehan Sala
comme capitaine de la ville en remplacement de Claude Thomassin,
« que ainsi qu'il a pleu à Dieu est allé de vie à trespas. » BB. 34,
f⁰ 206.

19 juin 1516. « Pour ce que messire Claude Thomassin qui estoit
l'ung de ceulx qui estoient commis pour la tauxacion de ceulx qui
prandioient proffit au port que l'on veult faire au Temple Saint-
Anthoine est trespassé, a esté commis en son lieu Jehan de Paris
painctre du roy, aux despens touteffois des particuliers qu'ilz prandront
proffict dudict port. » BB. 34, f⁰ 214.

7 décembre 1516. Élection de Benoît Rochefort, marchand, comme
conseiller en remplacement de Claude Thomassin. BB. 34, f⁰ 255.

(2) Bonaventure, nommé conseiller le 19 décembre 1518, prête
serment en cette qualité le 8 janvier suivant. BB. 37, f⁰ 239.

(3) 23 octobre 1519. « Monsieur le conservateur Thomassin avoit
esleu et accepté la charge comme a dict ledict Françoys Fournyer d'aller
à Vienne devers monsieur le général de Languedoc, qui y sera mardy
prochain, pour luy remonstrer comme l'on ne peult fournyr les quatre
mil livres t. accordées au roy par forme de prest sur les gabelles, à cause
des inconvéniens de peste, et de ce que sommes hors foire et que les
apparans sont hors la ville, lequel monsieur le conservateur combien
quil eust accepté la charge s'en est alé dehors en Daulphiné. » Pour
ce motif, on est obligé de nommer un autre à sa place. BB. 37,
f⁰ 305.

Conseil chargé d'aviser aux moyens de combattre la peste (1), il disparaît presque aussitôt; son nom ne se retrouve plus après le 13 mars 1520. Peut-être fut-il victime de la contagion qui désolait alors la ville; moins désintéressé que son père, il fit revivre, comme nous l'avons dit, non-seulement ses prétentions nobiliaires, mais les créances qu'il pouvait avoir contre la ville et que Claude Thomassin avait laissé courir. Il alla même plus loin, et contrairement aux lettres royales qui réservaient aux conseillers lyonnais la nomination des agents chargés du grabellage et de la vente de l'épicerie, il nomma lui-même, en vertu de son autorité de conservateur, les personnes chargées de remplir ces fonctions, et parmi elles un nommé Gaultier, ennemi notoire du Consulat (2). La mort prématurée de Bonaventure Tho-

(1) 9 février 1520 (n. st). « En ensuivant ce qui a esté advisé derrenierement au Conseil de monsieur de Lyon, ont esté esleuz lesdits messire Bonaventure Thomassin et Anthoine de Vinolz pour conférer touchant le fait de la peste avec messieurs dudit Conseil ou ceulx qui par luy sera requis pour adviser ce qui sera de faire. » BB. 37, f° 346.

(2) .. novembre 1519. Délibération consulaire sur une décision de Bonaventure Thomassin qui « à la requeste de Jehan Gaultier appoticaire dudit Lyon *avoit* commis et ordonné quatre visiteurs des espiceries et drogues, ausquelz il avoit donné puissance de aller par tous les marchans vendeurs desdictes espiceries et drogues es bouticques et ailleurs chercher et visiter, ledit Gaultier comme partye en icelle ordonnance a faict crier et publier par les carrefours de ceste ville à son de trompe et par icelle mesme crye a fait inhibicion à tous marchans de non vendre ne exploicter lesdictes espiceries et drogues sans premier avoir esté par lesdictz quatre commys visitées, qui est au grant dommaige des foires, pour ce que si les marchans sont fatiguez et molestez, seroit les deschasser et donner occasion d'aller vendre ailleurs leursdictes drogues et espiceries; et qui pis est seroit oster au corps commun de ladicte ville et aux conseilliers, qui sont pour leur temps, l'office de grabelleur et visiteur d'espiceries appartenant à ladicte

massin mit fin à un conflit qui aurait pu devenir grave en se prolongeant.

Son successeur Neri Masi, dont le nom paraît pour la première fois avec le titre de *conservateur* dans une assemblée de notables, en date du 13 septembre 1521, ne semble pas avoir suivi les errements de son prédécesseur. Au contraire, par une ordonnance du 13 juin 1528, il interdit la vente de marchandises qui n'auraient pas été *grabellées* « par celly ou ceulx qui à ce faire seront commis par mesdits seigneurs les conseillers, et ce sur peine de confiscation

ville et corps commun par octroy des roys et par deux arrestz de la Court de Parlement, l'un donné contre feu Robillaud et l'autre puis naguères contre ledict Gaultier, et pareillement le revenu dicelluy office de grabelleur et visiteur appartenant audict corps commun seroit perdu, sur quoy affin que le temps ne passe et que ladicte ordonnance ne passe en force de chose jugée, veu que ledict seigneur conservateur y a proceddé sans appeller ne ouyr lesdictz conseilliers, ne partye, a esté ordonné en faire consultacion avec monsieur Deschamps et s'il est trouvé par conseil, en appeller ou autre y faire comme conseil parlera. » BB. 37, f°s 311 et 312.

24 novembre 1519. « ..... Et depuis en ensuyvant ce que s'est trouvé par ledict conseil a esté appellé d'icelle ordonnance et crie de la part de mesdits sieurs* les conseilliers, joinct avec eulx monsieur le procureur du roy, que dict avoir esté intéressé par ladicte ordonnance comme faicte sans son sceu et sans lavoir ouy ne appellé pareillement car il appartient seullement au roy à instruire officiers en son royaume et non audict seigneur conservateur, et pour ce que audit precedent Consullat quant fut ordonné faire ladicte appellacion mesdictz seigneurs les conseilliers n'estoyent en nombre suffizant, a esté de rechef mise sur le bureau ladicte matière, pour adviser et ordonner de poursuir sur ledict appel ou à icellui renoncer par mesdictz seigneurs les conseillers du present Consullat estans en bon nombre ; sur laquelle matière ont esté demandées les oppinions et par icelles, l'une suyvant l'autre, *nemine discrepante* a esté advouée ladicte appellacion par le présent Consullat et ordonné icelle poursuivir vyvement et redement pour l'interestz du corps commun de ladicte ville et des foyres, qui en seroient intéressées pour ces raisons dessus dictes et autres plusieurs alleguées par mesdictz seigneurs les conseilliers. Et mesmement, car leur semble que mondit

desdictes marchandises et mil livres tournois d'amende (1).
Avant d'être conservateur, il avait été *élu*, et son nom
figure aussi parmi ceux des *conseillers* nommés le 19 décembre 1512, il prêta serment en cette qualité le 4 février
1513. En 1513, en 1514, en 1517, en 1518, il avait été
choisi par le Consulat pour défendre ses intérêts à la

sieur le conservateur n'avoit matière de ce faire, pour ce que luy, qui
est l'un des conseilliers de ladicte ville, n'avoit pas ingnorance que
l'office de grabelleur et visiteur appartient à ladicte ville et au corps
commun, pareillement le profict d'icelluy, et luy mesme avoit esté
préféré comme conseillier, quant, puis demy an en ce, a esté conmys
à l'excercice dudict office de grabelleur et visiteur par mesdictz seigneurs
les conseilliers, avec l'advis de plusieurs notables et gens de bien.
Guillaume Gauteret comme l'un des plus suffisans et expers de ceste
ville, pareillement que ledict Gaultier est ennemy notaire de ladicte ville
et du corps commun, qui induement a suscité plusieurs querelles et
procès, et faict journellement que par hayne, mauvaité, soubz umbre de
faire visiter, iroit veoir et visiter toute la marchandise d'espicerie et
drogues estans es magasins et maisons des marchans, tant de la ville
que estrangiers, pour savoir la qualité et quantité de leursdictes marchandises, qui leur porteroit grant dommage et leur feroit donner cause
de non venir, ains d'aller vendre ailleurs hors de ladicte ville, comme
à Montluel ou autre part, qui seroit l'anchérimenz d'icelle par quoy
iceulx messieurs les conseilliers ont passé procuracion, tant en ceste
ville que à Paris, c'est assavoir maistre André Peyron et Anthoine Teissier, procureurs dudict Lion, maistre Jehan Lebrun et autres procureurs
à Paris à pledoyer en ratiffiant ce qui faict a esté en ceste partye avec
les causes necessaires Présens Guillaume de la Balme et Simonnet
Ravenat notaires tesmoings. » BB. 37, fos 312 et 313.

(1) 30 juin 1528. « Par auctorité de monsieur le conservateur des
priviléges des foires de ceste ville de Lion, et à la requeste de messieurs les conseilliers de ladicte ville, l'on fait inhibition et défence de
par le roy nostre sire à tous marchans espiciers, droguiers et autres
vendeurs de marchandises acostumées estre grabellées, qu'ils en les
mectent en vente en ceste dicte ville ni es faulxbourgs dicelle, sans premier avoir esté grabellées et après visitées, et les balles d'icelles mar-
quées par celluy ou ceulx qui à ce faire seront commis par mesdits
seigneurs les conseilliers, et ce sur peine de confiscation desdictes marchandises et mil livres tournois d'amende. » BB 47 fo 95.

cour (1). Mais son rôle politique finit avec son élévation
au poste de conservateur. Peut-être les fâcheux souvenirs
laissés par son prédécesseur le rendirent-ils suspect à ses
concitoyens, mais on ne le voit plus dès lors figurer qu'aux
assemblées des notables où la présence des fonctionnaires
de son rang semble avoir été obligatoire. L'oubli où on le
laissait ainsi lui suggéra sans doute de vendre sa charge au
Consulat et de refaire ainsi sa popularité perdue. Il en avait
refusé, disait-il pour faire valoir son offre, cinq mille écus
et même davantage aux particuliers qui avaient voulu la lui
acheter, pour avoir le plaisir de la céder aux conseillers ; sa
générosité n'en restait pas moins très-onéreuse pour la
ville ; il lui fallait payer en effet 2,500 écus dont partie
comptant, partie à terme, plus 300 l. t. de rente viagère
reversibles sur la femme de Nery Mazy si elle lui survi-
vait ; celui-ci devait continuer à exercer ses fonctions sa vie
durant, et en même temps occuper aussi le reste de ses
jours ce poste de conseiller dont il avait été si longtemps
écarté. Après sa mort, le Consulat devait fonder à Saint-
Nizier, pour le repos de son âme, une messe quotidienne

(1) Neri Mazi, envoyé en cour le 10 octobre 1513, BB 30, fo 280 ;
Neri Mazi, de retour d'une seconde députation, en rapporte le 7 juin
1514 une lettre du roi déclarant son vouloir et intencion de faire garder, entretenir et observer les privillecges et libertez des foyres de
ceste dicte ville. » Il ajoute que l'intention du roi et de messieurs les
généraux est que les commissaires « prenent toute ladicte somme de
qninze mille livres (demaudée à la ville), s'il est possible, sur le
domaine et autres aydes du roy, sans toucher aux fermes que la ville
tient dudit seigneur. BB. 33, fo 108.

Le 16 février 1517 (n.st) Neri Mazi est député avec le vicomte du
Pré et Guichard David pour obtenir la traite des blés de Bourgogne.
BB. 37, fo 43, v.

Enfin le 1er juin 1518, le Consulat décide qu'il sera fait un don « en
drap de soie ou autrement » d'une valeur de 25 ou 30 écus à la femme
de Neri Mazi, qui avait été envoyé vers le roi pour en obtenir l'exemption ou la réduction d'une aide de 3,000 l. t. BB. 37, fo 175, vo

et perpétuelle sous le nom *de messe du Conservateur ;* enfin le Consulat devait à ses frais faire agréer au roi toutes ces conditions. Elles furent longuement discutées ; le haut prix auquel Neri Mazi mettait à son office rendait le Consulat fort perplexe ; le chancelier lui avait remontré naguère la nécessité d'avoir une juridiction, s'il voulait « estre estimé, doubté et obéy du populaire » ; que par là seulement il deviendrait l'égal de ceux de Paris, de Toulouse et de Rouen, qu'il pourrait « donner ordre à la politique et obvier aux monopolles des particuliers qui causent la cherté des vivres et denrées » ; le manque d'argent avait seul empêché alors l'exécution de ce projet. Mais l'acquisition de l'office de Conservateur étant « le plus gros bien qui pût advenir à la ville, il n'y avait rien de mieux à faire que d'accorder le plus tôt possible à Neri Mazi ce qu'il demandait ; que c'était une dépense à faire une bonne fois, et que si l'on savait que le roi approuvât le marché, la ville pouvait bien payer le prix qu'offrait un particulier. Un notable, Pierre Manissier, trouvait même l'occasion si belle, que dût-il en coûter cinq cents écus de plus, il ne fallait pas la laisser échapper; les plus réservés se permettaient de douter des offres si avantageuses dont se vantait Nery Mazi et n'y voyaient qu'une ruse pour augmenter ses prétentions. Ils demandaient qu'on nommât deux conseillers pour discuter avec lui et obtenir une réduction. Le Consulat s'arrêta à ce parti, il délégua Claude Trie et Jehan Sala « pour parler et pratiquer » avec Nery Mazi. Les négociations n'aboutirent pas. Mazi, dont le nom figure en cette circonstance pour la dernière fois mourut conservateur sans avoir institué le Consulat son héritier ; celui-ci devait accepter plus tard des conditions autrement onéreuses (1).

(1) V. pour toute cette affaire le procès-verbal des assemblées du 25 et du 27 juin 1852 aux pièces justificatives nᵒ 1.

Le successeur de Neri Mazi fut Nicolas ou Nicole de Chaponay, seigneur de Feyzin. A la noblesse et à la fortune, ce nouveau conservateur joignait le prestige de la science, il était docteur en droit ; aussi semble-t-il avoir recouvré l'influence que ses prédécesseurs avaient perdue; il figure bien plus souvent qu'eux dans les réunions des notables, soit qu'on mit plus d'empressement à l'y convoquer ou qu'il trouvât lui-même plus de plaisir à y venir. La première où son nom se rencontre est du 11 juillet 1536. L'exercice de ses fonctions ne devint pas pour lui une occasion de conflits avec le Consulat ; il consultait non les intérêts de son ambition, mais ceux du commerce qu'il était chargé de protéger; nous le voyons protester un jour au nom de ces intérêts menacés par une ordonnance royale qui obligeait les marchands étrangers à la publication de leur bilan (1) ; défendre auprès du Consulat la cause des

(1) Le 5 novembre 1537, Nicollas de Champonnay (sic), conservateur, se présente à la tête d'une députation de marchands lyonnais et étrangers pour protester « contre le crie derrenierement et puis quatre jours en ça faict par laquelle est faict commandement à tous marchans estrangiers et de la ville de venir reveller à monseigneur le reverendissime cardinal de Tournon estant en cette ville dedens vingt-quatre heures sur grosses pennes y contenues, dont tous lesdits marchands sont fort scandalisez et troublez, attendu qu'ilz sont en la présente foire de Toussainctz, et que lesdits Millenoys doyvent grans deniers esdits marchans de ladicte ville et d'autres nations ; et si ce qu'est deu esdits Millenoys estoit déclairé et saisy, iceulx Millenoys ne pourroient paier ce qu'ilz doivent esdits marchans de la ville et autres nacions, qui seroit totalle perdicion et destrucion, detriment et adnichilacion desdictes foires esquelles iceux marchans sont venuz et y viennent soubz les priviléges dicelles ; ont aussi remontré que lesdits marchands Millenoys font grand faict de marchandise et une des plus grans parties, que doyvent à ung seul marchant de ceste dicte ville vingt mille livres tournois, lesquelz ilz faisoient venir leur marchandise acostumée qu'ils ont contremandé et faict arrester au moyen de ladite crie, et car ilz ne la pourront adénérer ne pourront paier, ne eeulx à qui il est ne pour-

3

veuves non marchandes que l'on voulait inscrire sur les rôles de la taille (1).

Aussi quand la Conservation est menacée de l'invasion de nouveaux officiers, le Consulat prête-t-il son concours à Nicolas de Chaponay, qui n'aurait probablement pas pu à lui seul racheter leurs charges (2). C'était là du reste une

ront pareillement paier, que causera leur totale destruction, requérans que le Consulat veuille remontrer ce que dessus et autres choses qu'il verra estre bonnes au Conseil privé du roy, estant icy, pour y avoir regard et y pourveoir de sorte qu'ilz ne soient ainsi destruictz, esquels a esté par ledit Consulat remontré qu'ilz facent dresser requestes sur ce que dessus au roy et son dit Conseil privé estant icy, et le Consulat les presentera et y fera tout ce que sera à luy possible. » BB., 56, fo 92.

(1) Nycolas de Chapponnay, conservateur, est venu au Consulat le 4 août 1545 avec d'autres personnages « qui ont remonstré par la voix dudit maistre Gaspard Guillot que de toute ancienneté est les vefves vivans en vyduité non faisans train de marchandise ne tenans boutiques n'auroient acoustumé d'estre coctisées en aucuns deniers ne charges pour raison de leurs pratiques et meubles, néantmoins puys quinze ou huict jours en ça l'en les a coctisez pour leursdictz meubles et praticques, les unes à quarante livres, cinquante livres, cent livres, deux cents livres ou environ pour ces deniers que le roy demande présentement pour le faict de ses guerres, chose qui ne feut onques veue en ceste ville ne ailleurs en ce royaulme, et qu'on treuve contre toute raison et équité, requérant sur ce y estre advisé et ordonné et estre faict response pour eulx pourveoir comme ilz verront estre à faire par raison.

Surquoy, ledict Consulat s'est retiré à part, et y avoir amplement délibéré, leur ont response que ladite coctisation n'a esté faicte par ledict Consulat ains par certains esleuz et commys à coctiser et tauxer les meubles des habitants qui n'entendoient les anciennes coustumes, par quoy ont ordonné et leur ont déclairé que le Consulat n'entend que lesdictes vefves pui ne tiennent bouticques, faict de marchandises et n'ont moyen de gaigner ne seront extimez ne pour praticques et meubles ainsi que faict a esté d'ancienneté. BB, 63, fo 227, 228.

(2) 8 juillet 1549, acte par lequel le Consulat pour rembourser Bindo Canizani de partie de la somme de 4,881 l. t. par lui avancée au Consulat pour racheter les six offices d'assesseurs et conseillers ès-cours de la sénéchaussée et conservation des privilléges des foyres de Lyon, lui cède tous les droits qu'il peut avoir contre feu François Perussi ou ses

politique sage, et avec les pensées de réunion que nourrissait le Consulat, il avait tout intérêt à se préparer une succession le moins grevée possible.

Ce n'est pas que Nicolas de Chaponay restât toujours en parfait accord avec le Consulat ; il a quelquefois maille à partir avec lui, et sa grande fortune rend même plus faciles des froissements d'intérêts (1) ; mais il ne peut y avoir là

héritiers directs, qui se montent à 2,180 l. t. ou environ, ledit Bindo Canizani s'engageant à ne prendre sur le produit de l'entrée du vin que le reste de ladite somme de 4,881 l. t. BB., 72, fos 165, 166.

5 février 1551 « a esté mys en termes comme monsieur de Chapponay, conservateur des privilliéges de ceste ville a offert faire tenir quicte le Consulat de l'obligacion qu'il avoit faicte et passée à ung nommé Bindo Canizani, marchant florentin, de continuer l'ayde du vin et pied fourché jusques à ce que icelluy Canizani sera remboursé de la somme de quatre mil huict cent livres tournois, qu'il avait fournye à la requeste de ceste ville et du plat pays de Lyonnois pour l'abolition et la suppression des conseilliers, qui avoient estez nouvellement creez et erigez en la seneschaulçée et conservation de ceste ville à la grand faoulle et despense du peuple et des marchans, qui plaîdoient esdictes cours de la seneschaulcée et conservacion en ceddant, quictant, transportant et remectant neantmoings par lesdits sieurs conseilliers et Consulat audit sieur Conservateur la somme de deux mille cent livres, en laquelle feu François Perussy et ses heretiers sont demeurez redevables de la recepte que icelluy Perussy avoit faicte de layde de six deniers pour livre, qui fut mys sus en ladicte ville, en l'année mil cinq cent quarante quatre, des heritiers duquel Perussy iceulx conseilliers n'ont moyen en retirer aulcune chose; sur quoy avoir amplement délibéré, actendu qu'on ne trouve biens audit feu Perussy pour recouvrer ladicte somme de deux mil cent livres, et que les biens dicelluy Perussy sont en déclaration, a esté donné charge à Me Jehan de la Bessée, procureur général de ladicte ville d'appoincter, convenir et accorder avec ledit sieur conservateur du debte dudit Perussy avec le debte dudict Bindo Canizani, comme il verra estre a faire par raison, avec promesse d'avoir à gré; in formâ Présens Humbert Gimbre voyer et Claude Archimbaud, mandeur dudit Consulat, tesmoingz. BB. 70, fo 389, vo.

(1) 15 novembre 1548. Procès entre le Consulat et Nicolas de Chapponay en raison d'un tenement dit de Chartrossière dont son fils, Jehan de Chapponay, étudiant en droit, recevait l'usufruit, que lui contestait

une cause de rancunes bien vives ; les conseillers perdaient
ou gagnaient leurs procès pour la ville qu'ils représentaient ;
c'est, au contraire, à leur ambition personnelle qu'eût porté
atteinte un empiétement de pouvoir. Nicolas de Chaponay
ne semble pas se l'être jamais permis. Aussi le Consulat,
s'il plaide parfois contre lui, n'hésite pas pourtant à prendre
son parti ou à lui confier la défense de sa cause dans les
les affaires où leurs intérêts communs sont engagés (1) ; en
1544, il intervint pour empêcher qu'un procès, soutenu par

le Consulat comme recteur de l'hopital, procès soumis à l'arbitrage de
Monsieur Bullioud et de Monsieur le Procureur du roi pour ledit de
Chaponnay, et d'Estienne Faye, official de la primatiale et François
Clepier pour le Consulat. BB, 68, fol. 265-266.

(2) 30 décembre 1544. M. de Feisin demande au Consulat d'intervenir en sa faveur pour empêcher le renvoi de son procès pour le fait
de la Bretonnerie par-devant le Parlement de Grenoble « qui seroit
le distraire de la justice de ceste ville où il est vray domicillié, et du
ressort du Parlement de Paris, qui seroit chose de mauvaise conséquence. » BB 63, fol. 101. Et en retour de cette intervention bien-
veillante du Consulat, Nicolas de Chaponay s'engage à les garantir
contre toutes les conséquences qu'elle pourrait avoir.

4 janvier 1544/5. Noble vénérable et égrège personne maistre Nycolas
de Chaponay, docteur en droictz; conservateur des previllèges des foyres,
cytoien et jadis conseiller de la ville de Lyon, a promis et promect par
serment et obligacion de ses biens suyvant son offre et ordonnance du
Consulat, du mardy penultyme de décembre dernier passé, paier et porter
sur luy les fraiz de certaine cause et matière meue et à mouvoir entre
le procureur des Estatz aux pais du Daulphiné, et le procureur du roy
demandeur d'une part, et ledit noble de Chapponnay, deffendeur et
Messieurs les conseillers et Consulat de ladicte ville de Lyon entre-
venuz et joincts avec ledict noble de Chapponnay, d'autre, et en garder
et emparer ledict Consulat et ladicte ville de tous despens, dommages
et interestz qui en pourroient subvenir, pour raison de ladicte intervention et matière, circonstances et deppendances, présent et acceptant le
notaire et secrétaire du Consulat soubzsigné. Faict le quatriesme janvier
mil cinq cens quarante quatre (vst). Présens maistre Claude Chapponay et Berthelemy Bruyas notaire roial dudict Lyon, tesmoings.....
BB, 63, fol. 102.

Nicolas de Chaponay, justiciable du Parlement de Paris,
contre le procureur du roi et le procureur des Etats de
Dauphiné, ne fût jugé au Parlement de Grenoble, comme
le prétendaient ces derniers. De son côté, Nicolas de Chaponay s'engage, le 16 juin 1555, à garantir les conseillers
de Lyon contre toutes les conséquences du procès engagé
en ce moment entre le cardinal-archevêque de Tournon et
les chanoines comtes de Lyon d'une part, et les habitants
de Venissieu, Solaize, Feizin en Dauphiné de l'autre, à
raison des îles et broteaux du Rhône (1) ; il semble d'ail-

(1) 16 juin 1555. Nicolas de Chaponnay, seigneur de Feizin, s'engage en son nom et au nom des messieurs du Clergé de Lyon, à garantir les conseillers de la ville de ce « qu'ilz pourroient souffrir et
soubstenir pour raison de procès pendant au grand conseil du roy nostre
sire d'entre lesdits sieurs du clergé ledit sieur de Feisin manans et
habitans de ladicte ville de Lyon pour et à cause que les manans et
habitans du pays de Daulphiné prétendent que la moytié des ysles et
brotteaux estans sur le Rosne leur appertiennent, et se chacun par
moytié et esgalle portion, et si aulcune chose en estoit par eulx payé
les en rembourser à leur première et simple requeste avec tous dommages etc. soubz missions des cours du roy notre sire des seneschaulcée
ordinaire, officialité dudict Lyon et aultres etc., avec les renonciations
et clauses nécessaires. » BB, 76, fol. 303.

10 mars 1556 (n. st.) « Lesdicts sieurs conseillers ont faict et passé
procuration à procureur en la vénerable court de Parlement de Grenoble absent, et chacun d'eulx seul et pour le tout et specialement
pour et au nom desdicts sieurs constituans et de ladicte ville et
communaulté, demander, requérir et poursuyvre lettres de placet et
parcatis par devant ladicte court de Parlement de Grenoble, sur les
lettres d'évocation de trentiesme jour de janvier dernier, obtenues de la
part de monsieur le cardinal de Tournon, arcevesque de Lyon, et de
messieurs les comptes et chanoynes de son esglise, pour le faict du
Rosne, ysles et broteaulx qui sont dessus icelluy, aussi pour ce que lesdicts constituans sont joinctz et consortz au Grand Conseil du roy nostre
sire avec Me Nicolle de Chapponay conservateur des foyres dudict
Lyon pour ledict faict du Rosne ses ysles et broteaulx et que c'est ung
mesme faict et négoce de demander et poursuyr par devant icelle court
lettres de placet et parentis sur les lettres et arrestz obtenus par ledict

leurs avoir été vraiment digne de la confiance que le Consulat mettait dans son expérience des affaires ; son nom figure, le 27 novembre 1554, parmi ceux des premiers jurisconsultes de Lyon, et au bas d'une requête au Consulat pour obtenir l'érection d'un Parlement (1).

Né dans un siècle de guerre et de discussion, et dans une ville qui allait servir de champ de bataille aux partis religieux, il dut certains jours quitter la toge pour l'épée ; après la défaite de St-Quentin, et au milieu des préparatifs que Lyon eut alors à faire pour sa défense, il est un des capitaines nommés « pour recognoistre les penons (com-

de Chapponnay audict grand conseil à lui contre des manans de Venissieu, Feisin, Soleyse et tous autres aux fins de iceulx arrestz et lettres mectre à deue exécution devant leur ressort. Et ad lites cum potestate substituendi et clausis in formâ. Présens ceulx que dessus.

Soit faicte lettre de indempnité passé par noble Nycolas de Chapponay seigneur de Feizin au. proufit desdits sieurs conseilliers, de tous dommaiges despens et interest, que ladicte ville pourroit souffrir et soubstenir à cause de ladicte procuration. In forma. Presens ceulx que dessus. BB, 78, fol. 152-153.

(1) 27 novembre 1554. Messieurs maistres Nycolas de Chapponay conservateur des piivilléges des foyres, Claude Barraillon, Nery de Tourvéon..... de Lange..... Briand, Jehan du Fournel, docteurs en droictz, conseilliers au siége présidial estably en la ville de Lyon Mes Françoys Grollier, Ambroyse Thomas, Claude Bollet, advocatz et Me Anthoine de Vegio, docteur en médecine, Messieurs Jehan Grollier, secrétaire du roy, Claude de Vinolz, esleu de Lyonnois, Marc de Muzino aussi esleu, Françoys Salla, cappitaine de la ville, Jehan Penneton et Pierre Millaud, bourgeoys citoyens dudict Lyon, par la voix dudict Me François Grollier, advocat, ont dict et faict plusieurs remontrances ausdits sieurs conseilliers et consulat tendans aux fins, que, pour le bien prouffict et utillité de ladicte ville, lesdictz conseilliers eschevins ayent inster et poursuyr envers le roy nostre sire et nosseigneurs de son Conseil privé de mestre et ériger ung Parlement en ceste dicte ville et aultrement comme appert et plus à plain est contenu par la requeste qu'ilz ont baillée et présentée par escript cy après insérée à laquelle ilz ont demandé et requis estre respondu par le Consulat. » BB, 76, fol. 197.

pagnies de milice), les mander et faire marcher la part, où ilz, chacun en son quartier, ordonneront et commanderont (1). »

Enfin, en décembre 1564, il était appelé au Consulat, dont le Conservateur était exclu depuis plus de quarante ans (2). C'est lui, disent les procès-verbaux de cette assemblée, qui est « le premier et qui préside au Consulat en eschevinaige en ceste ville ; » ce poste n'était pas seulement honorable, il était périlleux. Lyon, délivrée des troupes protestantes qui l'avaient occupée près d'un an, craignait toujours de les voir revenir (3) ; l'unité de sentiments et de croyances était brisée ; le rôle du premier magistrat de la cité était difficile. S'en tira-t-il à son honneur ? On en est réduit à le supposer, car le silence se fait tout à coup sur lui, son nom ne reparaît plus, il n'est plus désigné que par son titre, et on arrive même, avec l'année 1566, à se demander si c'est lui qui le porte encore. Nous voyons, en effet, le 14 mars de cette année, figurer dans une même assemblée de notables M. de Fezin et M. le Conservateur ; et il n'y a pas d'erreur du secrétaire, car le même fait se reproduit encore les 21 avril, 24 août et 4 novembre 1568 ; à l'assemblée du 3 août 1569, assistent M. de Chaponay, conservateur, et M. de Fezin, avocat. A cette date donc, probablement, un des fils de feu Nicolas de Chaponay lui avait succédé dans ses fonctions de conservateur ; un autre dans son titre de seigneur de Fezin. L'héritier de l'office de conservateur doit être un Jean de Chaponay, dont les registres consulaires

(1) Délibération consulaire du 10 octobre 1557. BB, 79, fol. 288.

(2) Bonaventure Thomassin en était sorti en 1520, et depuis lors, jamais un conservateur n'y était rentré.

(3) L'occupation protestante dura du 1 mai 1462 à l'édit de pacification du 18 mars 1563.

ne citent que la mort à la date du 26 octobre 1581 (1),
et qui eut pour successeur M. Lorans fils, nommé dans
des circonstances sur lesquelles nous aurons à revenir.

Cette période obscure de l'histoire des conservateurs est
remplie par les tentatives que firent les conseillers pour
donner à la Conservation un caractère plus municipal ; les
guerres de religion venaient alors de commencer ; l'aristocratie protestante se soulevait contre la royauté au nom de
la liberté de conscience. De son côté, la bourgeoisie catholique des villes s'armait pour défendre sa religion, et l'im-
puissance de la royauté leur laissant toute liberté d'action,
elles devinrent à peu près indépendantes ; les trois ordres,
clergé, noblesse et tiers état parlèrent alors très haut pendant que la royauté se taisait ; aussi, les vit-on demander
réformes sur réformes, et les réunions des Etats Généraux
se multiplier. Dans toutes ces assemblées et dans toutes ces
requêtes, les députés et les conseillers de la ville de Lyon
firent toujours une place à la Conservation à côté des grands
intérêts religieux et politiques du moment. Dans une
Plaincte et doléance en date du 31 octobre 1560, les *manans
et habitans de la ville de Lyon* demandent qu' « affin que les
marchans frequentans les foyres soient contrains se garder
fidélité les ungs aux aultres, quant quelque different survien-
dra entre marchans frequentans lesdictes foyres et pour faict
de foire soient tenuz de convenir de troys marchans pour
vuyder ledit différent, au dire desquelz seront tenuz ester
sans aultre forme ne teneur de procès suyvant l'esdict
du roy... »

C'était se prononcer pour le rétablissement pur et simple
des prudhommes supprimés à l'avènement du conservateur ; quelques années plus tard, c'était l'union de la Con-

(1) BB, 107, fol. 203.

servation au Consulat que l'on demandait au roi (1) ; en
1575, Sa Majesté est priée d'accorder une Bourse de juges
de police comme « aultres bonnes villes de ce royaulme à
la charge dü remboursement des officiers de ladicte Conservation, que les marchans frequentans les foires de ladicte
ville offrent faire (2). » Au Conservateur officier de robe
longue on reproche toujours la durée des débats, si pré-
judiciable aux intérêts commerciaux, et qu'il regardait, lui,
comme une condition essentielle de son prestige ; les Lyonnais et les étrangers qui fréquentaient leurs villes compa-
raient la lenteur de cette procédure formaliste, commerciale
de nom, mais qui avait retenu des tribunaux ordinaires tout
l'appareil inutile et encombrant, à l'expédition des affaires
si prompte, si facile, si dépourvue de formes rigoureuses
pratiquée par les consuls, ces nouveaux juges créés à Toulouse en 1549, bientôt transportés à Paris en 1563, et de là
dans la plupart des grandes villes commerciales de France.

(1) 8 février 1569. « Ont esté veues audict Consulat les mémoyres
dressées pour supplier le roy de unir et joindre audict consulat et
eschevinaige dudict Lyon la jurisdiction de la Conservation des foyres,
ensemble la maistrise des portz pour les causes contenues ausdits mémoyres, lesquelz ont esté signez par le secrétaire de ladicte ville, auquel
a esté commandé les envoyer à monsieur de Rubis, estans en court et
luy escripre amplement pour en faire les poursuytes. » BB, 88,
fol. 42. V. aussi la pièce justificative nº 2.

(2) Et d'aultant que pour le jourd'huy les marchans de ladite ville
ne se ressentent du tout rien du bien que les feuz royz leur ont entendu
faire establissant ung conservateur de robbe courte, pour juger souverainement de leurs diferendz, pour les grandes longueurs et formalitez qui
ont esté introduictes et sont pour le jourd'huy en la Conservation des
foyres, estant manyée par les gens de robbe longue contre sa première
institution ; plaise à Sa Majesté accorder une Bourse de juges de police
commes es aultres bonnes villes de ce royaulme, à la charge du remboursement des officiers de ladicte Conservation, que les marchans frequentans les foyres de ladicte ville offrent faire. » Requête au roi lue
au Consulat le 22 janvier 1575. BB, 93, fol. 29.

Ils demandaient, eux aussi, des juges de robe courte dont
l'absence pouvait éloigner le commerce de leurs murs, ou
tout au moins, si le roi ne voulait pas remplacer par une
institution nouvelle un tribunal déjà vieux de près d'un
siècle, et en faveur duquel son ancienneté même était un
argument, ils le priaient d'enjoindre au Conservateur et à
son lieutenant « d'expédier les procès des marchans sommairement et sur le champ, sans formalité ny longueur, et
sans ministere de procureurs ny d'advocatz, comme fai-
soyent antiennement les conservateurs de robbe courte, et
néantmoins ordonner, que, advenant par cy après vaccation
desdits estatz et offices de conservateur et son lieutenant, il
y sera pourveu de gens de robbe courte, et sans qu'ilz puissent estre baillez à gens de robbe longue, ny de praticque,
déclairant dès à présent Sa Majesté toutes provisions que
pourroyent estre obtenues au contraire, nulles et de nul effect
et valleur » (1).

Pendant que le Consulat s'agitait ainsi pour s'annexer la
Conservation ou tout au moins pour y substituer des consuls
élus aux officiers royaux, des intrigants se faisant passer
pour les représentants de la ville, et, sous prétexte de servir
ses intérêts, réclamaient pour le Conservateur « pareille et
semblable juridiction que aux juges et consuls des marchans
de Paris avec *creue d'officiers* (2) » ce qui eût permis au

(1) Cahier présenté aux Etats de Blois de la part des consuls échevins
manans et habitans de Lyon et dont il fut donné lecture au Consulat
le 12 novembre 1576. BB., 94, fol. 178.

(2) 16 juillet 1573... Sur la proposition et remontrance faicte qu'il
se faict poursuyte en court du nom de la ville et communaulté de Lyon,
quoy que soit soubz prétexte d'ung prétendu bien publicq et prouffict de
ladicte ville, pour attribuer au Conservateur des privilleiges des foyres
pareille et semblable jurisdiction que au juge et consulz des marchans
de Paris avec creue d'officiers, quoy que soit d'altérer l'estat qu'est à
présent en la justice, le faict mys en délibération, a esté advisé de se

moins de satisfaire un plus grand nombre d'appétits. Mais aucune tentative de part ni d'autre n'était alors destinée à réussir ; la réforme de la Conservation devait se faire attendre bien des années encore, et la demande de nouveaux offices avait déjà été exaucée en partie ; la Conservation comptait dés le milieu du xvie siècle, outre le Conservateur et son lieutenant, un vice-gérant dont les fonctions ne sont pas définies, et dont l'apparition est rare d'ailleurs ; c'était assez pour le moment de ces trois officiers (1).

Cependant, à la mort de Jean de Chaponay, le Consulat avait essayé d'intervenir dans la nomination de son successeur ; il présenta au roi un candidat, et ce candidat, c'était un personnage désigné au choix de ses concitoyens par son mérite, et destiné à devenir conseiller quelques mois plus tard (2). Antoine de Masso, docteur en droit, conseiller du roi au Parlement de Dombes, et déjà, depuis plusieurs années, lieutenant du Conservateur (3). Il appuyait

opposer à telle poursuicte et requérir Sa Majesté et nosseigneurs de son Conseil de ne ordonner sans estre ouyz, et en tant que besoing seroit desadvouent les poursuyvans ; et pour faire telle et semblable déclairacion et désadveu partout où il appartiendra ont constitué leur procureur Me Pierre Paulmyer agent des affaires de ladicte ville. BB, 91, fol. 114.

(1) Aux deux dates extrêmes du 6 septembre 1552 et du 2 août 1560, nous trouvons un Jean Girinet, licencié en droit, décoré de ce titre de vice-gérant en la Conservation, sans autre renseignement sur son compte. FF, titres non classés.

(2) Il fut nommé couseiller aux élections de 1581.

(3) 26 octobre 1581. Lesdits sieurs conseillers ayant esté présentement advertis du décès de feu monsieur Me Jehan de Chapponay, en son vivant juge gardien et conscrvateur des privilleiges royaulx des foyres de]adicte ville, par l'establissement desquelles foyres, le roy Loys unziesme, que Dieu absoille, leur a donné auctorité et pouvoir d'eslire et nommer à Sa Majesté personnaige ydoine et cappable pour juge gardien et conservateur des privilleiges desdictes foyres, vaccation advenant, ont nommé au roy nostre sire monsieur Me Anthoine de Masso, lieutenant du Conservateur desdits privilleiges, pour estre pourveu dudict estat et office. » BB, 107, fol. 203.

sa prétention sur « l'auctorité et le pouvoir à lui donnés par le roy Loys unziesme d'eslire et nommer à Sa Majesté personnaige ydoine et cappable pour juge gardien et conservateur des privilleiges desdictes foyres vaccation advenant. » Usait-il pour la première fois de ce prétendu pouvoir ? Au moins n'en avait-il pas encore été question. Peut-être le Consulat se croyait-il sincèrement en possession du droit qu'il exerçait, peut-être aussi profitait-il de la faiblesse du roi pour essayer de lui arracher cette concession à l'aide d'un mensonge historique. Jamais, en effet, il n'avait nommé que des arbitres d'ordre tout à fait inférieur, et, du temps de ces arbitres, le Conservateur, en sa qualité de sénéchal, était plus qu'il ne le fut jamais à la nomination du roi. Quoi qu'il en soit, Antoine de Masso fut présenté par le Consulat, et, malgré tous ses titres, ne fut pas nommé par le roi ; il resta comme devant lieutenant du Conservateur, qui fut un nommé André Lorans.

Sous ce nouveau Conservateur, les querelles recommencèrent plus vives que jamais avec le Consulat. Le signal des hostilités fut donné par un édit de Henri III en date du mois de mai 1583. Le désir de se concilier l'affection d'une ville aussi importante que Lyon, au moment où il se sentait de plus en plus abandonné par ses sujets, lui faisait trouver bons des arguments déjà vainement présentés bien des fois. Neri Mazi, homme de robe courte, avait cédé, sans en avoir le droit, sa charge à Nicolas de Chaponay, homme de robe longue, et celui-ci avait amené avec lui, outre un lieutenant en titre d'office, jusqu'alors inconnu, tous les fâcheux usages des gens de sa classe, et surtout cette procédure sans fin des tribunaux ordinaires ; au lieu de « prendre conseil et advis des marchans à ce congnoissans, il avoit pris par conseil des accesseurs, gens de robe longue et peu experimentez au fait de marchandise, dont *intervenaient* plusieurs jugemens nulz et qui *contraignaient* les parties à recourir à la voie d'appel, ce qui ne se peult faire sans se distraire de leur trafficq; et de la mesme erreur et faulte d'expérience desdits juges au fait mercantil, *proceddaient* plusieurs banquerouttes de marchans à Lyon et autres lieux de ce royaume, pour n'estre leurs negoces traités par ledit juge conservateur, avec les moyens convenables et doux, ains trop aigrement et avecq grand frais, d'autant que les sentences données en audience sur une simple cédulle recognue ils en *prennaient* espices, ce que ne se faisait par aucuns aultres juges tant souverains que subalternes de son royaulme. » Pour remédier à tous ces abus, Henri III ordonnait que « par chascun an, en tel jour que seroit advisé, les conseillers et eschevins de ladicte ville de Lyon adsistans avec eux quelques notables bourgeois et marchans tels qu'ils les *vouldroient* choisir, pourroient nommer et eslire deux notables marchans d'entre eulx ou qui *l'auroient esté*, pour estre assesseurs dudict juge conservateur (1). » Le Conservateur ne pouvait se résigner à partager sans résistance son autorité avec de simples marchands; il fit opposition à l'édit du roi (2).

(1) V. la pièce justificative n° 3.

(2) 7 juin 1583. « Sur la requisition de Monsieur Me André Lorans, juge gardien et conservateur des privilleiges royaulx des foyres de ladicte ville, de déclairer s'ilz ont donné charge mandement ou procuration à quelzques ungs de leurs agens en court de poursuivre envers le roy ung eedict de nouvelle création de deux assesseurs de robbe courte et annuelz audit Conservateur, et s'ilz entendent advouer ou désadvouer ladicte poursuitte et obtention des lettres en forme d'eedict, qui sur ce ont esté expédiées aux fins que sur l'opposition qu'il y a formée il saiche à qui il se debvra adresser pour partie formelle, ont dict et déclairé (les conseillers) que à la vérité ilz n'ont passé aulcune procuration spécialle pour faire ladicte poursuitte mais qu'il est bien vray qu'ilz ont passé une généralle tant à monsieur de Masso que à monsieur de l'Ysle pour négocier en court, tous les affaires en général et ne sçavent s'ilz auront estendue cette généralité à l'effect que dessus, estimans que ce fut le bien et utilité du publicq. BB, 111, fol. 127.

Un procès s'engagea devant le Parlement, sollicité d'une part de vérifier l'édit du roi, et, de l'autre, de refuser cette vérification ; le représentant des marchands lyonnais devint presque aussitôt celui du Consulat, intéressé, lui aussi, à nommer les deux assesseurs dont l'édit prescrivait l'adjonction au Conservateur ; il s'appelait François de Rusinant ; il invoquait comme précédent, à l'appui de sa demande, des lettres déjà obtenues en 1565 par feu Sʳ Antoine Bonin et Mᵉ Lambert Pinet, et la requête déjà présentée par les députés aux Etats de Blois pour obtenir un conservateur de robe courte (1) Le Parlement de Paris ordonna une enquête pour savoir si véritablement le Conservateur avait été primitivement homme de robe courte ; elle eut lieu le 1 juin 1584 et les jours suivants ; le 21 juin 1584, le Conservateur fournit ses réponses, et le 12 juillet 1584, après une plaidoierie de Mᵉ René Choppin pour les marchands, et de Mᵉ Simon Marion pour le Conservateur, le Parlement débouta les marchands de leur demande en enregistrement (2). Cet arrêt n'avait rien que de très-naturel ; il ne fallait pas attendre du Parlement qu'il sacrifiât la cause d'un homme de robe à celle de ces marchands, dont il regardait l'admission aux fonctions judiciaires comme une atteinte portée à ses droits ; Henri III n'était pas homme à imposer ses volontés au Parlement, surtout pour une question d'aussi mince importance, et les Lyonnais durent ajourner encore leurs espérances. Les Etats Généraux de 1588 leur fournirent l'occasion de protester ; ils se plaignirent que « les menées du Conservateur eussent touvé plus de crédit et de rapport que les marchans, quelque justice qu'ils eussent », et ils demandèrent que « vaccation advenant audict estat de

(1) V. aux Pièces justificatives, nº 4.
(2) Chappe IX. 24, 25.

Conservateur *il n'en fut* plus pourveu que de gens de robbe courte, que toutes provisions obtenues au contraire fussent nulles et de nul effect et valleur, et cependant attendant vaccation dudit estat que ledit eedict desdits assesseurs fust entretenu selon la teneur, et deffences faictes audict Conservateur de s'entremectre par cy après, d'autres causes que de celles des marchans forains frequentans lesdictes foires pour faict de foire et payement destiné en foyre et à luy enjoinct les expédier sommairement, sans ministère d'advocat ny formalité de justice (1). »

En sa qualité d'officier royal et d'adversaire du Consulat, André Lorans devait s'appuyer sur la royauté. Aussi, semble-t-il s'être montré assez peu favorable à la Ligue qui fut un moment toute puissante à Lyon. Mais le duc de Nemours, qui y commandait pour elle, ayant trop laissé paraître son intention de s'y faire une principauté indépendante, en s'aidant de l'armée du marquis de Saint-Sorlin, son frère, fut emprisonné par les bourgeois à Pierre-Scize ; ce fut le signal du retour de la ville à la cause royale. Le 7 février 1594 (2)

(1) V. aux Pièces justificatives, n° 5.

(2) « Ledit sieur Conservateur (André Lorans) a dict que ce nouveau tumulte peut estre provenu d'une assemblée qui fut hier faicte sur le soir en la maison du sieur conseiller de Bourg, lequel auparavant que la convocquer ny recepvoir chez soy, avoit ouvertement déclairé qu'il falloit neccessairement remettre en liberté monseigneur de Nemours et luy rendre le gouvernement de la ville et province, sur lequel rapport tous ont alternativement opiné et à pluralité de voix resolu que pour le bien et repos de la ville il falloit mettre hors d'icelle ceulx qui ont des moyens de nuyre et susciter le peuple aux armes, lesquelz tiennent ou favorisent le party du seigneur de Nemours, et entre autres messieurs de Torvéon, Austrein, de Rubis de Vaux, ledit de Bourg, Proust, Teste, Beaucourant, et prier monseigneur l'archevesque d'accepter en chef le gouvernement de ladicte ville et province d'icelle jusques à ce que les Estatz Generaulx du royaulme aient esleu ung roy catholique, sans touteffoys se despartir du serment qu'ilz ont faict à la Saincte Union

une assemblée se réunit pour délibérer sur un complot, formé pour la délivrance du duc. André Lorans fut d'avis que « ce nouveau tumulle *pouvait* être provenu d'une assemblée faite la veille en la maison du sieur conseiller de Bourg, lequel auparavant que la convoquer ni recevoir chez soi avait ouvertement déclairé qu'il fallait nécessairement mettre en liberté Monseigneur de Nemours et lui rendre le gouvernement de la ville et province. » Ces paroles firent décider l'expulsion des plus hardis partisans du duc de Nemours ; le gouvernement de la ville devait être proposé à l'archevêque, Mgr d'Epinac, à la charge de la remettre au roi que reconnaîtraient les Etats Généraux. L'archevêque, appelé au sein de l'assemblée, fut nommé immédiatement gouverneur, et chargé d'entamer des négociations avec le commandant des troupes royales, Alphonse d'Ornano ; mais dès le lendemain, sans attendre qu'elles fussent engagées, le Consulat se rendit auprès de ce dernier, qui fit son entrée dans la ville le jour même (1).

La Ligue entraîna dans sa chute les anciennes libertés lyonnaises ; le 14 décembre 1595, dans une assemblée de notables convoquée pour en recevoir la nouvelle, le gouverneur de la ville, Philibert de la Guiche, accompagné de Guillaume de Gadagne Botéon, comte de Verdun, lieutenant du roi et sénéchal, et de plusieurs notables, vint notifier l'édit rendu par le roi le même mois, édit qui réduisait de douze conseillers à un prévôt des marchands et quatre échevins l'administration municipale.

Là encore, André Lorans (2) se fit l'avocat de la poli-

des catholiques de laquelle ilz recongnoissent tousjours monseigneur le duc de Mayenne pour chef et lieutenant général. » BB, 131. fol. 20 et suiv.

(1) BB, 131, fol. 22.

(2) « Ledict sieur Lorans a dict que ce nest au subject de s'enquerir des

tique royale ; il soutint que les sujets n'avaient pas à s'inquiéter des motifs qui avaient pu déterminer le prince ; qu'il était venu dans leur ville et avait pu se rendre compte de sa situation ; il rappela les paroles prononcées par lui à cette occasion : « Je recognois que vous me recognoissez pour vostre père. J'ay estainct le feu de la rébellion et je désire vous acheminer la paix. » Il opposa à l'épithète de Sévère,

causes qui ont le prince ; le roi a esté en ceste ville qui a veu comme les choses sont passées et leur dict ces parolles : « Je recognois que vous me recognoissez pour vostre père. J'ay estainct le feu de la rébellion et je désire vous acheminer la paix, qu'il n'y a personne de jugement qui n'ait recogneu par le passé que du nombre excessif des eschevins sont procédés des grandz desordres, et a rapporté l'histoire de l'empereur Sévère, qui, pour la severité de sa justice, fut appelé de ce nom, et nostre roy acquiert le nom de Clement, parce que, encores qu'il soit sévère en ce qui est de la guerre, il praticque la clémence en la réunion de ses subjectz ». Sa Majesté a recogneu que plus il y a d'officiers, plus il y a de monopolle et séditions, et est la volonté du roy de se conformer à la maxime d'estat, que moindre est le nombre des officiers et mieulx en va pour la·chose publicque, et que chacun juge en son âme que c'est chose certaine que ceste ville, se réduisant à l'instar de la ville de Paris, ne peult errer et que le nom de prevost des marchans est encores mieulx séant à ceste ville que à celle de Paris, d'aultant que ceste ville est marchande, et que ce sera un lien indissemblable (sic) de tranquilité entre le roy et ses subjectz qui lui doibvent l'obeissance, et pour ce lesdits eschevins implorent tant de monsieur le gouverneur et tous les aultres corps qui sont en présence, mesmes ceulx qui ont l'auctorité royalle et administration et aussy de conspirer tous à l'extinction des debtes de la ville, qui est la chose plus importante, et a discouru de quelle qualité sont lesdictes debtes, que dix-huit ou vingt personnes portent cent mil escus. Et pour ce supplie la compagnie que chacun y apporte ce que peult à ce que l'octroy du roy qui est destiné à ceste fin soit exécuté ; car le roy a bien cogneu que sans l'extinction desdictes debtes il ne pouvoit faire estat de s'asseurer de ladicte ville, et a faict mention des saisies faictes par des particuliers, suppliant la compagnie que l'on advise qu'il n'y ait poinct de division, et de ne permettre que le desordre naisse de telles poursuites. BB, 132, fol. 123.

4

méritée autrefois par l'empereur Septime, qui avait été si cruel pour la ville, celle de Clément, méritée par Henri « parce qu'encores qu'il *fût* sévère en ce qui est de la guerre il *praticquait* la clémence en la réunion de ses subjectz. » Sa Majesté avait reconnu que le nombre excessif des échevins était une cause de *monopoles* et de séditions. Il cita la maxime d'Etat : « Moindre est le nombre des officiers et mieulx en va pour la chose publicque. » Lyon ne perdait rien à réduire le nombre de ses échevins à celui de la ville de Paris, et « ce nom de prevost des marchans *estait* encores mieulx séant à ceste ville que à celle de Paris, d'aultant que ceste ville estoit marchande » ; que tous officiers du roi et de la ville ne devaient avoir pour le moment qu'un but : éteindre les dettes énormes dont elle était grevée. »

Le zèle d'André Lorans n'eut pas longtemps à attendre sa récompense ; le lendemain de la soumission de la ville, le 8 février 1594, son nom était imposé au choix des électeurs, appelés à remplacer six conseillers forcés de se retirer en raison de leur attachement à la Ligue (1) ; les mêmes motifs le firent choisir comme député à la Cour ; plus qu'aucun de ses collègues, il était capable de dissiper chez le nouveau roi les derniers restes de défiance qu'il pouvait conserver à l'égard de la ville (2). Quand le Consulat eût été réduit de douze à cinq membres, il fut l'un des échevins conservés par l'influence royale ; ses aptitudes financières paraissent surtout avoir été appréciées de ses collègues, qui lui confièrent, à diverses reprises, la défense de leurs

---

(1) BB, 131, fol. 21.

(2) 27 mars 1594. Ledit sieur Lorans, estant sur son partement pour aller en court, suyvant la délégation faicte par lesdits sieurs, a rapporté les clefs de la porte de Sainct Just, qui lui avoient esté baillées en garde, requérant en estre deschargé. BB, 131, fol. 72.

droits et l'examen des demandes de leurs créanciers (1).

André Lorans était d'ailleurs préparé, par sa naissance et par sa fortune, au maniement des grandes affaires ; il était seigneur de la Sarra, titre sous lequel on le désigne encore plus souvent que par son nom de famille ; et il put prêter à la ville, au moment de la guerre religieuse, jusqu'à 10684 livres, 17 sous, 1 denier (2), ce qui était alors une somme

(1) 24 septembre 1596. « Le sieur Lorans ayant esté commis pour traicter avec noble messire Claude Bullion, conseiller du roy en sa court de Parlement de Paris, tant en son nom que pour et au nom de damoiselle Charlotte de Lamoignon, sa mère et de ses frères et cohéritiers, pour la moictié de feu damoiselle Claude Vincent, vivant fille et héritière universelle de feu noble Pierre Vincent son père, et avec noble Claude Bulyon, seigneur de Laye, héritier pour l'aultre moictié dudict sieur Vincent, sur ce qu'ilz prétendoient leur estre deuz pour arreraiges de rentes, qu'ilz ont sur les gabelles de ladicte ville, a rapporté avoir vériffié avec Me Guyot de Masso recepveur des deniers commungs de ladicte ville ce qui est escheu desdicts arreraiges, et treuvé qu'il leur estoit deub de douze années escheues au jour feste de Nativité Sainct Jehan Baptiste dernier passé, revenans à la somme de quatre cens vingt escuz, et qu'il en a ce jourd'huy accordé avec lesdits héritiers à la somme de deux cens escuz soleil, moyennant laquelle ilz quictent à ladicte ville le surplus de ladicte somme de quatre cens vingt escuz qui leur estoit, comme dict est, deue desdictes douze années, lequel accord les autres..... ont approuvé et eu pour aggréable et par ce ordonné de payer et bailler comptant auxdits héritiers Bullion ladicte somme de deux cens escuz soleil pour les causes susdictes. Et rapportans la présente qui luy servira de mandement avec quictance, ladicte somme de deux cens escuz sera entrée et alloué en la despence des comptes dudit de Masso. » BB, 133, fol. 155.

27 novembre 1597. André Lorans est député avec les sieurs de Servières, de la Salle et de Morvieu « pour veoir les lettres d'octroy des vingt mille escuz accordés par le roy à ladicte ville sur la doanne d'icelle, avec les pièces en vertu desquelles le sieur Guillaume de Limbourg, fermier de ladicte doanne, prétend s'aider au préjudice dudict don et octroy. » BB, 130, fol. 146.

(2) C'est le chiffre qui résulte du réglement de comptes fait par Méric de Vic, conseiller du roi et président au Parlement de Toulouse, en exécution de l'arrêt du Conseil du 28 novembre 1587 ; aux termes de

considérable. On comprend que, dans ces conditions, il fut appelé à dire son mot dans les questions financières et qu'il y portât l'intérêt que nous avons vu. Il n'exerça pas jusqu'à sa mort les fonctions de conservateur ; à la date du 7 décembre 1602, il figure encore sur la liste des notables lyonnais, quoique, dès le 19 avril 1602, le nom de son successeur, Charles du Luz, paraisse déjà dans les lettres patentes par lesquelles le roi Henri IV lui accorde le droit de préséance sur le plus ancien conseiller au présidial. André Lorans semble avoir été, en même temps qu'orateur adroit, financier habile et magistrat distingué, un connaisseur des œuvres de l'art ; le 21 novembre 1600, il est chargé par le Consulat de conférer avec Monsieur Mathieu, avocat, « à ce que tous les desseings que l'on prepare pour l'entrée de la royne soient faictz avec la dessence requise, l'honeur de ladicte ville et le contentement universel en tant qu'il leur sera possible (1). »

ce règlement, André Lorans figure parmi les créanciers remboursés par la ville en capital et intérêts :

Le 22 avril 1598 pour 483 écus 48 sous. BB, 135, fol. 68 ;

Le 17 septembre 1598 pour 241 écus 54 sous. BB, 135, fol. 131 ;

Le 24 novembre 1598 pour 242 écus 8 sous. BB, 135, fol. 156 ;

Le 27 novembre 1598 pour 2000 écus. BB, 135, fol. 158 ;

Le 9 mars 1599 pour 422 écus 59 sous 6 deñiers. BB, 136, fol. 362 ;

Le 31 août 1599 pour 128 écus 9 s. 9 d. BB, 136, fol. 121 ;

Le 9 mars 1600 pour 100 écus 23 s. BB, 137, fol. 36 ;

Le 27 juillet 1600 pour 43 écus 35 s. 3 d. BB, 137, fol. 90 ;

Le 29 décembre 1600 pour 74 écus 42 sous 10 d. BB, 137, fol. 167 ;

Le 8 janvier 1602 pour 89 écus 30 s. 6 d. BB, 139, fol. 15.

Au total, 3,964 écus 38 sous 10 deniers.

Le 4 novembre 1610, en vertu d'un arrangement intervenu entre la ville et ses créanciers, le Consulat se reconnaissait encore débiteur d'André Lorans, en capital et intérêts à 5 %, courus depuis le mois de janvier 1602, de la somme de 6736 l. 18 sous 3 den. tourn. BB, 146, fᵒ 114.

(1) BB, 137, fol. 140.

Nous venons de nommer son successeur, messire Charles de Luz ; ce personnage était tourangeau, comme nous l'apprennent les registres municipaux (1), et c'est à peu près aussi tout ce que nous en savons, car il ne fit guère que passer sur son siège. La Conservation ne' semble pas avoir été à ce moment très-prospère ; la guerre civile, qui venait à peine de finir, avait sans doute exercé sur elle une fâcheuse influence ; son autorité s'était affaiblie (2), et les parlements du royaume, à l'exception de celui de Paris, auquel étaient déférés les appels de ses sentences, refusaient de les faire exécuter dans l'étendue de leur ressort.

La nomination de nouveaux officiers y avait, en outre, rendu la justice plus coûteuse et plus lente ; les officiers nouveaux avaient amené à leur suite les procureurs ; et les procureurs se plaisaient à soulever des conflits de juridiction pour rendre les procès plus longs et plus lucratifs. Pour couper court à ces abus, le Consulat intervint, en 1603, dans un de ces conflits ; mais ses efforts n'étaient pas appelés à réussir (3). Il fut même bientôt obligé, au lieu de défendre les intérêts de la Conservation et de ses justiciables, d'en venir aux mains avec le Conservateur lui-même.

(1) BB, 140, fol. 67.

(2) 9 janvier 1603. « Confirmer aussy la justice et jurisdiction du juge conservateur des privilléges des foires dudit Lyon, ainsy qu'elle luy est attribuée par lesdits privilléges, par l'eedict du mois de febvrier mil v^e trente cinq et arrest du Conseil de Vostre Majesté xve septembre mil v^e quarante deux ; d'aultant que la discontinuation du commerce que les troubles ont causé a faict aussy descheoir en tous les Parlemens de ce royaulme, excepté en celluy de Paris, l'auctorité qu'il a pleu à noz roys bailler audit Conservateur, et à l'exécution de ses commissions et sentences, voire mesmes il y a plusieurs endroictz audit Parlement de Paris où l'on faict difficulté de permetre que les ordonnances dudict Conservateur y soient exécutées. »

Requête au roi en date du 14 décembre 1600. BB, 137, fol. 157.

(3) V. la pièce justificative n° 7.

Le conservateur Charles du Luz avait résigné ses fonctions presqu'aussitôt après y être entré ; des lettres royales du 30 avril 1604 lui donnèrent comme successeur Jean Goujon. Ce personnage, déjà procureur de la ville, avait profité d'un voyage à la Cour pour se faire nommer à ce second office ; une fois pourvu, il avait essayé de justifier sa démarche aux yeux du Consulat ; il avait reconnu, disait-il, que l'union de l'office de conservateur avec la charge de quelqu'un des conseillers avait toujours été un de leurs désirs ; il se promettait donc que le Consulat le verrait avec plaisir, lui, procureur général de la ville, devenir Conservateur. Tels n'étaient pas les sentiments du Consulat, et Jean Goujon les connaissait si bien, qu'il s'était hâté de leur opposer un fait accompli. Le Consulat considérait en effet comme incompatibles les fonctions de conservateur et celles de procureur général : les intérêts du Conservateur et ceux du Consulat pouvaient être et se trouvaient en effet souvent en conflit, comment le sieur Goujon arriverait il à servir les uns sans sacrifier les autres ? Le Consulat protestait toujours contre l'existence dans la Conservation d'un magistrat de robe longue ; il réclamait la nomination de gens de robe courte, l'abrégement des procédures, toutes mesures auxquelles le sieur Goujon, une fois conservateur, s'empresserait de faire opposition. Le Conservateur accepterait-il d'obéir, comme procureur général, aux échevins, marchands pour la plupart, et qui seraient en cette qualité ses justiciables ? Trouverait-il le temps de remplir à la fois ses doubles fonctions ? Consentirait-il à siéger comme procureur général après tous les échevins de la ville, quand il avait, en sa qualité de Conservateur, le pas sur le plus ancien conseiller au Présidial ? Ces motifs n'avaient pas paru moins forts aux gens du roi qu'aux échevins lyonnais. Ils conseillèrent même à ces derniers de nommer un nouveau procureur général, et le 15 juin 1604, ils donnèrent pour successeur à Jean Goujon, dans ce dernier office, le sieur Jacques Moyrou, avocat au siége présidial (1).

Le Consulat avait pour lui tous les droits, mais Jean Goujon avait, aux yeux du Conseil du roi, aux yeux du Parlement, l'énorme avantage d'être un homme de robe longue. Impossible de sacrifier un pareil personnage aux prétentions, si justes fussent-elles, de bourgeois comme les échevins de Lyon. Aussi, un arrêt du Parlement en date du 11 mars 1604 le maintint-il provisoirement dans ses fonctions de procureur général (2) ; le Consulat eut beau se faire écrire mémoire sur mémoire, envoyer des députés à la Cour (3), le Conseil du Roi confirma l'arrêt et maintint même définitivement le sieur Goujon dans ses fonctions de procureur général. Il y eut plus : quand, en 1618, Jean Goujon fut devenu échevin, le procureur général de la ville, M⁰ Charlus, son successeur, cherchant un jour, le 10 mai 1618, un renseignement dans les registres municipaux, et rencontrant l'un des mémoires rédigés pour le Consulat, le trouva « satirique et contre l'honneur dudit Goujon, l'ung des eschevins » ; il déclara qu'il avait « horreur de le lire, et qu'il fust procédé du Consulat de ce temps-là », vu que ledit Goujon était « reconnu par un chacun non-seulement par l'intégrité de sa vie, mais recommandable par les services qu'il avait rendus et qu'il rendait encore à la ville ; » enfin il requit qu'on inscrivit en marge du registre l'annulation de ce mémoire, ce qui fut fait (4). Jean Goujon d'ail-

(1) V. aux pièces justificatives, nᵒ 8.

(2) BB, 398.

(3) Outre la requête du 22 juin 1604 que nous citons aux Pièces justificatives (nᵒ 8), il en fit parvenir un au Conseil le 23 juin 1604 par l'échevin Richard et Mathurin Gallier, ses envoyés ; un troisième mémoire fut encore rédigé le 15 juillet 1604. BB, 141, fol. 166-175.

(4) BB, 141, fol. 166.

leurs, à peine élevé à ce poste de conservateur qu'il avait désiré surtout pour humilier le Consulat, et peut être aussi par crainte de conflits inévitables, en résigna les fonctions entre les mains de Jacques de Bais.

Il semble bien, en outre, que l'exercice des fonctions de conservateur et de celles de procureur général n'étaient pas aussi facilement conciliables qu'il était parvenu à le persuader au Conseil du roi et au Parlement, car en se démettant de son office de conservateur, il conserva pour de longues années encore celui de procureur général dans l'exercice duquel nous n'avons pas à le suivre.

Son successeur, Jacques de Bais, nommé par lettres royales du 28 juin 1605 (1) eut à soutenir contre le présidial une lutte commencée déjà avant sa nomination, mais qui n'était pas sur le point de finir. Dans une ville comme Lyon, dont le commerce a toujours rempli l'existence, la juridiction chargée d'en sauvegarder les intérêts était naturellement appelée à prendre le pas sur toutes les autres. Mais les juridictions voisines, le présidial notamment, ne pouvaient pas ne pas prendre ombrage de cette autorité croissante, surtout en un temps où par suite de l'habitude où étaient les justiciables de payer leurs juges, une diminution de procès se traduisait pour ces derniers par une diminution de revenus. L'amour-propre se joignait à l'intérêt pour envenimer cette rivalité; c'était à qui du conservateur ou des magistrats du présidial, aurait le pas dans les assemblées et les cérémonies publiques. Un des prédécesseurs de Jacques de Bais, Du Luz, avait bien fait trancher la question à son profit; des lettres royales, du 19 avril 1602, et un arrêt du Parlement, du 7 septembre 1602, rendu en conformité de ces lettres, avaient accordé

(1) BB, 398.

au conservateur séance au-dessus du plus ancien conseiller au présidial; elles ne purent terminer la querelle. Les conseillers au présidial n'en tinrent pas compte; en dépit de ces lettres, les incidents fâcheux se multiplièrent plus encore qu'auparavant. A la Saint-Thomas de 1607, le corps de justice était rassemblé chez Me Guillaume de Monthelon, maître des requêtes ordinaires de l'hôtel et surintendant de la justice de Lyon, avant de se rendre à la maison commune, et de là à Saint-Nizier pour entendre l'*oraison docto-rale*, qui s'y prononçait chaque année ce jour-là pour l'installation des nouveaux échevins; le conservateur de Bais fut empêché de marcher à son rang par le sieur de Bourg, conseiller au présidial. Quelques jours après, pour la fête de Noël, le conservateur assistait à la messe à Ste-Croix en compagnie de plusieurs magistrats, parmi lesquels ce même De Bourg; il se rendit à son rang à l'offrande aussitôt après le lieutenant particulier; c'en fut assez pour que le sieur De Bourg refusât de s'y rendre, et ses collègues du présidial avec lui; sur quoi le président, les élus, avocats particuliers et autres bourgeois qui étaient présents refusèrent également de s'y rendre. Le jour de Pâques 1608, même esclandre. Le conservateur fit alors sommer le sieur De Bourg et ses collègues d'avoir à déclarer ce qu'ils entendaient faire des lettres et de l'arrêt de 1602; il n'en reçut point de réponse; il apprit même qu'à la procession « du corps de Notre Seigneur » qui devait avoir lieu quelques jours après, le présidial était dans l'intention de ne pas le laisser marcher à sa tête. Il n'y avait plus qu'à plaider; le conservateur s'appuyait sur l'arrêt et sur les lettres du roi qui lui avaient donné gain de cause; il soutenait avec raison que cet arrêt et ces lettres ne signifiaient rien, s'il n'y était question des solennités publiques où figuraient tous les officiers judiciaires, le conservateur n'ayant ni le droit ni la prétention de siéger au sein du présidial; que ce privilége tout honorifique du conservateur était justifié par l'importance de sa juridiction; qu'en sa qualité d'aîné de plus de cent cinquante ans des magistrats du présidial il avait droit à leur déférence (il se réclamait en cette circonstance des prudhommes primitifs comme de ses ancêtres); qu'il y avait grande injustice de leur part à le « vexer et consommer en frais, » sous prétexte qu'ils étaient en grand nombre et qu'il était seul à les supporter; il concluait en suppliant la cour de lui accorder comme précédemment « séance en tous actes, cérémonies et assemblées publiques avant le plus ancien conseiller, et après les lieutenant général civil, criminel, particulier et assesseurs », et de l'autoriser à informer contre les contrevenants; il demandait en outre réparation pour les outrages passés. Le présidial, de son côté, reprochait au conservateur « de vouloir monter toujours, de n'avoir jamais de degré assez élevé pour paraître, de n'être jamais rassasié d'honneur et de vouloir incessamment entreprendre sur celui d'autrui pour être préféré à tous et n'être inférieur à personne» ; ses prétentions, ajoutaient-ils, dépassaient tout ce qui avait jamais été attribué à ceux de sa qualité ; sa charge après tout n'était à l'origine que celle d'un prudhomme arbitre, choisi d'abord pour une seule affaire, puis chargé de juger tous les différends entre marchands; il n'était pas plus, en somme, que les juges consuls des marchands établis dans d'autres villes, et ne pouvait prétendre à des priviléges plus étendus; c'était de sa part une ambition ridicule que de s'être voulu « mettre au rang de ceux qui finançaient aux parties casuelles », sans qu'aucun édit eût érigé sa charge en office royal, et de s'être attribué le titre de conseiller du roi sans autre titre que l'abondance des affaires commerciales déférées à son tribunal; de ce que le sieur de Luz avait été débouté par arrêt du Parlement du rang et séance qu'il prétendait avoir au présidial, il s'ensuivait que le conservateur n'était pas membre de la justice ordinaire, et que partout où figurait le présidial, le conservateur ne pouvait être admis, de crainte de confondre les ordres et d'ôter à la justice, de son honneur, de sa bienséance et de sa splendeur. L'arrêt du Parlement invoqué par le conservateur n'avait d'effet que dans les circonstances où les compagnies n'allaient pas en corps, mais où chacun marchait selon le rang de sa dignité, aux offrandes des églises, aux enterrements, aux noces et aux baptêmes des particuliers, mais non dans les cérémonies publiques, sa présence dans le cortége, immédiatement après les lieutenants, général, civil et criminel, aurait pour résultat de couper en deux le corps judiciaire et d'y introduire la confusion ; ils glissaient au milieu de tous leurs autres arguments « qu'il leur fascheroit beaucoup de céder à un juge des marchands en causes sommaires et de certain genre de causes seulement » ; c'était là le fond de leur pensée et la cause unique du procès. Le Parlement, par son arrêt du 9 mai 1609 (1) confirma la préséance qu'il avait déjà reconnue une fois au conservateur ; et les conseillers du présidial, de dépit, aimèrent mieux ne pas figurer à la procession du St-Sacrement qui eut lieu quelques jours après, que d'y paraître à la suite de leur rival (2).

Ce n'était pas sur de simples questions d'étiquette que s'engageait la lutte ; en 1610, un procès en règlement de juges eut lieu au Parlement de Paris entre le conservateur et la senéchaussée, l'une prétendant avoir un droit de prévention sur tous les cas attribués à l'autre, et celui-ci soute-

(1) V. les Pièces Justificatives n° 9.

(2) Ce fait résulte d'un exploit en date du jour même de cette procession le 18 juin 1809. BB. 398.

nant au contraire qu'il en devait connaître privativement
à tous autres juges. Ce qu'il advint de ce procès, je ne
suis pas arrivé à le savoir ; mais un des résultats fut de montrer quel désir le Consulat conservait toujours de s'annexer
la Conservation. A la nouvelle de ce procès, les négociants
de Lyon, Français ou étrangers, furent convoqués ; on devait leur « faire entendre en quoi *gisait* la mauvaise intelligence qui avait tiré les uns à signer une requête ou passer
une procuration pour ledit sénéchal, et les autres pour ledit
conservateur, affin qu'une telle division ne fût cause de ruiner le peu de commerce qui restoit à la ville, sans lequel
elle ne pouvoit subsister, et qui *consistait* en la liberté que
de tous jours les négociants *avaient* eu de se pourveoir par
devant celui des juges que bon leur *sembloit*, laquelle sembleroit estre ostée, et conséquemment le moyen de rechercher la justice, là où le demandeur espérerait l'avoir avec
plus de briefveté et moins de frais, et d'eviter les déclinatoires. »

La plupart des membres de l'assemblée, et les étrangers
entre autres, se prononcèrent pour le maintien de l'usage
antérieur, qui laissait chacun libre de prendre pour juge le
sénéchal ou le conservateur ; quelques-uns rappelèrent ces
commencements où la ville avait « l'autorité de nommer
un marchand qui jugeait des différends ; « sy depuis, cela était
tombé en la connaissance d'un officier jurisconsulte, c'était
toujours avec le même pouvoir porté par lesdits priviléges,
et qu'il importait peu aux marchands par qui ils étaient
jugés, pourvu que ce fût selon lesdits priviléges, mais que ce
serait une grande utilité si le Consulat recherchait que la
connaissance de telle juridiction lui demeurât, car l'on
plaiderait sans frais et sans ministère de procureurs ni d'avocats, ce qui serait un bien inestimable, outre l'honneur qui
en reviendrait à ceux qui le procureraient ; que durant la

difficulté de ce procès ce serait chose plus facile à obtenir
du roi qu'en un autre temps; qu'au moins il y avait un édit
ordonnant l'adjonction de deux marchands au conservateur,
dont on pouvait obtenir l'exécution; de la justice du conservateur ou du sénéchal, ajoutait le même orateur, il ne
savait laquelle préférer, il croyait que tous deux la faisaient
bonne, mais longue, ce qui répugne au marchand plus que
toute autre chose : » il concluait soit au rachat de la Conservation, soit à l'adjonction de deux assesseurs au conservateur. Son avis eut de nombreux partisans; un sieur Pons,
« quoique des moindres négocians, *offrait* de contribuer
pour ce qu'il faudrait rembourser. » Le secrétaire du Consulat chargé de résumer la discussion eut soin de le faire
dans un sens conforme au désir de ses patrons Son rapport
se terminait ainsi : « De faict, ont esté confusément proposées plusieurs ouvertures, pour faire le remboursement des
officiers de la Conservation, affin d'en attribuer la juridiction auxdits sieurs prevot des marchans et eschevins, ainsi
qu'il est praticqué en plusieurs aultres villes, ou que pour
le moings, sy l'on n'y pouvoit parvenir, qu'il fauldra tas-
cher de remectre sur les deux marchans assesseurs cy
devant trouvés raisonnables en plaine assemblée des Estatz;
et que l'une des choses qui plus travaille les marchans est le
long temps qu'il fault employer à plaider et contester, soit
en la seneschaussée ou en la Conservation indifféremment,
et les grandz fraiz qu'il y fault faire, au lieu que leurs différendz se debvroient juger sur le champ par leur bouche et
sans fraiz, et l'assemblée levée, ledit sieur prévost des marchans les a remercié de leurs bons advis et exhorté de continuer tousjours au public la bonne volonté qu'ilz luy témoi-
gnent par leurs offres et déclarations. »

En somme, c'était un nouveau pas vers la solution tant

désirée, le Consulat se donnait l'apparence d'avoir avec lui tous les négociants lyonnais (1).

Pendant que la Conservation prenait ainsi une importance de plus en plus grande, que le Parlement de Paris apprenait à la connaître, et que le Consulat faisait plus d'efforts pour l'acquérir, le rôle du conservateur, au contraire, s'atténuait de plus en plus; ce n'était plus qu'un officier judiciaire, renfermé dans les fonctions de sa profession, non un de ces hommes politiques, comme nous en avons rencontré plusieurs, qui prenaient part à toutes les grandes affaires de la cité, qui la représentaient partout, qui étaient portés à sa tête par l'opinion publique; le conservateur du moment, Jacques de Bais, n'apparaît même plus dans les assemblées des notables. Il arriva pourtant à l'échevinat; élu pour deux ans le 1er janvier 1615, il prêta serment huit jours après (2). Mais ces fonctions, autrefois décernées par le libre choix des Lyonnais aux plus distingués de leurs concitoyens, ne pouvaient plus dès lors être confiées qu'à des personnes agréables au souverain, c'était en cela bien plus que dans la réduction du nombre des échevins que consistait la réforme municipale de Henri IV; à chaque élection une lettre de cachet arrivait de la cour pour désigner au moins le prévôt des marchands que désirait le roi, et il n'aurait pas fallu qu'ensuite les électeurs se permissent de lui adjoindre des échevins d'une autre couleur; rien d'étonnant, dans ces conditions, que Jacques de Bais, officier royal, put parvenir aux fonctions d'échevin, mais aussi rien ne prouve qu'il en ait été pour cela plus populaire.

Nous venons de voir comme ses justiciables se gênaient pour exprimer le vœu d'une réforme; ce vœu ils ne l'exprimèrent pas qu'une fois pendant son passage aux affaires;

(1) V. les pièces justificatives n° 10.
(2) BB, 151, f° 11.

les Etats-Généraux de 1614 leur fournirent l'occasion de le renouveler; les députés de la ville appelant l'antiquité à l'appui de leurs prétentions, demandèrent que « comme le préteur que les Romains appelaient *peregrinus* estoit estably pour ouïr les causes des estrangers et les despecher sur-le-champ, de même le conservateur despeschast les marchands forains sur le champ et sans forme ny figure de procès, » tandis que par suite de « l'empiètement des gens de robe longue, les mêmes formalités de longueur fraiz, et despences accoustumées es cours ordinaires s'étaient introduites dans la cour du conservateur » (1). Ils concluaient à ce qu'il fût ordonné « que ledict office demeurât supprimé *par mort*, pour, ce fait, la jurisdiction des foires estre réglée suivant la jurisdiction des marchans de Paris, *et que* cependant *fussent* les causes expédiées en ladicte jurisdiction, sommairement, sans ministère d'advocatz, ny procureurs, ny formalité de justice, ainsy que esdictes jurisdictions et Bourses de Paris, Rouen et Thoulouse. »

La mort de Jacques de Bais sembla leur fournir l'occasion d'obtenir la réforme tant désirée. Comme le faisait en effet remarquer le prévôt des marchands dans l'assemblée de notables convoqués en cette circonstance, le 22 octobre 1616, « ladicte charge n'avait jusque-là vacqué par mort, ains par résignation, s'y estant tousjours treuvé ung titullaire qui avoit empesché les bons desseings et intentions du Consulat et des marchandz. » Toute l'assemblée se trouva cette fois d'accord sur l'utilité que présentait la réunion de la Conservation au Consulat; les plus réservés ne demandaient que le temps d'examiner les moyens par lesquels on pourrait obtenir ce résultat. Cet avis prévalut, et on décida qu'il serait nommé une commission chargée de

(1) V. aux pièces justificatives, n° 11.

rechercher les moyens de trouver les fonds « pour rembourser tous les heritiers dudit feu sieur conservateur, que fournir aux fraiz necessaires en court pour obtenir de Sa Majesté à ce que ladicte charge *fut* exercée par marchandz suivant l'élection qui en *serait* faicte en assemblée. » (1) Le Consulat était arrivé cette fois à avoir avec lui l'opinion de tous les négociants, la royauté ne devait pas tarder longtemps à se rendre à leur vœu unanimement exprimé ; cette fois pourtant il ne fut pas encore entendu ; le roi, par lettres du 13 décembre, nomma Jean Dupré conservateur en remplacement de Jacques de Bais (2).

En attendant d'être les propriétaires de la Conservation, les échevins, continuant la politique habile dont ils s'étaient constamment inspirés à son égard, s'en firent les protecteurs. Le receveur des consignations à Lyon, David Coursaud, avait prétendu exercer ses droits contre le conservateur, au sujet des effets mobiliers ou immobiliers provenant de faillites ou banqueroutes, dont celui-ci était le juge en vertu des édits royaux, le corps consulaire y fit opposition, sous prétexte que la Conservation était une juridiction toute spéciale.

Les consignations, ajoutait-il avec plus de raison, y étaient fort rares, les débats s'y engageant le plus souvent sur des sommes liquides dont le créancier obtenait provision, moyennant caution : dans le cas de faillite ou de banqueroute, la gestion des deniers était confiée à des délégués choisis par les créanciers ; il n'y avait de cette façon aucun droit à payer pour la consignation, aucun non plus, ni aucune formalité à remplir pour le retrait des sommes consignées. Les échevins invoquaient ensuite la jurisprudence, ils discutaient celle qui pouvait leur être contraire ; ils mon-

(1) Pièces justificatives n° 12.
(2) Arch. mun., BB, 398.

traient qu'accorder audit receveur le droit de recevoir les consignations de la Conservation, c'était ne donner à son pouvoir aucune limite, puisque la Conservátion n'en reconnaissait pas, même celles du royaume; qu'une semblable extension de pouvoir ne pouvait résulter que de textes précis comme ceux qui avaient doté la Conservation de ses priviléges.

Le Consulat terminait en recommandant à son délégué « d'entreprendre laditte poursuitte, non seullement avecq la mesme affection et diligence *qu'il apportait* à toutes *ses* autres affaires, mais avecq ung soing particulier et une ardeur extraordinaire »; il l'engageait « à convocquer le ban et arrière-ban de tous les intéressez, à implorer l'assistance et faveur de tous *ses* amis et protecteurs, à ne rien oublier pour ranger ledit Coursaud à la raison »; il exprimait l'intention « d'avoir de Sa Majesté, pour dernière ancre de salut de cette affaire, le pouvoir d'estre subrogé au lieu et place dudit Coursaud, en le remboursant de sa finance, mais aussi de lui substituer immédiatement un nouvel acquéreur pour n'avoir rien à débourser, ses nécessités ne lui permettant pas d'en user autrement. » Il voulait réserver ses ressources pour un résultat plus important (1). A deux reprises encore, le 29 juillet 1627 et le 14 février 1630, le sieur Croppet fut chargé d'une mission analogue que rendait nécessaire la création d'un contrôleur du greffe dont la Conservation était menacée (2). Le 23 février 1640, le Consulat décidait encore qu'il serait formé intervention au nom de la Ville, dans l'instance pendante entre le sieur Perrichon, receveur des consignations, et le sieur Pourra, greffier de la Conservation, auquel son adversaire réclama-

(1) Pièces justificatives n° 13.
(2) BB, 171 et 177.

mait les deniers déposés au greffe et provenant des faillites et banqueroutes (1).

Ce n'était pas seulement contre l'exigence de droits indus que la Conservation avait à se défendre. Les gaspillages de la régence de Marie de Médicis avaient épuisé le trésor qui faisait argent de tout; la création d'offices nouveaux était une de ses principales ressources; la Conservation, pas plus que les autres juridictions du royaume, ne pouvait y échapper; nous avons eu déjà l'occasion de la voir aux prises avec cette difficulté, elle n'avait pas encore fini. Le 23 septembre 1609, elle obtint avec le concours du Consulat, un arrêt du Conseil qui la débarrassait de l'office de commissaire examinateur acquis par le sieur de Bussierre, au prix de 2,000 l. t. qu'il fallut lui rembourser (2). Le 2 juillet 1610, un arrêt du Conseil, rendu en faveur du Conservateur, du Consulat et des négociants florentins de Lyon dépossédait Jean Valence, avocat au siége de Lyon, d'un des deux offices de conseillers, qui contrairement à ses priviléges avaient été créés en la Conservation; le 20 janvier 1622, échevins, Conservateur et marchands étrangers réunissaient encore une fois leurs efforts contre le sieur Chorlet qui s'était fait nommer lieutenant particulier, assesseur criminel en la Conservation, et qui fut comme les autres évincé de son office (3). Le 18 février 1625 autre création d'assesseurs criminels, conseillers commissaires et examinateurs à laquelle le Consulat décide encore qu'il s'opposera (4). Le Conservateur et les échevins si souvent séparés s'étaient retrouvés d'accord en face de l'invasion des nou-

(1) BB, 194, f⁰ 54, v⁰.
(2) BB, 398.
(3) BB, 398.
(4) BB, 166, f⁰ 68.

veaux officiers. Toutefois, cette situation ne pouvait longtemps durer, et tout présageait un dénoûment prochain. Il
était évident que la Conservation ne pouvait à elle seule
suffire à racheter les offices qui venaient sans cesse l'acca-
bler, et d'autre part le Consulat devait finir par se lasser de
payer les frais d'une guerre dont il ne retirait aucun bénéfice, et par vouloir au moins la faire pour son compte.

L'élévation à l'échevinage du conservateur Jean Dupré
semble avoir été le résultat de ce rapprochement. Elle ne
dut pas être, en effet, comme la plupart des élections
d'alors un acte de déférence à la volonté du roi ; une condamnation de lèse-majesté avait frappé le père de Jean
Dupré le 11 février 1595, et M. d'Halincourt, aussitôt
après sa nomination, le 16 décembre 1629, défendit de
l'admettre dans l'échevinage. L'affaire alla jusqu'à Louis XIII
qui par une lettre du 8 janvier 1630 en renvoya la décision
au cardinal de Richelieu. Celui-ci, en raison des lettres de
réhabilitation obtenues par la veuve du condamné en date
du 31 mai 1595, ratifia la nomination de Dupré qui fut
admis à prêter serment le 29 janvier 1630 (1). Il n'avait
pas longtemps à jouir de sa nouvelle dignité, car dès le 31
décembre de l'année 1631 nous trouvons des lettres royales
appelant Jean Minet, conseiller au présidial, aux fonctions
de conservateur dans lesquelles Jean-Baptiste Dupré avait
refusé de succéder à son frère (2).

Le nouveau conservateur se heurta, comme son prédécesseur contre l'écueil de la création des offices. Par lettres du 8 décembre 1637, qui lui furent payées 12,000 l. t.,
Louis XIII investit Jean Léviste de Briandas de la charge
de conseiller du roi, président en la Conservation aux gages

(1) BB, 176 et 177.
(2) BB, 398.

de 600 l. t. par an, et avec la jouissance d'importants priviléges. Le Consulat, cette fois encore, s'opposa à cette création au nom des droits de la Conservation, et un arrêt du
Conseil d'Etat, en date du 14 mars 1643, tenant compte de
sa résistance, enjoignit à Jean Minet de rembourser dans le
délai d'un mois, sous peine de déchéance, le prix que lui
avait coûté son nouvel office; un autre arrêt du 10 juin
suivant réduisit à 8,000 l., c'est-à-dire aux deux tiers du
prix d'acquisition celui du remboursement (1).

CHAPITRE III.

RÉUNION DE LA CONSERVATION AU CONSULAT. — LES PRÉVÔT
DES MARCHANDS ET ÉCHEVINS DE LYON, JUGES GARDIENS
CONSERVATEURS DES PRIVILÉGES DES FOIRES.

Le moment de la réforme depuis si longtemps préparée
et souhaitée était enfin arrivé; elle était l'objet de tous les
désirs du Consulat; il avait réussi, nous l'avons vu à les
faire partager aux négociants, en leur montrant au terme
de leur réalisation la gratuité de la justice. La royauté, d'autre part, n'en était plus à craindre, comme jadis, l'esprit
d'indépendance des Lyonnais et à proscrire de parti pris
tout ce qui aurait pu l'encourager. La réforme municipale

(1) BB, 308. Un arrêt du 9 juillet 1643 prescrivit, en exécution du
précédent, au sieur Pelletier, conseiller secrétaire du roi de rendre à
Louis Ollivier, receveur et payeur général de l'entrée de l'hôtel de-
ville de Paris, et ce dernier audit Léviste, cette somme de 4,000 l. t.,
excédant de ce qu'il avait payé, sur ce que lui remboursait le sieur
Minet. BB, 398.

de Henri IV avait mis à peu près les élections dans sa main, les échevins lyonnais pouvaient, sauf de très-rares exceptions, être considérés comme des officiers royaux; le roi avait toute la réalité du pouvoir, il pouvait sans crainte en céder les apparences. Pour le Consulat ce n'était plus guère qu'une question d'argent, mais telle quelle, c'était encore une grosse question; il fallait rembourser, en effet, les propriétaires des offices déjà nombreux qui existaient dans la Conservation. Le sieur Cochardet fut chargé de cette négociation (1); il racheta le greffe le 21 septembre 1653 du sieur Pourra au prix de 42,000 l. t. dont 21,000 payables avant le 15 avril 1654, et les autres dans les six mois suivants. Le conservateur Minet lui vendit sa charge le 24 janvier 1654 pour 130,000 l. t. sur lesquelles avec le concours du sieur Desvignes qu'il s'était adjoint pour la circonstance, il paya immédiatement 50,000 livres, les 80,000 autres devant se payer en deux fois, savoir 15,000 avant le 10 avril 1654, le reste, c'est-à-dire 65,000 l. dans l'année du contrat, avec les intérêts pour cette année.

Christophe Chanu, avocat au Conseil privé, chargé de négocier avec Guillaume Pratlong le rachat de sa charge de lieutenant en la Conservation, l'obtint au prix de 63,000 l. t. le 19 mai 1654 (2), Les deux avocats du roi, Mes Bouilloud et des Panettes vendirent chacun la leur au prix de 6,000 l. t.

Ce n'était pas tout; il fallut donner des étrennes aux femmes des vendeurs, cent louis d'or valant 1150 l. t. à la femme du greffier, plus 1064 l. t. 7 s. 6 d. que ce personnage se fit donner « pour autres charges et conditions dudit contrat »; cent louis d'or valant 1100 l. à damoiselle

---

(1) BB, 208, f⁰ 199. Séance du Consulat du 16 avril 1654.
(2) BB 208, f⁰ 254.

Marguerite Charrier, femme du conservateur, lors du premier versement (1); et 100 autres louis valant 1050 lors du second (2). Il fallut même donner 300 l. d'étrennes à chacun des avocats du roi, outre le prix de leur office (3); en tout 253,964 l. 7 s. 6 d. t.; c'était cher pour ce temps là, et le Consulat dut emprunter pour acquitter sa dette.

Les offices rachetés, il s'agissait de s'entendre avec le roi; mais cette fois plus d'assemblée de négociants; on les avait assez souvent consultés depuis plus de cent ans pour savoir à quoi s'en tenir sur leur opinion. L'affaire se traita en petit comité entre le prévôt des marchands, Me Guignard, les échevins et leurs puissants protecteurs à la cour, l'archevêque de Lyon, Camille de Neuville, et le maréchal de Villeroi (4). Un mémoire fut rédigé que semble-t-il, le pré-

(1) BB 208, fo 199.
(2) BB 208, fo 211.
(3) BB 208, fo 254.
(4) Le Consulat au moins témoigna à l'archevêque et au maréchal une grande reconnaissance. Voici comment s'exprime à leur égard la *Préface du Style de la Conservation*, rédigé sous l'inspiration du prévôt des marchands et des échevins: « Nous en sommes entièrement redevables (de la réunion) à Monseigneur le mareschal de Villeroy, nostre gouverneur. Il a fait ses intérêts des nostres. Il a fallu que l'autorité qu'il a dans le ministère et la bonté qu'il a pour nous ayent uny leurs forces pour obtenir cette grâce. L'amour que Monseigneur l'archevesque a pour cette ville, qui l'honore et le respecte si parfaitement, luy persuade toujours sans peine tout ce qui est capable de contribuer à son bonheur et à sa gloire. Aussi pour rendre nos désirs plus efficaces il les a consacrez par son intercession. Le sanctuaire du prince n'a pas esté moins ouvert aux prières de ce grand prélat que le sanctuaire de Dieu, et nòstre satisfaction a esté asseurée dès lors qu'il a eu la bonté de tesmoigner la part qu'il prenoit à nos désirs et à nos ressentiments. »

Massillon, dans l'oraison funèbre de Camille de Neufville renchérissant encore sur les éloges faits par les Lyonnais à leur archevêque, était tenté de voir en lui le fondateur même de la Conservation : « Ce nouveau tribunal qui rend cette ville comme l'arbitre du commerce de

vôt des marchands fut chargé d'aller porter à la cour. Il y
était remonté combien la demande du Consulat était au
fond peu extraordinaire. Le prévôt des marchands de Paris
et les échevins de Paris n'avaient-ils pas un droit de juridiction contentieuse sur presque tout le cours de la Seine,
et ne connaissaient-ils pas de tous les débats soulevés à l'occasion des rentes de leur hôtel de ville? Les corps municipaux de cette même ville de Paris, de Toulouse, de Rouen,
de Bordeaux, ne nommaient-ils pas les consuls des marchands? Pourquoi refuser des droits analogues à une ville
comme Lyon dont le commerce avait une telle importance?
Le Consulat ne se contentait pas d'exprimer un vœu, il in-
diquait la forme dans laquelle il désirait le voir réalisé; il
joignait à son mémoire « une minutte de l'arrest et de
l'eedict *qu'il jugeait* nécessaire d'obtenir, » il rejetait surtout
avec beaucoup d'énergie l'intention que déjà l'on prêtait
au roi « de se réserver toutes les années la nomination de
deux personnes pour estre de ceux qui exerceroient la juridiction de la Conservation... n'estant pas juste, disaient-ils,
que le Consulat, ayant achapté bien chèrement les susdits
offices de conservateur et de lieutenant, n'eust la disposition entière et ne demeurast maistre absolu de ladicte juridiction sans partager icelle avec le roy, qui, cela estant, ne
manqueroit un jour d'en dépouiller entièrement lesdits
sieurs » (1).

tout le royaume, qui dans son établissement fut si fort traversé, et où
des provinces les plus éloignées on vient attendre la décision de toutes
les affaires, où nos citoyens sont intéressés, n'est-il pas un monument
bien tendre de son crédit auprès du prince et de son amour pour le
peuple? »

(1) Il serait curieux de comparer le projet d'édit que présentait le
Consulat avec celui que rendit le roi, malheureusement il m'a été impossible de le retrouver.

L'édit de réunion en date du mois de mai 1655 fut la réponse du roi à ce mémoire. Aux termes de cet édit, la Conservation devait se composer de onze juges, le prévôt des marchands et les quatre échevins, membres de droit du tribunal, plus six autres juges, ex-consuls, bourgeois ou marchands renouvelables par moitié tous les ans. En dépit des protestations du Consulat, le roi se réservait la nomination de deux de ces six juges, l'un du côté de Fourvière, l'autre du côté de St-Nizier; les quatre autres, deux pour chaque côté de la ville, celui de Fourvière et celui de St-Nizier, étaient nommés par le Consulat ainsi que les deux gradués, chargés pour une durée de deux ans de remplir les fonctions d'avocats du roi. La présidence appartenait au prévôt des marchands, mais s'il n'était pas gradué, et qu'un des échevins le fût, l'instruction et la direction des débats lui étaient confiées; au cas où ni prévôt des marchands ni échevins n'étaient gradués, ils devaient appeler avec eux un officier du présidial pour « présider, instruire et juger conjointement avec les autres juges, » mais pour l'année seulement; on était toujours à temps de nommer pour l'année suivante un autre officier du présidial, si l'on ne possédait pas encore un gradué; cette obligation existait également au cas où le prévôt ou l'échevin gradué se trouvait malade ou empêché. Le prévôt des marchands n'en gardait pas moins toujours et partout « le premier rang et la première séance et le droit d'opiner le premier; » le roi consulté eut soin de le déclarer expressément par une lettre du 24 septembre 1666, quoique la chose fut déjà indiquée dans l'édit de mai 1655 (1).

(1) Voici en quels termes s'exprimait le roi :

De par le roy,

Tres chers et bien amez, bien que par nostre edit du mois de may

Devant cette lettre, le gradué Congnani, qui avait contesté le premier rang au prévôt des marchands, se hâta de céder, et dès la séance suivante de la Conservation, le 1er octobre 1666, il prit rang après le prévôt.

Le conservateur devait siéger à l'hôtel de ville et rendre

MVIc cinquante-cinq portant union de la jurisdiction de la Conservation des privilléges royaux des foires de nostre bonne ville de Lyon au corps consulaire de ladite ville, nous ayons suffisamment fait cognoistre nostre volonté sur le sujet du premier rang et de la seance que doit tenir dans ladicte jurisdiction le prevost des marchans de ladite ville, comme chef dudit corps consulaire auquel ladite jurisdiction est incorporée, et que nous vous l'ayons encore depuis plus expressément déclaré lors de l'eslection du sieur comte de la Salle pour prevost des marchans, pour eviter toute contestation qui aurait pu luy estre faite audit rang et séance, sous le prétexte qu'il n'estoit officier gradué, néantmoins parce que par ledit édit il est aussy porté que, lorsque le prevost des marchans ny aucun des quatre eschevins ne se trouvera officier gradué, il sera nommé par lesdits prevost des marchans et eschevins un officier du siége présidial de nostre dite ville pour instruire et présider à leur deffaut et en leur absence, quoy qu'en ce faisant nostre intention n'aye pas esté de préjudicier aucunement au rang et à la séance deue audit prévost des marchans en ladicte juridiction de la Conservation en laquelle il doit toujours présider quand il est présent, nous avons eu advis qu'aucun desdits officiers du presidial auroit prétendu contester ledit premier rang et séance au sieur Mascranny de la Verrière, que nous avons non seulement choisy pour cette charge de prévost des marchans, à cause qu'il n'est point gradué, estans bien informez que ledit sieur Mascranny de la Verrière a d'ailleurs touttes les bonnes qualitez pour l'exercer dignement, et desirans qu'à l'advenir toutes semblables contestations et difficultez cessent pour raison dudit rang et séance, nous avons bien voulu vous faire cette lettre pour vous dire que nous entendons que tant ledit prevost des marchans que ses successeurs non graduez ayent tousjours dans ladite juridiction de la Conservation le premier rang et la première séance; qu'ilz y donnent leurs voix et y président en la même forme et manière dont en uzent noz prevost, baillifz et seneschaux, et qu'ilz jouissent de toutes les autres fonctions attribuées à ladicte charge ainsi qu'ont fait par le passé tous les autres prevosts des marchans de ladite ville, sans prejudice toutteffois de ce qui est porté par nostre dit édit pour l'instruction qui sera faite

ses décisions gratuitement ; c'était à entendre le Consulat l'unique but qu'il se fût proposé en demandant la réunion (1).

L'édit obtenu, le Consulat résolut de procéder immédiatement à la nomination et à l'installation des nouveaux juges ; il se rendit à cet effet chez l'archevêque, Mgr Camille de Neufville, pour savoir de lui les noms des deux juges dont le roi s'était réservé la nomination. L'archevêque leur donna lecture de la lettre de cachet par laquelle le roi, en date du 13 septembre 1655, nommait à ces fonctions les sieurs Laure et André. Cela fait, le Consulat procéda à son tour à l'élection des collègues qu'il lui était permis de se donner et à celle des deux avocats du roi. Chacun des magistrats dut porter avec son costume la marque de son origine ; aux prévôts des marchands et aux échevins ou ex-consuls, la robe noire et la toque, insignes des fonctions municipales dans les assemblées publiques ; aux assesseurs et aux avocats du roi, la robe longue ; aux simples bourgeois, la toque et la robe noires, mais avec la manche courte et non pendante.

Le lendemain de ces élections, le 9 octobre 1655, tous

par un eschevin gradué, lorsque le prevost des marchans ne le sera point, ou par le vice gérant, lorsque parmy lesdits prevost des marchans et eschevins il ne se trouvera aucun gradué, et la presente n'estant pour autre fin, nous ne vous la ferons plus longue ny plus expresse ; n'y faites donc faute, car tel est nostre plaisir.

Donné en nostre chasteau de Vincennes le vingt quatrième jour de septembre MVIᶜ soixante-six, signé Louis, et plus bas Le Tellier, et au dos est escrit : A nos tres chers et bien amez les prevost des marchans et eschevins de nostre ville de Lyon, et scellé des armes de Sa Majesté. BB, 221, fol. 236.

(1) V. l'édit de réunion en tête du *Stile de la jurisdiction royale establie dans la ville de Lyon et présentement unie au Consulat pour la Conservation des Priviléges royaux des Foires*. Paris, Antoine Vitré, 1657, in-4°.

réunis dans la Chambre du Consulat à l'Hôtel de Ville, après avoir encore une fois pris connaissance de l'édit de réunion, prêtèrent serment entre les mains du prévôt des marchands « de vivre et de mourir en la religion catholique, apostolique et romaine, et de servir fidèlement et gratuitement le roy et le public, puis tous s'assirent le prévôt des marchands et les échevins à leur table ordinaire, les six autres juges sur six siéges mis au bas de cette table, trois d'un côté et trois de l'autre dans l'ordre de leur nomination. Après avoir nommé provisoirement Guillaume Pourra commis au greffe de la Conservation, ils descendirent dans la chambre de l'audience de la police qui leur avait été assignée provisoirement comme lieu de réunion ; chaçun prit place, les portes furent ouvertes au peuple, auquel à son tour on donna lecture de l'édit de réunion. La dernière période de l'histoire de la Conservation venait de commencer.

Elle siégeait désormais à l'Hôtel de Ville, elle ne faisait qu'un avec le Consulat, et cependant le Consulat n'était pas pleinement satisfait. L'archevêque Camille de Neuville et le maréchal de Villeroi, dont nous avons signalé l'intervention et les éloges qu'elle leur valut avait imposé à leurs protégés d'importantes concessions. Ils avaient fait accorder au Présidial la nomination d'un de ses membres, quand il n'y aurait pas de gradué en la Conservation ; le substitut du procureur général restait commun aux deux juridictions ; il en était de même des huissiers, sergents et procureurs qui pourraient instrumenter et postuler aussi bien à la Conservation qu'au présidial. Enfin le procureur du roi à la Conservation avait refusé de vendre sa charge, ou tout au moins il en avait demandé un prix excessif ; il prevoyait commé le lui reprocha le Consulat « qu'elle lui serait d'une grande utilité estant le seul conservé de tous les anciens officiers, et par conséquent le seul en droit de pouvoir jouir de ses émoluments. » Il se fit donc maintenir dans ses fonctions par l'édit sans qu'on put l'obliger comme les autres à un exercice gratuit (1).

Cet officier, comme tous ceux qui étaient communs aux deux juridictions étaient autant d'ennemis conservés dans la place ; instrumenter, postuler, remplir leurs fonctions judiciaires dans ce tribunal de marchands, pour eux c'était déchoir, et ils éprouvaient pour leurs collègues le dédain habituel et profond des gens de robe pour la roture. La jalousie du Présidial contre la Conservation, déjà bien ancienne, comme nous l'avons vu, avait toujours cherché dans les officiers judiciaires qui leur étaient communs un instrument pour se satisfaire. Ainsi, dans un arrêt du Parlement de Paris rendu le 8 juin 1628 entre les deux tribunaux, les plaintes suivantes étaient formulées contre les officiers du Présidial par leurs adversaires : « Ils intimident verbalement les procureurs, et leur font deffences verbales en pleine audience d'eux pourvoir par devant ledit Conservateur pour lesditz cas ; occasion pourquoy lesdits procureurs craintifs de leur déplaire à l'occasion de ce qu'ilz les mulctent, par amande, par jugement présidial, et autrement qu'ils les maltraictent, pour tel faict n'ozent eux pourvoir par devant les exposans, dont peut arriver un grand désordre en justice que de leurs animosités ordinaires contre ledit juge Conservateur : pour raison desquels, ils jugent seulement sur les qualités des jugemens plus tost que sur le fond ; qu'encore parce que les principalles instances et

(1) V. le procès en règlement de juridiction entre les prevost des eschevins, juges conservateurs des privilèges des foires de la ville de Lyon et les officiers de la seneschaussée et siége présidial de ladite ville, jugé par le roy en personne le 23 jour de décembre 1668. Paris, Pierre Le Petit, 1669, in-4, p. 221 et 222.

plaintes sont ordinairement pour les malversations et deffauts ou accidents arrivés en autre ressort, et d'autres parlemens, lesquels déclinent d'eux comme de juges incompétans et obtiennent la pluspart leur renvoy sur les lieux au grand détriment du négoce et des priviléges et biens des négociants, et où ils n'obtiennent, sont appellans comme de juges incompétans, et lient les mains auxdits présidiaux (1). »

Dans cette situation, l'édit de réunion ne pouvait qu'aigrir les anciens ressentiments du présidial. Il avait été une transaction entre les deux adversaires, et à ce titre il n'avait satisfait ni l'un ni l'autre. Pourtant si le présidial fût resté tranquille, les deux partis que l'édit avait ainsi créés au sein même de la Conservation fussent eux aussi peut être demeurés en paix. Il n'en fut rien : le Présidial, abusant des moyens qui lui avaient été laissés, s'efforça, s'il faut en croire la Conservation, d'exciter contre elle les officiers que l'édit avait laissé subsister ; les occasions de conflit ne manquaient pas ; le Présidial saisit celle d'une faillite, sur les effets de laquelle il apposa les scellés quoiqu'il n'en eût pas le droit. L'archevêque, choisi comme arbitre, et toujours guidé par cet esprit de conciliation qui avait fait admettre les moyens termes dans l'édit de 1655, l'archevêque, dis-je, fit accepter aux deux parties un compromis en date du 6 mars 1667, que le Conseil d'Etat homologua le 21 mai suivant (2). Cet acte servit de point de départ à de nouvelles usurpations du présidial, qui prétendit ériger en droit les concessions qui lui avaient été faites ; il chercha même par de nouveaux empiétements à se donner l'autorité du fait accompli. Les faits parurent assez graves au Conseil du roi

(1) Inv. Chappe, XXI, 159, 160.
(2) V. le procès en règlement, etc,

pour mériter un arrêt de règlement, et le 17 mai 1668 il appela les parties devant lui.

Alors commencèrent les véritables hostilités ; il s'agissait surtout pour le présidial d'enlever à la Conservation l'appui qu'elle rencontrait dans l'opinion ; il publia des mémoires où les échevins et juges conservateurs étaient accusés de soutenir aux frais de la ville un procès qui ne l'intéressait nullement (1), d'entretenir pour ce motif à Paris un député qui n'y avait rien à faire (2). Il s'efforça de séparer la cause du Consulat et des juges nommés par lui de celle des juges que le roi avait nommés, et déclara n'en vouloir qu'aux premiers ; mais les juges adjoints, à défaut du sentiment municipal très vif chez leurs collègues, étaient déjà animés de l'esprit de corps, et aux offres du Présidial ils répondirent en s'associant d'avance à toutes les mesures que le Consulat croirait devoir prendre dans l'intérêt de sa cause et en constituant un avocat au Conseil le 13 juillet 1668. Le Consulat ne voulut pas se laisser vaincre en générosité et déclara prendre à sa charge toutes les dépenses que ce procès pourrait imposer aux juges adjoints (3).

(1) V. dans le procès en règlement, p. 26, la requête du Présidial en date du 27 juillet 1668.

(2) Le sieur De Moulceau avait été nommé le 19 juin 1668 pour défendre à Paris les intérêts de la ville, et avait reçu pour ses frais de voyage et de séjour, une somme de 1,000 liv. t. BB, 223, fo 96.

(3) Du mardy dixiesme juillet MVIe soixante huit, apres mydi, en l'hostel commun de la ville de Lyon y estans :

Messieurs Mascrany, prevost des marchans,
       Falconnet,
       Berton,
       Boisse,
       Blauf, eschevins.

Sur ce que les sieurs de Ponsainpierre, Regnon, Vacheron, Annisson, Alexandre et Philibert, juges adjoints, nommez pour l'exercice

Le Consulat, après avoir racheté le greffe de la Conservation, en avait d'abord confié l'administration au secrétaire de la Ville. Mais celui-ci, déjà fort occupé par ses fonctions de secrétaire, avait dû s'adjoindre un commis qui fut le fils même du précédent greffier. Ce commis prétendit que l'édit de réunion n'avait d'application que pour les expéditions sur papier, et pour tous les autres actes il prétendait exiger les anciens droits. Le Consulat dut les racheter et augmenter, jusqu'à concurrence de leur prix, celui qui avait été convenu primitivement pour le rachat du greffe. Le Présidial, se posant toujours en défenseur des contribuables, reprocha au Consulat cette augmentation; la nécessité de soutenir son rôle de défenseur du commerce et de l'enlever au Consulat lui faisait employer les plus ridicules arguments : « Leurs familles, disaient ses officiers, assez nombreuses, *faisaient* subsister le négoce, et par la consommation de la marchandise et par les sommes de deniers

de la justice en la juridiction de la Conservation des privilléges des foires de cette ville, en conséquence de l'édit d'union de ladicte juridiction au corps consulaire de ladicte ville, ont représenté et déclaré au Consulat qu'il leur avoit esté signiffié un acte à la requeste des sieurs officiers en la seneschaucée et siége presidial de ladicte ville, portant sommation et interpellation de déclarer par lesdits sieurs juges, adjoints s'ilz entendoient estre parties au procès intenté et pour raison duquel assignation leur a esté donnée en vertu de l'arrêt du Conseil du dix-septième may dernier, à la requeste desdits sieurs prevosts des marchans et eschevins, juges conservateurs, sans distinction, avec les protestations de prise à partie en leurs propres et privez noms, ainsi qu'il est plus au long contenu dans ledit acte qu'ilz ont communiqué et remis au Consulat, et auquel ilz ont crû qu'il estoit inutile de faire aucune responce ; néantmoins, ilz entendent de demeurer entierement unis ausdits sieurs prevost des marchans et eschevins quilz recognoissent estre les veritables proprietaires des offices de ladite jurisdiction, et les legittimes deffenseurs d'icelle, promettant d'agréer, approuver et intervenir, si besoin est, dans touttes les poursuittes et procédures qui se feront au Conseil, et partout ailleurs, aux fins de régler et main-

'qu'elles *prêtaient* aux marchands, et enfin par les impositions qu'ils *payaient* depuis trente années, et qui *avaient*
produit des trésors et des richesses immenses au corps de
ville, et ils pourraient être appelés les désolateurs du
négoce ! » Tout Lyon eût pu en dire autant.

A ces récriminations risibles et passionnées, le Consulat, composé d'hommes pratiques, se contenta dès le début
de répondre par des actes. Ne pouvant plus compter sur
l'impartialité du Présidial, il demanda que les membres du
Consulat n'en fussent plus justiciables pour leurs procès
civils, puis il adressa au Conseil privé toute une série de
demandes destinées pour la plupart à recevoir satisfaction :
que l'attribution à la sénéchaussée des certifications de
criées et des oppositions à ces certifications prît fin ; que le

tenir ladicte juridiction en son entier, prians aussy le Consulat de pourvoir à leur commune deffense contre les prises à partie faites contre eux
par lesdits sieurs officiers sans aucun fondement.

Le Consulat, après avoir remercié lesdits sieurs juges adjoints de
leur obligeante et judicieuse conduitte, et de la fermeté qu'ilz tesmoignent à vouloir demeurer unis pour la deffence d'une cause si commune, et dans laquelle ilz sont tous si indispensablement engagez par
leurs sermens et par le devoir de leurs charges, et ayant considéré
qu'il n'estoit pas juste ny raisonnable que lesdits sieurs juges adjoints,
qui donnent leurs soings et leurs peynes pour l'exercice de la justice
dans ladicte jurisdiction gratuittement, sans aucun interest, supportas-
sent aucune partie des frais et despense qu'il conviendra faire pour la
poursuitte et jugement de ce procès, a arresté de prendre fait et cause
pour lesdits sieurs juges adjoints et de les garantir et indemnizer eux et
leurs successeurs dans lesdites charges, tant en général qu'en particullier, de tous les événemens dudit procès et de tous les fraitz qu'il
conviendra faire dans le cours d'icelluy pour parvenir à un arrest deffi-
nitif, soit qu'ilz soient assignez ou interviennent, et de les deffendre et
faire descharger de la prise à partie et autres protestations faites contre
eux, et d'employer pour cet effet les deniers de ladite communauté
comme s'agissant de la cause publique. Dont a été fait le présent
acte. BB, 223, f° 125.

Consulat fût autorisé à destituer le membre du Présidial
appelé au sein de la Conservation comme gradué, s'il en-
treprenait sur ses droits.; que la Conservation eût sa prison
spéciale à l'Hôtel de Ville, pour que ses prisonniers ne fussent pas à la discrétion du Présidial qui se permettait de les
faire échapper ; ce n'était là du reste que l'application d'un
arrêt du 28 novembre 1641 ; il demandait encore que la
Conservation connût souverainement et en dernier ressort,
comme les juges consuls de Paris, jusqu'à la somme de
500 l. t., et qu'elle eût son substitut du procureur du roi,
ses procureurs et ses huissiers spéciaux ; proposition qui fit
pousser les hauts cris à ces honorables officiers. Les procureurs allèrent même jusqu'à invoquer l'intérêt des contribuables, qui s'opposait, disaient-ils, à la multiplication de
leurs offices ; mais ni le Consulat, ni les procureurs n'eurent l'heureuse idée de supprimer dans la Conservation
cette intervention si incommode ; enfin le Consulat demandait que la Conservation eût un pouvoir disciplinaire sur ses
officiers.

Il fallait énumérer en détail toutes ces requêtes, car, à les
lire, il semble qu'on prend connaissance à l'avance des décisions qui terminèrent le débat. L'arrêt en règlement de
juridiction qui fut rendu le 23 décembre 1668 au Conseil (1) détermina la compétence des juges conservateurs ;
à ce titre nous aurons à y revenir.

Au point de vue de l'organisation, les seuls changements
que l'arrêt du 23 décembre 1668 ait fait subir à celle de
l'édit de réunion, sont la suppression des procureurs que cet
édit avait maintenus, et par suite la nécessité pour les parties de « comparaître en personne à la première assignation

______

(1) V. le Procès en règlement, p. 111.

pour être ouïes par leur bouche; » en cas de maladie, d'absence ou autres légitimes empêchements seulement, elles étaient autorisées à envoyer un mémoire signé de leur main et contenant leurs moyens.

L'article 10 maintenait l'obligation d'appeler un gradué en la Conservation quand il n'y en aurait pas dans le corps consulaire, et quand il s'agirait de questions comportant la présence d'un avocat et d'un procureur, mais jamais, pas plus après qu'avant l'arrêt de règlement, ce gradué ne devait avoir la préséance sur le prévôt des marchands.

Enfin l'article 11 défendait au Présidial d'élargir aucun prisonnier constitué par ordre des juges conservateurs, et attribuait à ces derniers seuls le droit de connaître des concussions de leur greffier; les émoluments de ce dernier étaient fixés à deux sous six deniers par rôle.

L'arrêt du 23 décembre faisait de la Conservation un véritable parlement commercial, l'édit de juillet 1669 qui érigea cet arrêt en loi du royaume acheva de lui donner ce caractère (1). Il modifiait encore en certains points sa constitution; il supprimait la charge de procureur du roi à la charge pour le Consulat d'en rembourser le titulaire (2). Cet officier était remplacé par « un homme de probité et suffisance connue » nommé pour trois ans par le prévôt des marchands et les échevins. Un arrêt du Conseil, du 1er septembre 1676 lui donna pour successeur le procureur général de la Ville (3).

L'édit de 1669 ne fut pas enregistré sans quelque résis-

----

(1) V. le Procès en règlement.

(2) Le Consulat, par délibération du 6 février 1670, alloua au sieur Vaginay une somme de 4,000 l. pour rembourser au sieur Vidand le montant de sa charge. BB, 226, fo 33.

(3) Inv. Chappe, XXI, 179.

tance par les Parlements ; mise presque sur le même pied qu'eux, la Conservation avait hâte de se faire reconnaître comme membre de la grande famille judiciaire ; l'empressement était moins grand de leur part; cet édit leur donnait une rivale de plus. Le Parlement de Paris qui en somme avait le moins à perdre à la nouvelle constitution de la Conservation, puisque les appels lui en étaient toujours déférés, accorda son enregistrement dès le 13 août 1669 (1). Les autres, qui n'avaient pas les mêmes motifs de condescendance, ne se pressèrent pas tant; il fallut aller à eux. Le 30 décembre 1670, le Consulat « ayant considéré qu'il estoit très·important pour le bien de la justice et du commerce de cette ville, et pour l'authorité de la jurisdiction de la Conservation des privilléges royaux de ses foires qui *s'estendait* sur tous les sujets du roy, de quelque ressort qu'ils *pussent* estre, négocians soubs lesdits privilléges, et dont les jugemens *devoient* estre partout exequutez sans visa, ni pareatis, suivant l'intention de Sa Majesté et des roys, ses prédécesseurs, de faire incessamment présenter l'édit de règlement général de ladicte jurisdiction adressé à tous les Parlements du royaume, veriffié en celluy de Paris, en présence de Sa Majesté, le treizième aoust MVIᵉ soixante-neuf, aux deux Parlements les plus prochains de cette province, et de députer pour cet effet des personnes capables, intelligentes, et de la qualité requise pour faire les poursuites et diligences nécessaires pour parvenir à l'enregistrement pur et simple dudit édit, affin que celluy *qui devoit* estre pareillement fait dans tous les autres parlemens ne *reçût* ensuite aucune difficulté » ; le Consulat, dis-je, pour tous ces motifs, nomma les sieurs Grolier et de Moulceau pour aller, le premier à

(1) Inv. Chappe, ıx, 61.

Dijon, et le second à Grenoble, solliciter l'enregistrement de l'édit d'août 1669 (1). Mais l'un de ces deux Parlements, sur l'adhésion desquels on comptait ainsi d'avance pour entraîner celle de toutes les autres, celui de Grenoble, trop proche voisin de la Conservation pour ne pas prendre ombrage de ses progrès, refusa absolument d'enregistrer l'édit, ce dont il ne manqua pas de se prévaloir dans la suite toutes les fois qu'un conflit de juridiction s'éleva entre la Conservation; les autres Parlements du royaume ne se firent pas si longtemps prier, et en 1674 l'autorité de la Conservation était reconnue partout, sauf en Dauphiné (2).

Ce n'était du reste pas le seul danger que la Conservation eût à redouter; il y en avait un permanent, et commun à toutes les juridictions, contre lequel elle avait déjà eu à lutter: c'étaient les nouveaux offices et les nouvelles taxes. Depuis longtemps, nous l'avons vu, le Consulat, en prévi-

(1) BB, 226, fo 264.

(2) Le Parlement de Metz avait enregistré l'édit dès le 27 novembre 1669; celui de Dijon ne fit pas trop attendre l'adhésion que lui demandait le Consulat; l'édit y fut enregistré le 18 mars 1671; les autres Parlements du royaume le suivirent tous, sauf celui de Grenoble dans un délai assez court; l'enregistrement du Parlement de Rouen porte la date du 29 juillet 1672, celui du Parlement d'Aix la date du 16 mars 1673, celui du Parlement de Bordeaux, celle du 12 avril 1673; celui du Parlement de Pau est daté du 7 juillet 1673, et celui du Parlement de Rennes du 11 août 1673. Le Parlement de Toulouse qui avait été, dès l'origine, hostile aux foires de Lyon, fut le dernier à ratifier ce succès de leur juridiction par son arrêt du 5 février 1674. Arch. de Lyon, série FF, titres non classés.

En 1737, le Parlement de Grenoble se fondant sur son refus d'enregistrement et sur les franchises du Dauphiné, fit emprisonner un officier de la Conservation chargé d'exécuter une sentence de sa juridiction dans la ville même de Grenoble. Deux arrêts du Conseil, l'un du 31 mai 1737, l'autre du 10 mars 1738, condamnèrent cet abus de pouvoir. Arch. mun. de Lyon, série FF, titres non classés.

sion d'une réunion future, et pour la rendre plus facile,
avait prêté son concours aux officiers de la Conservation
pour en écarter les incapables que la vénalité des offices
aurait pu y introduire; dans cette lutte, le Conservateur, le
Consulat, les marchands étrangers, s'étaient prêté un mu-
tuel secours; les archives de Lyon renferment plusieurs
mémoires de négocians italiens contre l'abus que nous signa-
lons; il fait l'objet constant des délibérations consulaires;
presque tout un volume de l'inventaire Chappe est rempli
d'analyses d'actes concernant la création de nouveaux offices et de nouvelles taxes, et la résistance que le Consulat
s'efforçait d'y opposer. Ces efforts parvinrent au moins à
neutraliser l'influence néfaste que de tels procédés auraient
pu exercer sur l'administration de la justice; ils ne lais-
saient guère admettre dans la Conservation que des hommes dignes d'y siéger, au moins par leurs talents; et assu-
rément si le Consulat n'eût demandé aux conservateurs en
en titre d'office que la science, il les eût toujours maintenus
à leur poste (1). Quand il eût obtenu la réunion de leur
office, il n'eut qu'à continuer d'anciennes traditions et à
faire dans son propre intérêt ce qu'il avait fait auparavant
dans l'intérêt d'autrui. Les charges nouvelles que le roi créa,
il les racheta; ainsi en fut-il de celle de conseiller, substitut
du procureur et avocat du roi, créée par un édit en date du
mois d'avril 1696 (2), et que le Consulat racheta 5,000

(1) Anne Robert, jurisconsulte du XVIᵉ siècle nous donne les détails suivants sur les conditions nécessaires à remplir pour pouvoir
exercer les fonctions de conservateur : « *Debet autem judex ille juri tàm
romano quàm nostro operam dedisse nec minus quàm cæteri judices regii-
que magistratus, senatûs examen subire, atque etiam eruditionis doctrinæ-
que specimen facere tenetur, antequàm magistratum suum ineat, munusque
exerceat.* » *Rerum judicatarum libri* IV, 1611. Paris, chez Cl. Rigaud,
in-4º, lib. IV, cap. 16, p. 354.
(2) Inv. Chappe XXI, 187-189.

livres ; quand il y en eut d'inutiles, et Dieu sait si le nombre en fut grand au XVIIᵉ siècle, où l'on ne créait des charges que pour avoir de l'argent ; quand il y eut des taxes, des augmentations de gages (que l'on faisait payer aux officiers en élevant le prix de leurs offices), il s'efforça de s'en débarrasser aux meilleures conditions possibles. Ainsi fit-il pour l'office de commissaire aux saisies réelles (1) dont il était propriétaire, pour la création d'un contrôle des droits de greffe qu'on voulait lui imposer (2). Mais le droit auquel le Consulat fit la résistance la plus opiniâtre, ce fut le droit de contrôle. Henri III, reconnaissant la nécessité de ménager le crédit des marchands que ce droit pouvait ébranler, en avait exempté les actes passés aux foires de Lyon (3) Cette exemption avait été reconnue, à la prière du prévôt des marchands et échevins de Lyon, des étrangers et « nationnaires », fréquentant les foires de cette ville, par un arrêt du Conseil en date du 17 mai 1630 (4). Quand éclata la guerre de la succession d'Espagne, le droit de contrôle ne fut plus épargné qu'aux lettres de change, billes à ordre ou au porteur des négociants (5). Cette faveur préserva les juridictions consulaires d'une nécessité fort gênante, puisque les actes non contrôlés ne pouvaient être invoqués en justice ; mais un arrêt du Conseil du 7 février 1719 les atteignit comme les autres. La Chambre de Commerce unie au Consulat eut beau cette fois représenter que ce droit était tout à la fois inutile et dangereux, inutile

---

(1) Cet office fut aux termes des édits de juillet 1689 et mai 1691 grevé par arrêt du Conseil du 19 juin 1691 d'une taxe de 45,000 l. Inv. Chappe XXI, 332.

(2) Inv. Chappe XXI, 235, 236, édit de 1707.

(3) Edit sans date. FF, titres non classés.

(4) Arch. mun. FF, tit. non clas.

(5) Edit d'octobre 1705, FF, tit. non clas.

puisqu'au point de vue de la publicité l'enregistrement rendait déjà les mêmes services que le contrôle; dangereux,
puisqu'en reproduisant intégralement le texte des actes, il
livrait au public des renseignements qu'il eût mieux valu
lui cacher dans l'intérêt du crédit des négociants. La dernière campagne entreprise par le Consulat pour préserver
la Conservation de ce droit, se termina par un échec (1).

La composition de ce tribunal qui renfermait forcément
les quatre échevins et le prévôt des marchands, et souvent
des personnages qui, sans exercer pour le moment les fonctions consulaires, y avaient passé un certain temps, lui donnait un caractère spécial : l'échevinat lyonnais, depuis un
édit de Charles VIII, confirmé plus tard par Henri III, con-
férait la noblesse, il en résultait que sous ce rapport encore
la Conservation avait peu à porter envie aux Parlements,
elle avait, elle aussi, sa noblesse de robe (2). Suivant
M. Fayart, avant d'y être admis « il était d'usage qu'on eût
servi deux ans les pauvres comme recteur de l'Hôtel-Dieu
ou de l'aumône générale. Ce noviciat de charité paraissait
nécessaire pour l'administration d'une justice qui n'était
coûteuse que pour ceux qui la rendaient. »

Après deux ans d'exercice, les juges de la Conservation
parvenaient ordinairement à l'échevinage s'ils n'y avaient
pas passé avant d'entrer dans ces fonctions judiciaires ; à
leur sortie du Consulat ils étaient appelés à faire partie de
nouveau pour deux ans de ce tribunal ; ils coopéraient
donc ainsi pendant six années, soit à l'administration proprement dite, soit à celle de la justice. « Ils rentraient
ensuite le plus souvent dans l'administration des hôpitaux

(1) Arch. mun., FF 276, tit. non classés.
(2) V. dans les Priviléges de Lyon l'édit de décembre 1495, et celui
d'octobre 1574 qui en est la confirmation.

et terminaient ainsi leur carrière publique, comme ils l'avaient commencée, par l'exercice de la charité » (1).

Le Consulat, propriétaire de la Conservation, en réglait comme il l'entendait le service intérieur (2) ; un règlement de ce genre était plus nécessaire que partout ailleurs dans la Conservation, où le changement périodique des juges rendait beaucoup plus difficile la création d'une tradition. Le Consulat combla cette lacune par un règlement en date du 29 avril 1686 (3). Ce règlement désignait le lundi, le mercredi et le vendredi comme jours d'audience, le lundi et le vendredi pour les publicattons et les plaidoiries, le mercredi pour les défauts, les règlements d'instruction et de préparation. L'audience commençait à trois heures et finissait à cinq, à moins que le procureur du roi n'eût la parole, auquel cas elle se prolongeait jusqu'à ce qu'il eût fini. Avant l'ouverture de l'audience, de deux à trois heures de l'après-midi, les juges se réunissaient dans la chambre du Conseil pour délibérer sur les rapports, quand l'affaire s'était instruite par écrit. C'était aussi à la même heure, et pendant que le prétoire était libre, que s'expédiaient les publications, les règlements et autres affaires urgentes ; c'était là une fonction réservée au gradué ; quand il y en avait plusieurs dans la Conservation, ils se réunissaient pour expédier ensemble la besogne ou se la partageaient, suivant le nombre et la complication des affaires.

(1) Fayart. Etude sur les anciennes juridictions lyonnaises. Paris et Lyon, 1867, in-8. V. l'étude consacrée à la Conservation, p. 18.

(2) Nous ne parlons pas ici, bien entendu, de la législation particulière à la Conservation, de son STYLE, qui, en dépit du mot, dépasse les limites de la simple procédure et règle des questions de droit proprement dit, nous aurons à y revenir ; mais de ces détails d'organisation intime qui peuvent varier d'un tribunal à l'autre et lui donnent une physionomie spéciale.

(3) Arch. de Lyon FF, tit. non clas.

C'était aussi le moment de l'audience du procureur du roi, une des particularités de la Conservation. Ce magistrat, en effet, outre les fonctions du ministère du public, en vertu desquelles il défendait les droits de la Conservation devant des juridictions supérieures, requérait l'enregistrement des lettres patentes qui la concernaient, déposait des conclusions en matière criminelle et en matière civile dans les procès dont elle était juge ; ce magistrat, dis-je, avait sa juridiction spéciale, il jugeait seul et en dernier ressort, comme chef du parquet, les causes dont l'intérêt n'excédait pas cent livres de capital (1).

Les défauts se jugeaient à l'entrée de l'audience du mercredi, et dans un ordre déterminé par la liste que le greffier était chargé de dresser la veille ou le matin du jour de l'audience, sur les déclarations des procureurs, et d'après l'ancienneté d'inscription.

Un président instructeur était chargé de dresser la liste « des causes plaidoiables. » A cet effet, chez lui et à une heure qu'il choisissait, en présence du greffier et des procureurs, il prenait connaissance de la liste des causes ; puis il les distribuait par ordre d'ancienneté, de telle façon que chaque procureur, le dernier comme le premier venu, eût une cause inscrite au premier tour ; la liste des procureurs épuisés, il commençait le second tour jusqu'à ce qu'il en eût épuisé celle des causes. Le rôle était alors dressé par le

(1) Cette juridiction tout à fait exceptionnelle est établie par des textes nombreux ; sans parler de ce règlement de 1686 qui fixe les heures auxquelles elle doit s'exercer ; il y est fait des allusions fréquentes dans les documents relatifs à la Conservation ; Denisard, contemporain de la Conservation, mentionne ce détail. Je dois dire pourtant qu'il m'a été impossible de découvrir l'acte en vertu duquel le procureur du roi était investi d'un pouvoir si peu ordinaire ; je serais donc assez porté à croire qu'il n'a pas d'autre origine que la coutume.

greffier et signé par le président instructeur pour qu'on ne pût rien y ajouter ; seul le président pouvait inscrire hors rôle « les prisonniers forains étrangers et pauvres parties. »

Les délibérés sur registre (1) devaient être « vidés » à la sortie de l'audience dans la chambre du Conseil, ou au plus tard le lendemain matin sur le vu des pièces.

L'expédition des jugements devait avoir lieu dans le plus bref délai, celle des plaidoyers dans trois jours, passés lesquels l'expédition avait lieu d'après le plaidoyer de la partie la plus diligente et le plumitif de l'audience.

La Conservation « ne reconnaissait pas de féries » dans les cas de nécessité, mais à défaut d'affaires elle avait de nombreuses vacances; outre les trois jours de la semaine, sans compter le dimanche, où elle ne siégeait pas, elle chômait les fêtes de l'église, les fêtes de la Vierge, de Saint Joseph, de Saint François de Sales, de Saint Saturnin et de Saint Nizier (ces deux derniers patrons de la paroisse de l'ancien Hôtel de Ville), celle de Saint Pierre, patron de la paroisse du nouveau, le temps pascal, le temps compris entre le dernier jour « plaidoiable », avant la fête de Noël, jusqu'au premier jour « plaidoiable » après la fête des Rois. Il y avait aussi des vacances à l'occasion de l'élection des échevins et du prévôt des marchands pour que l'assemblée des maîtres des métiers pût se tenir à l'Hôtel de Ville; il y en avait également à l'occasion des jours gras, des moissons, des vendanges.

Une touchante coutume existait aux approches de Noël et de Pâques : une audience spéciale était tenue dans une des salles de la prison, et on y rendait la liberté aux déte-

---

(1) On donnait ce nom, dans l'ancienne procédure, à l'appointement par lequel la cour décidait qu'elle verrait les pièces et quelle en « délibérerait sur le registre. »

nus condamnés pour délits dont l'intérêt n'excédait pas 500 l., et dont la nature n'excluait pas l'élargissement.

Le service de la Conservation était fait par des huissiers; nous les y trouvons dès son origine sous le nom de sergents qu'ils portaient aux foires de Champagne. La police des foires ayant été, comme nous l'avons vu, confiée d'abord aux conseillers de la ville de Lyon, il y a lieu de croire que la nomination leur appartenait comme celle des courtiers et des prudhommes. Quand survint l'édit de réunion, les sergents continuèrent à instrumenter dans la sénéchaussée et dans la Conservation; mais le Consulat demanda à en avoir à lui. Il ne semble pas qu'il ait été aussitôt fait droit à sa demande; la Conservation avait bien des huissiers, mais leurs charges ne furent réunies au Consulat qu'à la date du 22 septembre 1714 à laquelle il en fit l'acquisition (1); ces deux huissiers n'instrumentaient pas d'ailleurs qu'à la Conservation; l'article 19 de son *style* nous dit en effet qu'ils exploitaient dans les autres juridictions, et que le même droit appartenait à leurs confrères dans la Conservation. Le règlement de 1686, que nous venons d'analyser, prescrit qu'il y en ait toujours au moins deux à la porte du Conseil ou à l'audience pour les besoins du service, et leur défend de rien exiger au-delà des droits fixés. Ils procèdent aux ventes qui se font par l'autorité de la Conservation, en arrêtent chaque jour le procès-verbal, et doivent y travailler au moins six heures par jour, quand ils en ont à faire. La vente terminée, un extrait en est remis au greffe, et les deniers aux mains des créanciers, à moins de saisie-arrêt; en ce cas, les huissiers doivent les remettre au receveur des consignations des effets mobiliers, sous peine d'être pour-

(1) Inv. Chappe xxi, 347, 348.

suivis comme dépositaires, mais sans que l'opposition et la saisie cessent de valoir au regard des créanciers.

Les procureurs semblent bien, à l'origine, avoir été écartés de la Conservation ; nous avons vu comment les négociants rappelaient sans cesse l'heureux temps où les procès se vidaient sans procureurs et sans longs débats. Mais cet âge d'or ne dura guère ; dans des jugements qui remontent à 1507, la mention : Un tel comparant avec M., procureur, contre Un tel comparant avec M., est usuelle ; à cette date, la Conservation n'avait que quarante-quatre ans d'existence bien déterminée, et déjà les procureurs en avaient pris possession ; ils avaient même le droit d'y plaider, ils ne devaient plus en sortir malgré toutes les réclamations que provoqua leur ministère. Le Consulat lui-même qui avait tant protesté contre leur intrusion ne paraît pas avoir songé à en débarrasser la Conservation, quand il se l'annexa ; « l'édit de 1655 décide qu'ils occuperont et postuleront ainsi qu'ils ont fait cy devant en ladicte jurisdicēion. » L'édit de 1669, il est vrai, les supprima par application du titre de l'ordonnance d'avril 1667, relatif à la forme de procéder devant les juges et consuls des marchands. » Toutefois, en matière criminelle, dans les cas d'apposition de scellés, confection d'inventaires, saisies et criées, ventes et adjudications, tant de meubles que d'immeubles, ordre et préférence en la distribution des deniers, en un mot dans toutes les questions réclamant l'habitude de la procédure, leur ministère était autorisé. Même réduite à ces termes, leur proscription ne dura pas longtemps ; ils furent rétablis au nombre de 30 en août 1692 (1) ; ils recouvrèrent en même temps le droit de plaider à la Conservation qu'ils avaient anciennement possédé.

(1) Denisard au mot *Conservation*.

L'exercice de ce droit provoquait, comme on peut le penser, la jalousie des avocats ; un arrêt du Parlement de Paris, du 23 avril 1689 avait déjà accordé aux seuls avocats, à l'exclusion des procureurs, le droit de plaider « dans les questions de droit et autres matières importantes (1). Il ne mit pas fin à cette rivalité ; un second procès, dans lequel les avocats de Lyon se firent appuyer par l'agent du Consulat à Paris et obtinrent une consultation de quatre éminents collègues de la capitale, Mes Duhamel, Normant, Aubry et Berjetton, aboutit à un second arrêt en date du 20 août 1738 par lequel le Parlement de Paris confirmait le précédent, en s'en remettant d'ailleurs aux juges du soin de décider, si oui ou non, il y avait lieu de recourir à leur ministère (2).

Le Consulat défendait avec énergie les procureurs de ses justiciables dans l'exercice de leurs fonctions ; un acte consulaire du 7 juillet 1679 porte qu'au cas où des procureurs seraient condamnés ou interdits pour avoir sollicité en la Conservation, il prendra leur fait et cause jusqu'à entière décharge de ces condamnations, payera les frais, et les garantira et indemnisera de tous événements » (3).

---

(1) Les procureurs, dans leur requête au Conseil du 18 octobre 1668, s'exprimèrent en ces termes : « Toute l'instruction et les plaidoyers se font par leur ministère (celui des procureurs), les avocats n'y plaidant point ; et depuis la demande jusques au jugement les procureurs y font tout. » Procès en règlement, p. 172.

(2) Inv. Chappe, IX, 413.

(3) Dudit jour vendredy septiesme juillet mil six cens soixante dix neuf après midy audit hostel commun de ladite ville de Lyon y estans.

Lesdits sieurs (prevost des marchands et echevins) ayant esté advertis que plusieurs procureurs postulans dans les deux jurisdictions de la seneschaucée et siége présidial et de la Conservation, sont detournez très

Il ne mettait pas moins d'énergie à attaquer les procureurs de ses adversaires qu'à défendre ceux de ses clients.
Le 9 décembre 1667, il suspendit pour six mois de toute
fonction en la Conservation un procureur qui avait porté à
la sénéchaussée une affaire dont celle-ci ne devait pas connaître (1). Envers les huissiers, sa conduite était la même ;
il se fit condamner par arrêt du Parlement, du 5 janvier
1714, pour avoir déchargé des marchands de Lyon de l'assignation à eux donnée par devant d'autres juges et avoir
prononcé l'interdiction et la contrainte par corps contre
l'huissier qui avait porté cette assignation (2).

souvent de proceder et plaider pour leurs parties en celles de la Conservation par les menaces qui leur sont faites de les interdire de leurs
fonctions en ladite seneschaucée et présidial, et ayant considéré qu'encor
qu'il soit malaisé de présumer qu'il y ait des juges qui veuillent se porter à l'effet de semblables menaces contre ceux qui ne font de leur part
qu'obéir aux édits et règlements de Sa Majesté en recourant à ladite
Conservation pour y obtenir la justice sommaire et gratuite qui leur y
est rendue, néantmoins il est très important de lever, autant qu'il est
possible, l'impression qu'elles peuvent faire et qu'elles font tous les jours
sur l'esprit des procureurs les plus foibles et les plus timides, au préjudice de leurs parties qui s'en plaignent et en souffrent notablement, le
Consulat après meure délibération et ouy sur ce le sieur de Glareins,
secrétaire de ladite ville et communauté faisant pour le procureur général d'icelle, a résolu et arresté qu'au cas qu'il soit rendu contre lesdits
procureurs quelque jugement, sentence ou ordonnance de condamnation ou autre peine pour avoir plaidé et procédé à ladite Conservation
dans les causes et affaires qui y sont portées ou retenues, conformément auxdits édits ou reglements, il prendra fait et cause pour eux jusques à l'entière descharge desdites condamnations, fournira à cet effet
tous les frais qui leur conviendra faire, et les garantira et indemnisera
de tous autres événements, et affin qu'ils ne l'ignorent sera le présent
acte notifié, et copie d'icelluy donnée aux syndics de la communauté
desdits procureurs par un des mandeurs ordinaires de ladite ville. Dont
a esté fait le présent acte. Arch. de Lyon, BB, 235, f° 116.

(1) Série FF, titres non classés.
(2) Inventaire Chappe IX, 92.

L'organisation de la Conservation, telle que nous venons
de la décrire, était désormais complète, elle devait durer
ainsi autant et plus que le régime sous lequel elle était née.
Pourtant, dans les dernières années de la monarchie, elle
ressentit un moment les effets de la grande réforme judiciaire qu'on essayait alors. Parmi les Conseils supérieurs
que l'on voulut substituer aux Parlements, devenus autant
de foyers d'opposition, Lyon eut le sien : Louis XV le créa
par édit de février 1771 ; bientôt, et par suite de la suppression de la Cour des Aides de Paris (avril 1771), il
reçut dans l'étendue de son ressort les attributions fiscales
de cette dernière juridiction ; et par suite de la suppression
de la *Table de Marbre de Paris*, en juin 1771, les appels des
maîtrises des eaux et forêts de son ressort durent lui être
déférés ; la suppression du Parlement de Dombes, en octobre 1771 étendit encore les limites de son pouvoir (1). Une
juridiction de la plus haute importance s'improvisa aussi à
Lyon, presque du jour au lendemain, à côté de la Conservation, qui depuis plus d'un siècle n'était habituée à trouver
à côté d'elle, dans le domaine de la justice, que des infé-
rieures mais pas de rivales. Les Lyonnais avaient bien demandé autrefois l'établissement d'un Parlement dans leur
ville (2), mais leurs désirs avaient été satisfaits le jour où la

(1) Almanach de Lyon, 1774.

(2) Il m'a semblé curieux de donner la liste de ces requêtes qui se
renouvelèrent pendant tout le XVIe siècle, puis durèrent encore pendant la première moitié du XVIIe. Elles avaient commencé dès le
règne de Louis XI ; les voici telles que je les ai trouvées dans les
délibérations consulaires :

7 octobre 1462. Choix de Jehan Grant, pour aller à Paris demander
au roi entre autres choses « ung Parlement qui pourra pour repeupler et entretenir la ville. » BB 9, fo 37.

27 octobre et 10 décembre 1527. Mandement de 205 l. t. pour
Claude Laurencin « restans de troys cens cinq livres à luy deues pour
six vingtz deux journées qu'il a vacqué en ung voyage en court devers

Conservation avait été réunie au Consulat. Ce jour-là, ils avaient bien obtenu, sous un nom différent un véritable Parlement, celui qui pouvait le mieux convenir à leur ville. Aussi la création d'un Conseil supérieur fut-elle très-mal accueillie par eux. Le Consulat, dans un mémoire adressé au garde des sceaux, M. de Miromesnil, exposa tous ses griefs contre la nouvelle création ; elle restreignait au ressort du Conseil supérieur l'exécution des sentences de la Conservation, auparavant mises en vigueur dans toute l'Europe et même au-delà ; et cette restriction était de nature à diminuer le commerce de la ville en dehors du royaume ; elle provoquait justement la défiance des étrangers qui pourraient fort bien ne pas se soumettre à une ju-

le roy nostre sire, pour la poursuyte d'ung parlement qu'on poursuyvoit avoir en ceste dicte ville. » CC. 759.

Mandement d'un demi écu soleil pour Jehan Camus, marchand de Lyon, qui avait prêté pareille somme au Consulat « pour payer à Petit Jehan la poste dudit Lyon, pour avoir prins charge et faict tenir un pacquet de lettres pour l'esleu de Vinolx, estant lors en cour député pour le faict du Parlement, qu'on poursuyvoit y estre érigé. » CC, 760.

13 novembre 1531. Messire Mathieu Vauzelles, messire Claude Bellièvre, docteurs en droit, sont venuz remonstrer que le roy de prouchain doit establir le Parlement de Dombes en quelque lieu et pour ce qu'il a esté autreffois en ceste ville de Lion, ainsi, comme escript maistre Anthoine Bullod, général de Bretagne ; sur quoy a esté ordonné luy escripre et le prier qu'il veuille faire les remonstrances et requestes necessaires ainsi qu'il verra, et la ville le recognoistra envers luy de ses vaccations. BB, 51, f⁰ 43.

27 novembre 1554. V. la note 1 de la page 38 ci-dessus ; elle donne les noms des jurisconsultes signataires de la requête dont voici maintenant le texte :

A messieurs les conseilliers et eschevyns de la ville de Lyon.

Supplient humblement :

Comme ainsi soit que le roy veult ériger de nouveau ung parlement pour les pays qui sont regiz par droict escript ; et que pour obtenir l'assiette d'icelluy dans la ville de Lyon ne s'est onques par cy devant

ridiction nouvelle, envers laquelle aucun traité ne les engageait comme envers la Conservation. Ce n'était d'ailleurs
qu'une facilité donnée aux défendeurs de mauvaise foi,
d'obtenir avant leur jugement par la Conservation des
arrêts de défense, et après une condamnation, d'en retarder
les effets par un appel que la distance et la dépense les empêchaient autrefois de porter à Paris. Le Consulat reprochait
aussi aux nouveaux magistrats leur inexpérience dans des
questions qu'une pratique séculière avait rendues familières
au Parlement de Paris ; leurs familles, presque toutes adonnées au commerce, et dont ils pouvaient être tentés de servir les intérêts au détriment de la justice, quand ces intérêts
se trouvaient en jeu, tandis que les conservateurs, juges

ffert onques plus grande occasion qu'a présent, les susnommés, manans et habitans de ladicte ville vous supplient que pour l'affection que
portez et debvez porter à l'honneur, auctorité et prouffict, tant en
général que en particullier de toute la communaulté de ladicte ville
vous plaise considérer que obtenant du roy l'assiette dudict Parlement,
vous acquérez ausdits habitans et à leur postérité plusieurs biens inestimables ; assavoir proximité de justice, auctorité de toute la communaulté de ladicte ville, proufict pour tous les manans et habitans tant en
général que particullier, honneur et réputation de ladicte ville. Et pour
le regard du premier bien, n'y a personne des habitans qui ne soit contrainct pour la tuytion et conservation de son bien avoir recours à
justice, laquelle estant prochaine en requérant est ministré plus promptement et à moindre frais dont s'ensuivra la conservation des bonnes
maisons et soulaigement des paouvres ; car tel a le pouvoir de supporter les fraiz d'un procez, ung an ou deux, que s'il duroit plus longuement, seroit contrainct pour les paouvretez et charges qui surviennent
à toutes personnes, habandonner et délaisser son bon droict, dont plusieurs bonnes maisons ont esté et sont tous les jours ruynées, et plusieurs paouvres personnes auroient le moyen de recouvrer leur bien
injustement détenu par aultres, qu'ilz n'ouzent entreprendre tant pour
la longueur de la justice que pour les grandz fraiz qu'il y convient
faire. Aussi la proximité de la justice extirperoit l'occasion de plusieurs
procès qui se soubstiennent contre raison ; car ceulx qui détiennent le
bien d'aultruy sciemment et contre équité, estans tirez en procez, se

7

pour un temps seulement, étaient maintenus dans le respect du droit par le désir de le voir respecter à leur égard;
enfin leur excessive facilité à délivrer à Pâques et à la Noël
des prisonniers pour dettes de plus de 500 l., facilité qui avait
fait perdre à des créanciers 1,000, 2,000 et jusqu'à 12,000

rangeroient plus tost à la raison qu'ilz ne font parce que se confians à
la longueur de justice, et que cependant ou par mort ou paouvreté ou
aultre empeschement, le poursuyvant se désistera de sa poursuyte, ils
soubztiennent témérairement plusieurs procès, s'ensuyvroit semblablement ung stimule aux premiers juges de bien juger, sans faveur, et
sans entrayner argent indeuement des paouvres parties.

De l'auctorite s'ensuyvroit que le corps du Parlement consistant de
plusieurs personnes pourroit remontrer plus facilement et à moindre
dangier, au Conseil privé du roy, la vérité des affaires qui surviennent
journellement à la ville, et en seroit beaucoup mieulx veu pour l'auctorité d'icelluy, que pour ung particullier magistrat, et de ce procéde-
roit le soubstenement des libertez, franchises et droictz des foyres de
ladicte ville, lesquelles par faulte de vrai support et remonstrances véritables ont esté grandement dymynuées et se annéantissent de jour en
jour. Aussi l'auctorité dudict Parlement retarderoit et estaindroit plusieurs pernitieuses entreprises d'aulcuns particulliers contre les libertez
et franchises tant desdictes foyres que de toute la communaulté de la
ville qui seroit ung bien inestimable pour l'advenir. Quant au prouffict
qui proviendroit dudict parlement, il est tout notoire que par le moyen
d'icelluy, les pays des ressortz apporteront pour le moings la somme
de cent mil livres par chacun an qui demeurera par les bourses particulières des paouvres artisans et autres marchans de ladicte ville, et auroient les notables et bourgeoys de ladicte ville plusieurs bons moyens
desquelz ilz sont destrivez aujourd'hui de bailler occupation honneste
sur le lieu de leur nativité à leurs enfans qui ne veullent faire train de
marchandise, et de loger leurs filles à plusieurs honorables personnes ;
et seroit grandement augmentée l'auctorité des marchans, parce que au
lieu de vingt-cinq ou trente riches marchans qu'il y a dans ladicte ville
il s'en trouveroit dans dix ou vingt ans deux ou troys cents comme
on veoit par expérience en la ville de Paris.

Et lesquelz grandz biens redonderont au grand prouffict, non seulement de tous les habitans vivans présentement, mais aussi de leur postérité, car de la richesse provenant dudit Parlement s'ensuyvra une multiplication et augmentation d'habitans au grand honneur et réputation

livres; tout, en un mot, s'élevait avec force contre l'existence d'un tribunal dont on reconnaissait journellement le danger, danger si évident que Louis XIV s'était prononcé absolument contre l'établissement à Lyon d'une cour souveraine. Que si l'éloignement de Paris semblait avoir quelque inconvénient, il suffirait pour y remédier de reculer la

de ladicte ville de Lyon. Ce considéré vous plaise, mesdits seigneurs, procurer ung si grand bien aux manans et habitans de ladicte ville ; et ce faisant passer procuration au nom du Consulat pour faire poursuytte et requérir l'octroy du roy dudit Parlement. » BB 76, f° 197.

7 juillet 1575. « .... auroit esté proposé par les sieurs eschevins le contenu de la lettre de ceulx dudict Moulins, de laquelle auroit esté faicte lecture en leur présence (des notables convoqués à cette occasion) ensemble de la coppie du memoyre par eulx envoyé touchant les offices qu'ilz disoient que Sa Majesté voulloit establyr audit Parlement, sur lesquelles ayant par lesdits notables esté amplement discouru de la commodité que l'establyssement d'ung parlement rapporteroit en ceste ville, et après que d'iceulx auroit esté particullièrement recullies les voix et oppinions, lesquelles se sont trouvées accordantes et conférans les unes aux aultres, a esté trouvé bon de poursuyvre et requérir l'establyssement dudict parlement plus tost en ceste ville que de souffrir que ladicte ville de Moulins fut préférée à ceste dicte ville, actendu que par le moyen dudict parlement, ceste dicte ville, laquelle est en partie déshabitée, se pourra en peu de jours repeupler et grandement boniffier, et en cas que pour ce faire l'on fust contrainct faire quelque advance de deniers au roy, pour en estre remboursez sur les deniers qui proviendront de la vente desdits offices, ont esté d'advis lesdits notables de rechercher quelzques personnaiges qui ayent moyen de faire party de la somme qu'il fauldroit advancer plus tost jusques à troys cens mil livres... » BB 93, f° 111.

Il y avait egalement une demande indirecte de parlement dans cette phrase des Cahiers de la justice en 1588, qui reproduisait littéralement un article des Cahiers de 1576. (BB, 94, f° 173).

« Et parce que auculnes des meilleures et principales villes de ce royaulme sont tellement esloignées des parlemens de la justice souveraine que les habitans d'icelles ayment le plus souvent mieulx quicter leur bon droict que d'aller mendier la justice à cent lieues loing de leurs demeurances, laquelle Sa Majesté leur doibt sur ces lieux, comme ilz luy doibvent tout debvoir de fidelle obeyssance, qu'il pleust à Sa

limite en deça de laquelle la Conservation jugeait en dernier ressort, l'avilissement de l'argent ayant rendu très-fré-
quentes les causes d'un intérêt supérieur à 500 l. t., et pour
lesquelles on pouvait en appeler au Parlement de
Paris (1).

Le rétablissement des Parlements servit probablement
mieux que tout le reste la cause de la Conservation; il entraîna la chute du Conseil supérieur (2). Mais à cette date,
la grande juridiction lyonnaise était elle-même bien près de

Majesté, pour remedier à ce, establir des parlemens ez lieux qui seront
trouvez des plus commodes pour lesdictes provinces qui sont aussy éloignées des anciens parlemens, n'estans Sa Majesté moins débitrice de la
justice sur ces lieux à ceulx desdictes provinces, qu'à ceux du pays de
Bourgongne, Normandie et autres, ausquelz ses prédécesseurs pour
cette considération ont octroyez des parlements. » BB 121, fo 186.

Enfin cette demande fut renouvelée pour la dernière fois à ma connaissance dans les cahiers des Etats Généraux de 1614, dans les termes
suivants, presque identiques à ceux de la requête précédente, mais
cependant beaucoup plus nets :

« Et parce qu'aucunes des principalles et meilleures villes de ce
royaulme sont tellement esloignées des Parlemens et de la justice souveraine que les habitants d'icelles aiment le plus souvent mieux quitter
leur bon droict que d'aller mendier la justice à cent lieux loing de leur
demeurance, laquelle Sa Majesté leur doibt sur les lieux, comme ilz luy
doibvent tout debvoir de fidelle obéissance qu'il pleust à Sa Majesté
pour remédier à ce establir ung Parlement en la ville de Lyon, esloi-
gnée de cent lieues de la ville de Paris, n'estant Sa Majesté moings
débitrice de la justice sur les lieux à ceux desdictes provinces qu'à ceux
des pays de Bourgongne, Normandie et autres, ausquelz ses prédécesseurs pour ceste considération ont octroié des parlemens. » Arch. de
Lyon, AA 146. fos 8 et 9.

(1) Le mémoire que je viens d'analyser est sans date, mais le registre BB 363, dont il est tiré, fut commencé en mars 1774, et il se
trouve au commencement, au folio 41, qui est du reste le premier du
volume. Voir les Pièces justificatives, no 14.

(2) Je n'ai pu trouver l'édit qui le supprima, mais l'*Almanach de
Lyon* de 1774 est le dernier où il figure.

sa fin; le décret du 27 mai 1791 (1) lui donna pour héri-
ritier le *Tribunal de commerce* qui depuis a tenu sa place,
mais sans ouvrir immédiatement sa succession ; il laissa les
conservateurs en fonction jusqu'à l'installation des nouveaux
juges consulaires; elle eut lieu le 16 juin 1795, ce fut le dernier jour de la Conservation (2).

CHAPITRE IV

PRIVILÉGES ET COMPÉTENCE DE LA CONSERVATION. — CONFLITS DE JURIDICTION AVEC LA SÉNÉCHAUSSÉE ET LES JUSTICES CONSULAIRES.

En même temps que l'organisation de la Conservation,
se développaient aussi ses priviléges. De tous sans contredit le plus important, c'était sa compétence ; elle contenait
en germe presque tous les autres ; c'était ce que l'on appelle dans la langue juridique une compétence *réelle* ou
ratione materiæ. On disait alors que la Conservation était
une juridiction d'*attribution*, c'est-à-dire une juridiction à
laquelle « le souverain donnait le pouvoir de connaître de
certaines matières, à l'exclusion de tous autres juges. » Semblable par sa nature à celle de nos tribunaux de commerce,
elle en différait seulement par son étendue. Tandis, en
effet, que ces derniers connaissent de toutes les questions
commerciales, sauf de celles qui ont un caractère criminel,
la Conservation, comme la juridiction des foires de Champagne, qu'elle avait remplacée, ne connaissait primitivement

---

(1) Duvergier. Collection complète des lois, décrets et ordonnances,
t. II, 445.
(2) Almanach de Lyon, 1797, p. LXV.

que des questions commerciales soulevées pendant les foires et à leur occasion; elle ne les dépassait pas en durée et ne s'étendait qu'aux marchands qui les fréquentaient. C'est là un caractère essentiel à noter, et qui résulte des premiers textes un peu précis relatifs à la Conservation. L'ordonnance de 1463, que nous avons eu déjà l'occasion de citer, s'exprime en ces termes : « Et pour ce que *durant lesdites foires* se pourroient mouvoir questions et débatz entre noz officiers et les marchands qui fréquenteront lesdites foires, comme de marchands à marchands et de partie à partie, nous pour obvier ausdits débatz, questions et procez et mectre brefve fin avons ordonné et estably, ordonnons et establissons par ces dictes présentes, conservateur et gardien desdictes foires de nostre baillif de Mascon seneschal de Lyon ou son lieutenant présent et advenir..... » (1). Et l'ordonnance du 29 avril 1464 dit, de son côté, « que le prud'homme suffisant et idoine, » élu par les conseillers, « se prendra garde, *lesdictes foires durant*, qu'aucun sergent ne face extortion ou vexation ausdits marchands, et de toutes les questions et débats qui surviendront entre iceux marchands, *durant lesdictes foires et à cause d'icelles*, ledit commis l'appoincte et accorde amiablement, si faire le peut, ou sinon qu'il leur face élire deux marchands non suspects ni favorables pour les appoincter. » (2). Ainsi, au plus haut degré de la juridiction, la compétence du sénéchal, conservateur des priviléges des foires, ne dure pas plus que ces foires elles-mêmes, et n'atteint que les marchands qui les fréquentent. Ce caractère attira l'attention des jurisconsultes aussitôt que la Conservation fut assez importante pour mériter qu'ils s'occupassent d'elle. Anne Robert, qui

(1) Priviléges des foires, p. 45.
(2) Priviléges des foires, p. 73.

vivait au xvie siècle, définit ainsi les attributions du Conservateur : « Judex qui de *nundinarum jure*, de mercatorum litibus, et de omnibus negotiis, quæ quoquomodo *emporii illius negotiationes* spectant, cognoscit. » (1).

Même limitée aux seules foires, cette compétence était fort importante ; il était peu d'actes commerciaux dont les foires ne fussent l'occasion, et dont le conservateur n'eût, par conséquent, à connaître. Il était investi de la justice criminelle (et nous en avons trouvé la preuve presque à l'origine de la Conservation) (2) dans l'intérêt des marchands qu'il s'agissait de protéger, tant pendant leur voyage que pendant leur séjour à Lyon, contre les attaques et les vols dont ils pouvaient être victimes, et il poursuivait les coupables aussi bien en dehors de Lyon que dans l'intérieur de la ville. Cette compétence se maintint dans les mêmes conditions pendant toute la durée du xvie siècle. Sa limitation aux seuls faits de foire se détermine même peut-être avec plus de netteté dans les textes qui se succédèrent pendant cette période. Ainsi François Ier, dans son édit de février 1536 (n. s. t.), après avoir déclaré que « le conservateur avoit esté estably et statué pour, ensuivant l'estat de son office, connoistre les débatz, questions et procez qui *seroient* meuz entre tous les marchands *fréquentans lesdictes foires*, pour faict de marchandises *ou autre faict de foires*, » exprime sa volonté que « ledit conservateur puisse et qu'il luy soit loisible après qu'il luy sera apparu lesdictes debtes avoir esté faictes pour raison de marchandise, ou *autre faict de foires de Lyon* procéder contre les débiteurs et leurs fac-

(1) Anne Robert. Rerum judicatarum libri IV. Paris, 1611, in-4º chez Claude Rigaud.

(2) V. à la page 13 la note relative aux poursuites dirigées par le conservateur Claude Thomassin contre l'assassin d'un marchand qui fréquentait les foires.

teurs et négotiateurs qu'à ce *seroient* tenus *pour le fait·des-
dites foires*, présens ou absens jusques à sentence et exécution de garnison et consignation desdites debtes, à quelques sommes qu'elles montent, faites et à faire inclusive-
ment, par prinse de corps et de leurs biens en la manière
anciennement accoustumée pour debtes de foires, et pareillement avoir connoissance de leur compagnies et négotiations particulières, faites *pour raison de marchandise et debtes
de foire.* » (1). Un arrêt du Conseil privé en date du 15
septembre 1542 (2) décide que le conservateur aura la
connaissance « de tous procez et differends dependant des
contrats, obligations, cédules, promesses, pactes et négociations faites entre les marchands frequentant les foires et pro-
mises payer es foires ou aux payemens d'icelles et pour
faits concernant lesdictes foires. » Les lettres patentes du
19 avril 1545 autorisent le conservateur à agir extraordinairement contre un banqueroutier frauduleux qui, comme
ses victimes elles-mêmes, fréquentait les foires de Lyon (3).

Il en est de même de la déclaration de Henri III en date
du 18 février 1578, retirant même aux gens de son hôtel
« qui auroient fait des obligations cédules ou contracts en
qualité de marchands fréquentans lesdites foires et qui se
seroient obligez ou *auroient* promis payer auxdictes foires »
le privilége de *committimus* (4).

Ainsi jusque-là, toute procédure, même criminelle et
extraordinaire, comme celle de la banqueroute, même
contre des personnes abritées par ce privilége, ailleurs si
efficace de *committimus*, est permise au conservateur, mais

---

(1) Priviléges des foires, p. 97.
(2) Inv. Chappe IX. 17, 18.
(3) Priviléges des foires, p. 361.
(4) Priviléges des foires, p. 371.

pour des faits de foires seulement, et rien que pour ceux-là.
Dans l'édit de mai 1594, le style commence à changer ; les
foires ne sont pas nommées dans l'énumération des cas réservés au conservateur ; il n'y est plus fait mention que
« des faits de societez, changes, voitures, négoces et marchandises et de tout ce qui en dépend. » Ainsi, en même
temps qu'apparaît dans les ordonnances l'indication aussi
détaillée que possible des faits qui sont de la compétence
du conservateur, disparaît cette condition auparavant essentielle qu'ils doivent s'être produits en foire ou pour cause
de foire. Et il n'y a pas là, à ce qu'il semble, une inadver-
tance, d'ailleurs peu explicable en aussi grave matière. Les
lettres royales du 2 décembre 1602 (2) reviennent sur la
même idée et lui donnent tous les développements dési-
rables ; d'après elles, le conservateur sera « maintenu et
gardé dans son office pour connoistre des debtes faites pour
raison de marchandises ou autres faits de foires audit Lyon,
et procéder contre les débiteurs, leurs facteurs et négotiateurs obligez pour le fait desdites foires par sentences, exécution de garnison et consignation desdites debtes en la
maniere accoustumée suivant nosdits édits et ordonnances,
et avoir aussi connoissance des compagnies d'entre lesdits
marchands fréquentans lesdites foires et négotiations des
particuliers faites pour raison desdites marchandises et debtes,
des abus, malversations, vols, fraudes, banqueroutes, ater-
moyemens volontaires, desconfitures, contraintes, criées,
subhastations, voitures, courratages, manufactures asseuretez,
parties et toutes autres affaires dépendantes du négoce en
ladite ville soit en gros ou détail, *tant en foires que hors foires...* »
Ce dernier membre de phrases, intercalé à la suite

(1) Priviléges des foires, p. 366.
(2) Priviléges des foires, p. 382.

d'une énumération plus complète que jamais des faits de commerce, avait-il pour résultat de rendre la compétence de la Conservation, auparavant restreinte à certains faits et à une certaine durée, permanente et générale ? C'est au moins le sens que lui donna la Conservation, qui ne cessa pas dès lors d'opposer ce texte à toutes les juridictions rivales qui lui reprochaient des abus de pouvoir. Les évenements semblaient d'ailleurs autoriser cette interprétation. Lyon, à cette date, venait de rentrer sous l'obéissance du roi qui, pour prévenir un nouveau réveil de son esprit d'indépendance, avait modifié sa constitution municipale. Henri IV pouvait compter sur le conservateur André Lorans, qui était, nous l'avons vu, un de ses plus chauds partisans. D'ailleurs, augmenter les priviléges de la Conservation quand le Conservateur était à la nomination royale, c'était opposer un rival au Consulat; c'était aussi donner un semblant de satisfaction aux demandes dont la Conservation était l'objet depuis près d'un siècle. Si l'on n'y introduisait pas l'élément électif que réclamaient les Lyonnais, du moins on augmentait les priviléges et le prestige d'une juridiction dont, en somme, ils étaient fiers ; on la mettait sous ce rapport au-dessus des justices consulaires dont la création, alors récente, avait excité leur jalousie. Enfin, l'importance si grande des foires, qui remplissaient, avec les *payements* dont chacune d'elles était suivie, à un mois de distance, les deux tiers de l'année, et dont les négociations étaient, même après leur clôture, une source toujours ouverte de procès, cette importance, dis-je, était un nouvel argument en faveur de la permanence de la juridiction des foires et de l'extension de ses priviléges ; le Parlement de Paris lui-même consacra cette réforme par son adhésion; par un arrêt du 7 septembre 1610, et tout en maintenant le juge conservateur dans toute la rigueur de son établissement dans la connaissance des faits de foire, « il ordonna que ledit juge connoîtroit aussi les différens entre marchans pour fait de marchandise, *comme les autres juges consuls du royaume*, et que comme eux il ne pourroit toutefois connoître des différends pour le fait de marchandise entr'autres que marchans, encore qu'ils eussent volontairement procédé devant lui... » (1).

La jalousie, déjà à ce moment, pouvait être permise au Présidial. Nous avons dit un mot des querelles d'étiquette et de préséance qui s'engageaient entre les deux justices rivales. Mais les lettres du 2 décembre étaient peut-être encore moins blessantes pour l'orgueil du Présidial que funestes à son autorité ; elles lui retiraient formellement le droit de prévention qu'il s'était attribué jusqu'alors, à l'encontre des droits de la Conservation (2).

Il n'était pourtant pas au bout de ses humiliations ; quand le Consulat acheta la Conservation, autant et plus privilé-

(1) Arch. mun. Sér. FF, tit. non clas.

Cette interprétation, même appuyée de l'autorité du Parlement de Paris, n'était pas celle de tous les jurisconsultes. L'un d'eux, Mornac, mort en 1619, exigeait, pour que la Conservation fût compétente, une triple condition : que la dette fut contractée entre marchands fréquentant les foires, pour fait de foire et payable en foire « ut sit pro re nundinarum debitum contractum inter mercatores, quorum assiduum in nundinis illis commercium, atque ut destinata sit ad nundinas solutio ; denique ut sola sit solvendi destinatio in nundinis, aut sit inter mercatores debitum. »

Mais cette opinion est insoutenable et en contradiction avec les faits. Jamais la Conservation, emprisonnée dans les limites de cette étroite formule, n'aurait pris les développements que nous savons ; c'était, avec ses priviléges, la réalité de sa compétence qui faisait sa force ; un ait de commerce, de quelque personne qu'il émanât, lui donnait un usticiable.

(2) « Sans que le sénéchal dudit Lyon ou son lieutenant et gens y tenant le siége presidial en puissent prendre cognoissance *par prevention* ou autrement. »

giée que jamais, l'édit de réunion régla l'organisation nouvelle de cette juridiction sans rien changer à la compétence. Mais les conflits qui éclatèrent presque aussitôt entre le Présidial et la Conservation, devenue consulaire, donnèrent lieu à l'arrêt de règlement du 23 décembre 1668. Cet arrêt énumérait une fois de plus, pour leur en accorder la connaissance définitive, tous les cas dont les Conservateurs s'étaient jusqu'alors prétendus juges. Aux termes de cet arrêt et de l'édit de juillet 1669, qui en fut la confirmation, la Conservation devait connaître exclusivement :

1° De tous procès « mûs et à mouvoir pour le fait du négoce et commerce des marchandises, *circonstances et dependances, soit en temps de foires ou hors foires* en matière civile et criminelle, de toutes négociations faites pour raison desdictes foires, circonstances et dépendances, même de toutes sociétés, commissions, trocs, changes, rechanges, virements de parties, courtages, promesses, obligations, lettres de change et de toutes autres affaires entre marchands et négociants en gros ou en détail, manufacturiers des choses servant au négoce et autres, de quelque qualité et condition qu'ils fussent, pourvu que l'une des parties fût marchand ou negociant et que ce *fût* pour fait de négoce marchandise ou manufacture ;

2° Des causes de « tous ceux qui achèteraient des marchandises pour les revendre, ou qui porteraient bilan et tiendraient des livres de marchands, ou qui stipuleraient des payements en temps de foires pour raison des faits de foires et de marchandises ;

3° Des voitures de marchandises et denrées dont les marchands feraient commerce ;

4° De toutes lettres de répit, banqueroutes et faillites, déconfitures de marchands, négociants et manufacturiers des choses servant au négoce de quelque nature qu'elles fussent. Ils pouvaient même, en cas de fraude, procéder extraordinairement et criminellement contre lesdits faillis « auxquels et à leurs complices ils feraient et parferaient leurs procès suivant la rigueur des ordonnances à l'exclusion de tous autres juges, se transporteraient aux maisons et domiciles des faillis, procéderaient à l'apposition des scellés, confection d'inventaires, vente judiciaire de leurs meubles et effets, même de leurs immeubles, par saisies, criées, vente et adjudication par décret, ensemble à la distribution des deniers à la manière accoutumée, entre les opposants et autres prétendant droit sur lesdits biens et effets, sans qu'aucune desdites parties se pût pourvoir pour raison de ce par devant les officiers de ladicte sénéchaussée et siége présidial, ni ailleurs que par-devant les juges conservateurs, sous prétexte de la demande du payement du louage des maisons, gages des domestiques, lettres de répit, priviléges, droit de committimus, incompétence, récusation ou autrement en quelque manière que ce fût. »

A cette compétence si étendue, se joignaient des priviléges qui en assuraient l'efficacité. Ainsi, la Conservation avait désormais la connaissance de l'exécution de ses jugements ; elle avait gagné le droit accordé jusque-là seulement aux justices consulaires de juger en dernier ressort jusqu'à la somme de 500 l. t., et au-dessus de cette somme la Conservation ne reconnaissait comme juge d'appel que le Parlement de Paris ; encore un appel ne pouvait-il suspendre l'exécution de ses sentences, qui avait lieu immédiatement, par provision et par toute la France, à tous jours, lieux et heures, au besoin par la contrainte par corps des condamnés.

(1) Je ne fais, pour le moment, qu'énumérer ces priviléges, sur l'application desquels j'aurai à revenir quand j'étudierai la législation en vigueur dans la Conservation.

Le Présidial avait bien essayé de restreindre une compétence aussi illimitée. C'est à ses instances qu'avait été accordée l'insertion dans l'édit de cette phrase : « pourvu que l'une des parties soit marchand. » Mais la concession était plus apparente que réelle. En fait, il était et il est encore assez rare que dans un acte de commerce, l'une des deux parties n'exerce pas sa profession ; et en excluant, comme le reconnut plus tard le Consulat lui-même, les boulangers, bouchers, épiciers, en un mot, ceux qui vendaient des vivres de la catégorie des *marchands*, elle fournissait encore à la Conservation un très-grand nombre de justiciables. Et puis, sans recourir à cet article, les expressions ne manquaient pas dans l'édit de 1669 pour permettre à la Conservation de reculer à l'infini les limites de sa compétence. Que n'était-il pas possible de comprendre, sous les expressions de « *faits de commerce, leurs circonstances et dépendances ?* Quelles dettes ne pouvait-on pas stipuler *payables en foires ?* En fait, l'édit ne reconnaissait à la Conservation d'autres limites que celles du commerce, et ceux qui l'avaient rédigé savaient ce qu'ils faisaient : c'étaient Colbert et Pussort. En vertu de ce texte, partout où un négociant lyonnais pouvait vendre ou acheter, la Conservation avait des justiciables. Etait-il poursuivi en payement de marchandises achetées par lui à l'étranger, il pouvait invoquer, pour amener son vendeur à Lyon, soit l'axiôme « *actor sequitur forum rei*, » soit l'article 1 de l'édit de 1669. Poursuivait-il au contraire le payement de marchandises achetées par un étranger ? En vertu de ce même article, il empêchait son débiteur de se prévaloir de cet axiôme. Ne reconnaissant ni privilége de *clergié* ni privilége de *committimus*, la Conservation voyait comparaître à sa barre les plus hauts personnages du clergé et de la noblesse : un Lesdiguières, une dame de Bonne, un de Lévy-Toleuse, gentilhomme de la Chambre de la Reine, les Jésuites d'Avi-

gnon, un Aimé Sola, secrétaire du roi, un Jean Sola, receveur général au bailliage d'Auvergne, Samuel Bernard, le
grand financier du XVIIIe siècle, le sieur Charrier, président
de la Cour des Monnaies de Lyon, etc. (1).

D'autre part, le Présidial n'était pas le seul à contester
l'autorité de la Conservation ; la plupart des juridictions
françaises se trouvaient dans le même cas : les Parlements
de Toulouse, de Grenoble, de Dijon, de Besançon, d'Aix,
le Conseil souverain d'Alsace, le prévôt du Châtelet de
Paris, les sénéchaux du Grésivaudan, de Montpellier,
d'Auxonne, le lieutenant du bailliage de Troyes, le vice-
bailli de Vienne, le juge-mage du Puy et bien d'autres encore, eurent maille à partir avec la Conservation. Le roi dut
même, par arrêt du 14 juin 1672, quatre ans à peine après
celui qui avait consacré la compétence de la Conservation
créer au sein de son Conseil une commission spéciale pour
juger les conflits dont elle était la source (2). Cette commissionne comprenait d'abord qu'un rapporteur, le sieur Leblanc, et un conseiller d'Etat, Pussort, le rédacteur de l'édit
de 1669, et le plus à même par conséquent, d'en déterminer
la signification (3). Le premier examinait les demandes
déposées pour ou contre la Conservation et présentait un
exposé de l'affaire d'après lequel le conseiller « faisait droit
à qui il appartenait. » Un arrêt du Conseil privé du 26 juillet 1696 (4) adjoignit à Pussort un autre conseiller, le sieur
Courtin, conseiller d'Etat lui aussi. Cette commission
de trois membres fut encore insuffisante ; on dut en
augmenter le nombre, qui, d'après un arrêt du Conseil

(1) Tous ces noms figurent au tome IX de l'inventaire Chappe.
(2) Arch. de Lyon. Série FF, tit. non clas.
(3) Chappe IX. 453-454.
(4) Chappe IX. 454.

privé du 28 juillet 1704, s'élève à huit conseillers, non compris le rapporteur, resté seul. Ces conseillers étaient : MM. Pelletier de Souzy, Chauvelin, d'Argouges, de Rannes, Voisin, Amelot, de Gournay et l'abbé Bignon. Le Consulat attachait le plus grand prix à leurs bonnes grâces et faisait tous ses efforts pour s'y maintenir. A chaque changement qui se produisait au sein de la Commission, il s'empressait d'écrire au nouveau commissaire pour se recommander à sa bienveillance (1).

Il en avait besoin en effet, car la lutte n'était pas finie ; il s'agissait maintenant pour lui de défendre ses conquêtes. Le Présidial, après l'édit de 1669, ne se tenait pas pour

---

(1) Voici la lettre qu'il adressait, le 21 juillet 1703, au conseiller d'Etat Le Peletier de Souzy, qui venait d'être nommé membre de la Commission :

Monseigneur,

Les soins que Monseigneur le Mareschal de Villeroy veut bien prendre pour maintenir la jurisdiction de la Conservation dans les priviléges que Sa Majesté luy a accordé, nous a procuré (sic) l'honneur de vous avoir pour commissaire dans les affaires qui intéressent cette jurisdiction. Nous en avons receu l'arrest avec toutte la satisfaction possible persuadés de vostre équité, Monseigneur, et de l'amitié que vous avez pour Monseigneur le Mareschal. Comme il s'agit ordinairement dans ces sortes d'affaires de l'interest du commerce, dont vous connoissés, Monseigneur, l'importance, nous espérons que vous voudrés bien examiner avec vostre aplication naturelle les affaires qui seront portées devant vous et empecher par vos lumières et vostre authorité l'atteinte que l'on voudroit donner à la jurisdiction de la Conservation. Vous êtes sans doutteinformé, Monseigneur, que l'on y rend la justice gratuitement et sans aucuns frais aux parties; ainsy ce n'est pas nostre interest qui nous engage à la liberté que nous prenons aujourd'huy de vous suplier très-humblement d'acorder vostre protection au commerce de cette ville ; nous y sommes engagés par l'honneur que nous avons de remplir des places qui en ont toujours été regardées comme le soutien... » (Arch. de Lyon. AA, 128 fol. 35.

Les autres lettres, écrites dans des circonstances analogues, sont dans le même style.

battu, et saisit la première occasion qui lui parut bonne pour
protester. Le 11 mai 1708, à l'occasion de je ne sais quelle
affaire, il obtint, de concert avec les officiers de la Cour
des Monnaies, qui partageaient ses rancunes, un arrêt du
Conseil l'autorisant à faire assigner les prévôt des marchands et échevins de Lyon, pour s'entendre condamner,
s'il y avait lieu, à se conformer aux articles 1, 3 et 4 de
l'édit de 1669, et, par suite, à ne plus connaître, comme
ils le faisaient, des contestations pour le payement des
marchandises vendues par les marchands et artisans aux
gentilshommes, officiers et bourgeois, ni des billets et obligations payables à ordre en foires et en payements, à moins
que ces actes n'eussent été stipulés par des marchands ou
pour faits de leur commerce, ni des faits de voitures, sauf
à l'égard des voituriers travaillant pour les marchands et
transportant leurs marchandises ; à ne plus décréter d'autres
immeubles que ceux des faillis, et à ne plus élargir indéfiniment leur compétence à l'aide des expressions « circonstances et dependances » de l'édit de 1669 (1).

Cette tentative fut sans résultat ; mais dès lors, la sénéchaussée ne sortit plus du terrain sur lequel elle s'était placée, et cette question des payements stipulés en foire servit
désormais de prétexte à toutes ses attaques. Elle y revint notamment à l'occasion de la faillite du sieur Clapeyron, surve-
nue en 1708. Ce personnage exerçait au *Bureau des finances*
de la généralité de Lyon l'office de trésorier de France ; il
y joignait celles de doyen et syndic de son bureau, de commissaire du Conseil pour le département des tailles et de
second président pour l'administration de l'hospice de la
Charité, quand le désordre se mit dans ses affaires, au mois
d'août 1759. Il se trouva, à cette date, débiteur de près de

(1) Arch. de Lyon. Série FF. Tit. non clas.

300,000 l. au-delà de son actif, et, redoutant les poursuites de ses créanciers, il s'enfuit dans la nuit du 20 au 21 août. Dès le 22, le sieur Giraud, trésorier de la Charité, auquel, en vertu d'un billet du 29 mai précédent, il était redevable de la somme de 7,000 livres, requit à la Conservation contrainte par corps contre le sieur Clapeyron : la dette avait pour cause une quête faite par le sieur Clapeyron au profit de la Charité, dont il était administrateur, et le prix d'un contrat de vente passé par cet hôpital en faveur d'un particulier ; mais le billet du sieur Clapeyron avait été stipulé payable en foire ; la Conservation se crut compétente, et accueillit la requête du sieur Giraud.

En même temps, la sénéchaussée avait été saisie par un procureur, Mᵉ Laval, et son procureur général fit croiser les scellés, apposés par ordre de la Conservation sur les biens de Clapeyron. La Conservation n'en décida pas moins, le 25 août, « que sans s'arrêter à la demande de la sénéchaussée, les exécutions commencées de l'autorité des juges conservateurs seroient parfaites et parachevées, et que tous les créanciers du sieur Clapeyron seroient tenus de se pourvoir en leur tribunal. » Un arrêt du Parlement du 29 août reçut l'appel interjeté par la sénéchaussée contre cette ordonnance de la Conservation, et fit défense à cette dernière de connaître de la contestation ; mais elle trouva, elle aussi, le moyen d'obtenir le 6 septembre du Parlement un arrêt qui la recevait appelante de la sentence de la sénéchaussée et l'autorisait à faire lever les scellés, les gens de la sénéchaussée appelés pour reconnaître les leurs. Ses oppositions à cet arrêt amenèrent la cause en la Chambre des vacations. La Conservation y soutînt que le sieur Clapeyron, quoique trésorier de France depuis près de trente ans, avait été négociant, « et ne s'était détaché qu'extérieurement de cet état, quoiqu'on n'ignorât pas, disait la sénéchaussée, que par des délibérations du Bureau des finances de Lyon, le commerce fût absolument interdit aux trésoriers de France. On avait, toujours au dire de la sénéchaussée, ajouté ce trait de mauvaise foi qu'il y avait parmi les effets du sieur Clapeyron, sous les scellés, des marchandises qui dépérissaient », afin d'avoir un prétexte pour lever ces scellés.

La Chambre des vacations toutefois, par son arrêt du 19 octobre 1759, en autorisant les juges conservateurs à procéder, en présence de la senéchaussée, à la levée des scellés qu'ils avaient apposés les premiers et à l'inventaire des effets, ajouta que cette disposition : « ne pourrait porter aucun préjudice aux droits des parties au principal, et y joignit le surplus des demandes formées, tous dépens réservés. »

En dépit de cet arrêt, qui écartait la question de principe, la Conservation, confiante dans ce qu'elle croyait son droit, engagea les créanciers à faire homologuer devant elle leur contrat d'union. En réponse, la sénéchaussée présenta au Parlement, le 7 janvier 1760, une requête tendant à obtenir un jugement au fond et demanda que « cependant il fût fait défense à tous créanciers opposans et poursuivant la discussion des meubles et immeubles de Clapeyron d'agir dans la Conservation, même sous prétexte de contrat d'union. Sur ce, arrêt du 8 janvier 1760, « appointant les parties à mettre, » et ordonnant que toutes choses demeureront en état. La Conservation y fit opposition, ainsi que le sieur Giraud, poussé par elle ; mais le Parlement, sans s'y arrêter, rendit, le 30 juin 1760, un arrêt qui renvoyait les parties à l'audience pour s'y expliquer contradictoirement.

Alors commença entre les deux juridictions rivales un échange de mémoires où chacune développait de son mieux les arguments qu'elle croyait favorables à sa cause. La sénéchaussée s'y déclarait la seule juridiction de droit commun ; son incompétence, quand elle existait, n'était qu'exceptionnelle, et pour des cas déterminés qu'il fallait établir, et il ne pouvait dépendre de la fantaisie des justiciables de se soustraire à leurs juges naturels en stipulant un mode spécial d'exécution de leurs obligations. La Conservation, au contraire, n'était strictement compétente que pour les faits de foire ; et, pour l'établir, la sénéchaussée remontait jusqu'à l'ordonnance du 6 août 1349, rendue en faveur des foires de Champagne et de Brie, mais déclarée plus tard applicable à celles de Lyon. L'article 22 de cette ordonnance, confirmé dans son esprit par toutes celles qui l'avaient suivie, punissait des peines du faux les actes auxquels on donnait les apparences des faits de foire pour leur en assurer les priviléges. La sénéchaussée admettait que l'édit de 1602 eût accordé au juge conservateur le droit de connaître de tous les faits de commerce, mais avec les priviléges de la justice consulaire seulement. L'édit de 1655 n'avait rien pu y changer, puisque le Parlement de Paris, en l'enregistrant, avait eu soin de mettre à son consentement cette restriction « qu'à cause de ladite union, les prévôts des marchands et échevins et autres juges *ne pussent* prendre autre connoissance que celle qui étoit attribuée aux conservateurs des foires. »

Quant aux lettres de 1669, elles avaient dû être enregistrées dans un lit de justice, et il était manifeste « quelque art qu'on eût employé à y confondre la juridiction des conservateurs sur les engagements pris en foires ou hors foires, qu'elles ne changeaient réellement rien au véritable principe de leur compétence. » Partout on y voyait que les faits de foire et les autres faits de négoce étaient les seuls objets de la double attribution accordée aux officiers de la Conservation. L'article 1, notamment, s'il leur attribuait la connaissance de tous procès mus pour le fait de négoce et commerce de marchandises, soit en temps de foires soit hors foires, décidait en même temps que l'engagement devait avoir pour cause un fait de foire ou de marchandise.

On s'efforçait de désintéresser l'amour-propre du souverain qui aurait pu se croire engagé à maintenir l'œuvre de son prédécesseur ; on représentait l'édit comme arraché à Louis XIV « par les importunités de la Conservation et les vives sollicitations d'un protecteur puissant. » On allait plus loin, et on insinuait que la fraude pouvait bien n'avoir pas été étrangère aux négociations nouées pour l'obtenir. « Un Lyonnais célèbre, lisons-nous dans un mémoire pour la sénéchaussée, annotateur de M. Henry, son compatriote, nous atteste dans ses *Observations* qu'il y a bien du mystère sous cet édit, et écrivant sous le même prince à la religion duquel ce règlement fut surpris, il ajoutait : « ce sont des anecdotes qu'il n'est pas encore tems de publier. »

Quoi qu'il en fût d'ailleurs de la valeur de l'édit de 1669, c'était lui donner une extension abusive que la Conservation avait désavouée elle-même dans ses moments de bonne foi que de prétendre, sous prétexte de payements stipulés en foires, attirer à sa barre des ecclésiastiques, des gentils-hommes, des militaires. Le payement en foire n'était pas par lui-même un acte de commerce, et la stipulation en payement ne pouvait être considérée que comme celle d'un terme de payement, non comme une présomption de *commercialité*. Il fallait d'autant moins étendre les limites de cette compétence extraordinaire de la Conservation, qu'elle avait des conséquences plus fâcheuses pour les justiciables, la moindre dette pouvant y donner lieu à une contrainte par corps. Il n'y avait rien là, du reste, d'indispensable au crédit commercial ; l'affluence des fonds sur le marché ne diminuerait pas pour restreindre aux seuls négociants cette mesure extraordinaire de la contrainte ; la sénéchaussée prétendait, au contraire, qu'il y aurait dans cette restriction un encouragement au commerce ; les particuliers ne prêteraient presque plus leur argent qu'aux marchands, seuls soumis à la contrainte, pour être plus sûrs de le recouvrer.

De son côté, la Conservation répondait par les termes mêmes de cet édit si contesté de 1669, qui lui accordaient la connaissance de « tous payements stipulés en foires » et de « tous procès mus et à mouvoir pour le fait du négoce et commerce des marchandises circonstances et dependances soit en temps de foires ou hors foires », elle s'efforçait d'en justifier l'interprétation favorable à ses prétentions. Les rédacteurs de cet édit avaient distingué trois sortes de justiciables :

1° Ceux qui vendaient des marchandises ou qui en achetaient pour les revendre ;

2° Ceux qui portaient bilan et tenaient livres de marchands ;

3° Ceux qui, marchands ou non, stipulaient des payements en temps de foires.

En raison du caractère international des foires, « le papier, de telle main qu'il fût parti, dès qu'il était stipulé payable en foire, circulait avec le papier des négociants sans aucune différence. » Et comme d'autre part le papier d'un étranger, même constitué en dignité le rendait, en vertu de sa circulation, justiciable de la Conservation et passible de la contrainte par corps, il était nécessaire que, réciproquement, le papier qui lui était dû subît la même loi. D'autre part, « forcer les marchands par les contraintes les plus rigoureuses d'acquitter sur-le-champ leurs engagements sans leur accorder la même ressource contre leurs débiteurs, « c'était, suivant le langage incorrect, mais expressif de la Conservation, un fleuve qui tarirait bientôt dès qu'on détournerait le cours des ruisseaux qui lui portaient leurs eaux. » Cette contrainte d'ailleurs, qui soulevait contre la Conservation tant de réclamations, était inhérente au droit même de juridiction, sauf exception formellement exprimée. Le *papier forain* était payable par un *virement*, c'est-à-dire par un procédé dont il appartenait exclusivement à la Conservation de connaître. Chacun était libre de s'engager à payer ailleurs qu'en foires ; mais celui qui prenait l'engagement de payer en foires savait à quoi il s'obligeait ; c'était à lui à prévoir les conséquences de son obligation. La Conservation reconnaissait volontiers qu'un semblable engagement pouvait déguiser autre chose que des faits de commerce, et se reconnaissait incompétente dans ce cas. Mais comment exiger du négociant qui reçoit un billet payable en foire qu'il fasse une enquête pour savoir s'il a une cause commerciale avant d'en demander le payement à la Conservation ? Comment exiger qu'il remonte toute la la série des personnes par les mains desquelles il a passé jusqu'à celle qui l'a signé ? Le commerce peut-il supporter de pareilles lenteurs ? Quant à la liberté prétendue de se choisir par ce moyen ses juges, elle existait également dans d'autres juridictions, et celui, quel qu'il fût, qui contractait sous le sceau du Châtelet, en devenait justiciable, sans que personne eût jamais songé à s'en plaindre.

La Conservation était une juridiction exceptionnelle et privilégiée, tout le monde en convenait, et ses membres tous les premiers, mais jamais priviléges n'avaient été mieux justifiés. Tout avait été combiné pour attirer l'argent et les marchandises sur le marché lyonnais ; les étrangers y apportaient leurs produits, et notamment les soies brutes ; ils venaient y acheter les soies transformées en tissus. « Mais si le fabricant n'était pas payé exactement à chaqué payement des foires des étoffes qu'il *avait* vendues à crédit pour ce temps, il *était* hors d'état de payer là soye qu'il avait prise à crédit, les teinture, main d'œuvre, etc. ; il était dans l'impossibilité de former de nouvelles entreprises, de se charger des commissions de l'étranger ; le marchand de soye dont le payement *serait* arrêté ne *trouverait* plus de crédit pour faire de nouvelles emplettes ; le teinturier *serait* hors d'état de se fournir dans le temps des drogues nécessaires à son art, et par cet enchaînement et cette suite de relations, l'activité du commerce *serait* dans l'instant suspendue, de même que le manque d'eau fait cesser sur le champ le jeu de toutes les pièces qui composent l'artifice d'un moulin. »

Pour attirer les étrangers, on leur avait fixé, dans toute la France, un seul tribunal; ils pouvaient dire avec assurance*: « Nous n'aurons qu'un seul juge en première instance, ce sera le Conservateur; nous ne connaîtrons qu'un juge d'appel, ce sera la Cour des Pairs; c'est à ce prix que nous établissons une correspondance avec la France, c'est à ce prix que la France elle-même prend chaque jour les plus grands engagements avec l'étranger. Tels sont les traités dont la foi bien entretenue étendra toutes les branches du commerce, dont la foi altérée, au contraire, l'anéantira sans ressource. Tout le commerce des foires se réunissant dans le sanctuaire de la cour, toujours nous y verrons les mêmes principes en vigueur, un même recueil servira de loi au monde entier. Le commerce des foires, au contraire, distribué dans les justices royales, les affaires répandues ensuite par l'appel dans tous les Parlements, plus d'uniformité, plus de confiance, plus de commerce. »

Un arrêt du parlement, en date du 7 mars 1761, statuant sur les moyens présentés par ces deux parties, annula la sentence de la Conservation, renvoya à la sénéchaussée l'homologation du contrat d'union, la levée des scellés croisés, et au Conseil du roi la rédaction de ce règlement, sollicité également par la sénéchaussé et par la Conservation (1).

La question, tranchée une première fois, mais d'une manière trop ambiguë, par l'édit de 1669, allait donc se représenter encore devant le haut tribunal, dont la décision avait alors été si favorable à la Conservation, mais dans des conditions bien moins avantageuses. Les griefs de la sénéchaussée n'étaient vraiment pas sans fondement; il n'était pas de limites que la Conservation ne pût franchir, pas de causes qu'elle ne pût s'attribuer, grâce à l'interprétation qu'elle donnait à l'édit de 1669. Il semblait que les intérêts commerciaux de la France entière eussent été compromis, si l'on eût touché à ses priviléges, ou si l'on se fût seulement contenté de les lui faire partager avec d'autres juridictions, ou de les définir autrement qu'elle ne les entendait elle-même, d'exiger, par exemple, comme semblait l'impliquer le texte de l'article 1er et celui de l'article de l'édit de 1669 combinés, qu'une stipulation de payement en foire ne fût considérée comme commerciale, et appartenant à ce titre à la Conservation que si l'une des parties était marchand. La modération à user de pareils priviléges eût seule pu les lui faire pardonner; la Conservation mettait au contraire à les défendre une opiniâtreté irritante. Elle en était arrivée ainsi à se faire des ennemies de juridictions qui, par nature, auraient dû être ses sœurs, mais à l'écart et au-dessus desquelles elle avait constamment eu soin de se tenir. Il n'en avait pas toujours été ainsi, à vrai dire, et l'on sait de quel œil d'envie le Consulat avait regardé les justices consulaires des autres villes tant qu'il n'y avait eu à la Conservation que des officiers royaux, avec quel empressement il s'efforçait de découvrir des rapports entre ces

(1) Série FF titre non classé.

justices et celle de la Conservation pour arriver à en créer un nouveau. Alors il demandait pour Lyon tantôt des juges consuls comme ceux de Paris, de Toulouse et de Rouen, tantôt seulement l'adjonction d'assesseurs élus au Conservateur. Si l'exécution de l'édit de 1583, qui donnait satisfaction à ce dernier désir, avait été empêchée par la résistance du Parlement de Paris, en revanche il fut plus que réalisé par l'édit de mai 1655. La Conservation, avec tous les priviléges dont la libéralité des souverains s'était plue à la doter, devenait la propriété du Consulat; élective dès lors comme toute justice consulaire, elle avait des droits plus étendus qu'aucune d'elles; la compétence criminelle et le droit de prononcer des condamnations à mort, celui de faire des criées et des saisies réelles, que l'ordonnance de 1670 (art. 20) refusait formellement aux juges consuls : celui de connaître de l'exécution de ses jugements, exécution qui pouvait avoir lieu à toute heure et partout, et aussi bien à l'étranger qu'en France, sans visa ni pareatis, tandis qu'une ordonnance du 7 avril 1759 allait restreindre les pouvoirs de toute justice consulaire aux limites mêmes de la sénéchaussée ou du baillage dans lequel elle se trouvait; le droit de faire saisir à tous jours, lieux et heures les biens et les personnes des justiciables; la connaissance des incidents civils soulevés au cours d'un procès, cessions de biens, lettres de répit, incidents que les justices consulaires étaient tenues de renvoyer au juge civil compétent; enfin celle des faillites, des banqueroutes, attribution toujours refusée, en droit, aux justices consulaires, quoiqu'elles en aient joui en fait à certains intervalles (1).

Et pourtant l'édit de 1655 avait laissé à un point de vue la Conservation dans un état d'infériorité, les appels formés

(1) Arch. nat., K, 867.

contre ses sentences, de 250 à 500 l. t., étaient déférés au
présidial, qui, par là encore, restait au-dessus d'elle; et
cependant les juges consuls de Paris jouissaient du droit de
juger souverainement, et en dernier ressort, jusqu'à 500 l.;
l'édit de 1669 acheva l'émancipation de la Conservation,
en lui conférant le même privilége qu'aux juges consuls de
Paris.

Arrivée là, la Conservation eût dû se souvenir, qu'autrefois elle avait tenu à être considérée comme la sœur des
justices consulaires, et chercher à diminuer la distance qui
l'en séparait désormais. Malheureusement la bonne fortune
l'avait gâtée, elle changea de langage en même temps que
de situation; tirant habilement parti du double caractère
dont elle était investie, elle faisait sonner bien haut tantôt
sa qualité de juridiction municipale et tantôt celle de juridiction royale pour se maintenir au-dessus de ses rivales,
ou pour défendre autant que possible son indépendance
contre le pouvoir royal (1). Mais autant elle avait cherché
autrefois à identifier sa cause avec celle des justices consulaires, autant désormais elle s'efforça de l'en séparer.

L'abondance et la variété des affaires commerciales jugées
par la Conservation, lui avaient donné en pareille matière
une expérience à laquelle les magistrats consulaires ne se
faisaient pas faute de recourir. Elle donnait des consultations dans toute la France et même à l'étranger (2). Mais

---

(1) « Les juges conservateurs, disait-elle dans ce premier article de
son style, qui fut rédigé par l'ordre et sous l'inspiration du Consulat,
ayant toujours été considérés comme juges royaux, ont aussi joui
depuis leur établissement en cette ville de tous les avantages qui ne
sont pas disputez à cette qualité. »

(2) La Conservation était en correspondance avec les grandes places
de commerce de l'étranger, Francfort, Leipzig, Amsterdam, etc.,
dont la législation était pour elle importante à connaître et qui tenaient

se présentait-il une espèce qui touchât par quelque côté aux priviléges de la Conservation, elle ne manquait pas de faire remarquer que sa législation, privilégiée comme elle l'était, ne pouvait servir de modèle à celle des autres juridictions (1). Elle n'apercevait dans sa constitution que ce que celle-ci avait d'exceptionnel, et fermait les yeux sur les attributions qui pouvaient lui être communes avec les jus-

également à savoir quelle solution elle donnait à telle ou telle question ; c'est ainsi que je trouve des lettres du bourgmestre et du Conseil de Francfort, à la date du 29 janvier 1690, du bourgmestre et du Consul d'Augsbourg à la date du 6 août 1716 (AA 71), répondant à des demandes de la Conservation, ou l'interrogeant elle-même sur les questions de ce genre.

(1) De pareilles consultations abondent dans les archives de la Conservation. Nous citerons seulement quelques lettres, pour donner une idée de la façon dont elle traitait ses clients. Elle écrit par exemple le 6 mai 1703 :

A messieurs les Juges consuls de la ville de Chartres, à Chartres.

Messieurs,

Nous n'avons esté informez de l'arrest du Parlement du 14e février 1703, rendu contre MM. les juges consuls de Conpiègne, que par la lettre que vous avez pris la peine de nous écrire le 20e du mois passé. Comme nous n'avons aucune connoissance de l'étendue des priviléges de ces Messieurs, nous ne sçaurions vous mander nostre sentiment sur cet arrest, mais nous pouvons bien [vous assurer, Messieurs, que vous aurez toute sorte de justice au Conseil, car Sa Majesté protége avec distinction les juridictions consulaires. *Nous souhaiterions pouvoir nous joindre à l'intervention que vous allez former dans cette affaire, mais vous scavez que la Conservation de Lion est une jurisdiction privilégiée et toute différente des autres qui sont établies dans le royaume, car nos sentences sont exécutées partout sans pareatis et même chez les étrangers, en conséquence des traitez qni ont été faits de tems en tems avec tous les souverains, pour confirmer ce privilége en faveur du commerce et des négocians de la ville de Lion, qui ont droit d'attirer leurs débiteurs de toutes les provinces à la Conservation; ainsy vous voyez bien Messienrs, que sans donner quelque atteinte à l'étendue de nos priviléges, nous ne scaurions intervenir dans une affaire particulière qui ne nous intéresse que par raport au plaisir que nous aurions de vous estre utiles et à Messieurs vos confréres,*

tices consulaires, elle ne pouvait même admettre que des obligations qui ne lui étaient pas imposées leur fussent épargnées (1), « il ne lui convenait point, disait-elle, de faire

et c'est pour cela que nous vous offrons de bon cœur hors nostre intervention, tous les secours que nostre crédit et nos solicitations peuvent vous procurer au Conseil et nous serions bien aise d'avoir une occasion de vous faire connoitre que nous sommes,

Messieurs,

Vos très-humble et très-obéissans serviteurs.

A Lion, ce 6 mai 1703.   (AA, 128, fo 24.)

Et le le 28 novembre 1710, elle écrivait aux juges consuls d'Arles :

Messieurs,

Nous avons appris, par vostre lettre et par la publication de l'édit portant création de plusieurs nouvelles jurisdictions consulaires, que vostre ville y est comprise. Nous souhaiterions bien estre en état de vous donner des éclaircissemens que vous désirés pour former vostre établissement, mais comme nostre jurisdiction a des priviléges tout particuliers *et que la création des justices consulaires ne vous attribue précisément que les matières dont il est fait mention dans l'ordonnance du commerce de l'année 1673, quand nous vous ferions part de nos usages et de nostre manière de procéder, tout cela vous serait inutile.*

Nous avons un style particulier pour la Conservation, nous y procédons comme dans les jurisdictions royales par le ministère des procureurs, nous faisons des décrets, nous connoissons en matière civile et criminelle de toutes celles de nostre compétance et la qualité de juges conservateurs des priviléges de nos foires nous donne une étendue de jurisdiction sans limites. *Vous voyés, Messieurs, par ce petit détail que vous ne scauriez vous conformer à ce qui se pratique dans nostre jurisdiction, puisque la vostre est créée à l'instar* des autres justices consulaires auxquelles vous prendrés la peine de vous adresser. Nous serons ravis de trouver quelque occasion à vous marquer que nous sommes véritablement,

Messieurs,

Vos très-humbles et très-obéissans serviteurs,

Les prevost et juges conservateurs, etc.

A Lion le 28 novembre 1710.

(Arch. commun. AA, 128 fo 350.)

(1) La preuve en est dans cette lettre qu'elle écrivait aux juges consuls de Bordeaux.

cause commune avec les juges consuls, puisque ses priviléges *étaient* de nature à ne devoir pas être confondus avec
les leurs. »

La cause la plus fréquente de désaccord se trouvait dans
la faculté de faire exécuter ses jugements « en tous lieux,
jours et heures » dont jouissait la Conservation, et en
vertu de laquelle elle était plus puissante, même sur leur

Messieurs,

Pour satisfaire à ce que vous désirés de nous, par la lettre que vous
avés pris la peine de nous écrire le 25 janvier, nous joignons icy un
exemplaire de l'arrest du Conseil qui nous a déchargé, sans payer
aucune finance, de l'exécution de l'édit portant création d'offices d'huissiers ordinaires, dans chacune des juridictions consulaires du royaume.
Vous y verriez les motifs de cette décharge et de plusieurs autres offices
dont l'établissement auroit esté fort à charge au commerce, et très-
contraire aux priviléges de nostre jurisdiction qui est unique dans le
royaume et qui n'a jamais reçu aucun office de nouvelle création.
Comme ce privilége est particulier à la Conservation, nous avons peine à
croire que vous puissiès vous en servir pour obtenir une semblable décharge,
malgré les bonnes raisons qui sont contenues dans vostre lettre.

Nous sommes très-véritablement,

Messieurs,

Vos très-humbles et très-obéissans serviteurs.

Les prevost, etc.

A Lion ce 8 mars 1710.

Et encore dans ce mémoire rédigé en réponse à la proposition du
sieur Miotte au sujet de l'augmentation des juridictions consulaires du
royaume dont le nombre devait être porté à vingt et la création de
greffiers en chef, garde scel. Contre la seconde de ces innovations, la
Conservation renouvelait cette objection déjà si souvent proposée par
elle, qu'elle était exempte des nouveaux offices. Quant à la première,
voici en quels termes elle s'exprimait :

« Messieurs les députés du Conseil de commerce ont fait des observations très-judicieuses contre cette proposition et ont opposé les raisons
générales qui seroient seules capables de faire rejeter l'idée du sieur
Miotte. Les juges consuls du royaume ne manqueront pas aussy de
bons moyens pour la détruire parce qu'ils ont un interest bien sensible
de ne pas voir partager leurs fonctions par une multiplication de juris-

terrain et dans leur ressort, que les juridictions consulaires. Mais malgré toutes les protestations, l'opinion ne laissait pas d'établir à ce point de vue une certaine solidarité entre les deux parties, et la Conservation eut parfois à en redouter les conséquences. Ainsi, elle eut un moment grand peur que des excès commis par les huissiers des consuls de Paris, dans l'exercice de leurs fonctions, ne fissent restreindre ses propres priviléges en matière de contrainte (1).

Déjà, avant le dernier conflit que nous avons vu éclater entre la Conservation et le Présidial, un projet de règlement, inspiré sinon rédigé par les justices consulaires, avait été présenté à la date du 7 décembre 1756. Il essayait de substituer à « l'application universelle et indistincte des priviléges de la Conservation » l'uniformité entre toutes les juridictions commerciales du royaume.

Les précédents historiques qui y sont invoqués n'ont pas grande valeur, et la part de l'erreur y est large (1). Mais

dictions nuisibles pour la même nature d'affaires, tous leurs moyens serviront à la Conservation ; *mais comme elle est d'une espèce bien différentes des jurisdictions consulaires, l'on va déduire les raisons particulières qui doivent luy faire espérer que quand même la proposition du traitant auroit lieu dans toutes les autres justices consulaires, la jurisdiction de la Conservation en devroit estre déchargée, comm' aussy que l'augmentation du nombre de ces jurisdiction luy est presque indifférente et que les motifs du sieur Miotte luy sont inutiles à son égard.* » (Arch. de Lyon, BB 404.)

(1) V. dans l'inventaire Chappe l'arrêt du Parlement de Paris du 19 décembre 1702, portant, en raison des excès commis par les huissiers consulaires, défenses d'arrêter aucunes personnes pour dettes civiles dans leurs maisons à heure indue, et même de jour, sans la permission du juge, décision contre laquelle Me Joly, avocat général au Parlement, protestait au nom de la Conservation, et dont, sur ses conclusions, elle fut exceptée par un arrêt du 18 juin 1710. (IX, 340.

(1) Ainsi pour en fournir un exemple, il est fait mention dans cet historique de la Conservation, d'un édit de 1540, absolument introuvable, qui aurait « désuni l'office de conservateur de la personne du

il n'en est pas de même des arguments de justice et d'égalité que l'on commençait alors à employer un peu partout, et qui là, tout au moins, étaient à leur place. Il y était dit, en effet, que dorénavant « une distinction formelle et expresse » serait établie entre les faits de foire et les autres affaires du commerce; que quand il s'agirait de faits de foires, les sentences du Consulat seraient intitulées : « des prevost des marchands et échevins de Lyon, juges conservateurs de ladite ville, » et qu'alors seulement leurs jugements seraient « exécutoires à tous lieux, jours et heures, suivant la rigueur des priviléges des foires. » Le projet déclarait faits de foire les engagements de commerce, de quelque nature qu'ils fussent, entre quelques personnes que ce fût « qui auroient été contractés en foire et pour raison « d'icelle, ensemble les engagements et obligations, soit « pour marchandises, prêts d'argent ou autres causes de « commerce dont l'accomplissement ou le payement serait « prouvé avoir été promis de faire à Lyon, en l'une des « quatre foires ou en l'un des payements d'icelles, tous « autres cas ne *devant être* faits de foires. Ne *devaient aussi* « être réputés faits de foire et *être* purement consulaires les « dettes causées pour marchandises envoyées de Lyon, « encore que les envoys *eussent* été faits en temps de foire, « si le débiteur en personne, ou par ses commis ou fac- « teurs, *n'achetait* lesdites marchandises en foire à Lyon,

sénéchal et auroit erigé en titre d'office un juge conservateur autre que le sénéchal de Lyon. » Cet édit ne peut même pas avoir été rendu, puisque, comme nous l'avons vu, cette date de 1540, tombe dans les premières années de l'administration de Nicolàs de Chaponay, qui fut le quatrième conservateur en titre d'office. Le projet de réglement ne faisait d'ailleurs que répéter une erreur, commune à tous les ouvrages où figure le nom de la Conservation sans que leurs auteurs se soient donné la peine d'étudier son histoire.

« ou s'il n'en avait fourni billets ou lettres de changes sti-
« pulés payables en l'un des quatre payements desdites
« foires.

« Dans le jugement de toutes affaires de commerce autres
« que les faits de foires, lesdits prevost des marchands et
« échevins de Lyon *devaient* intituler leurs sentences par
« ces mots :

« *Les prevost des marchands et échevins de Lyon, juges*
« *consuls des marchands en ladite ville,* et alors dans les cas
« qui seraient susceptibles de la contrainte par corps, ils la
« *prononceraient* purement et simplement, et elle ne *seroit*
« exécutée que comme et ainsy que *s'exécutoient* pareils juge-
« mens des autres jurisdictions consulaires *du* royaume et
« non suivant la rigueur des foires dont *le Roi avait* défendu
« et *défendait* d'user en pareil cas » (1).

En somme le projet pouvait se résumer ainsi : restriction
de la compétence extraordinaire et privilégiée de la Conservation aux seuls faits de foire nettement définis, obligation
pour la Conservation de se contenter pour les simples faits
de commerce de la seule juridiction consulaire. Il respectait à la fois et les droits authentiques de la Conservation,
ceux qui s'appuyaient sur des actes reconnus, non sur des
prétentions sans cesse contestées, et ceux des justices
consulaires auxquels portait atteinte une extension abusive
des priviléges de leur rivale.

Pour des raisons qui nous sont restées inconnues, il ne
fut pas donné suite à ce projet, mais il méritait d'être cité
comme l'expression fidèle des sentiments des justices consulaires, au moment où elles semblèrent le plus près d'en
obtenir satisfaction.

La sénéchaussée n'eut garde de laisser de côté des alliés

(1) Série FF, tit. non clas.

qu'elle pouvait ainsi recruter à sa cause sur tous les points du territoire. C'est dans les mémoires rédigés sous son inspiration à l'occasion du dernier conflit que nous avons vu éclater entre elle et la Conservation que se trouvent résumés les griefs des justices consulaires (1) et les députés du commerce, leurs représentants naturels parlèrent en cette circonstance le même langage que ceux de la sénéchaussée (2). Toute leur argumentation s'appuya sur cette distinction entre les priviléges de la Conservation et ceux des juges consuls réunis, mais non confondus dans la juridiction lyonnaise.

Il ne s'agissait plus pour celle-ci de discuter sur l'étendue

(1) Les mémoires qu'elles durent rédiger à ces moments ne peuvent se trouver que dans leurs archives, si elles existent encore ; les archives de Lyon (série FF) n'ont conservé que ceux de la Sénéchaussée et ceux de la Conservation, qui reproduisent, pour les combattre, les arguments de leurs adversaires.

(2) Les députés du commerce avaient déjà pris une part active à la campagne qui aboutit au projet du réglement de 1756. Voici comment s'exprime à cet égard un mémoire de la Conservation :

« Les ennemis de la Conservation n'ignorent pas les tentatives faites en différens tems par les ennemis secrets ou déclarés de cette juridiction auprès de Sa Majesté et de ses ministres, pour surpreudre un réglement qui en énervât les priviléges. Depuis le premier établissement des jurisdictions consulaires du royaume, elles ont vu avec une extrême jalousie que celle de la Conservation jouît de priviléges plus étendus que ceux qui leur avaient été accordés. Elles n'ont cessé de fatiguer à ce sujet le ministère par des mémoires, des accusations d'injustice, d'usurpation de la part des officiers de la Conservation, des clameurs au sujet des conflits fréquents que l'ambition de ses officiers excitait. Elles ont fait appuyer ces représentations par *les députés des différentes villes du royaume qui ont cru facilement qu'il était du devoir de leur place de signaler leur zèle en cette occasion.*

V. le *Recueil des Pièces justificatives pour les officiers de la Conservation de Lyon* contre le projet de règlement de MM. les députés du commerce, concernant cette juridiction, Lyon, Aimé Delaroche, 1760 in-4°.

de ses priviléges, de prouver que tel fait de commerce était de sa compétence, que telles personnes étaient ses justiciables. Les priviléges étaient attaqués partout, et on n'en voulait pas plus à la Conservation qu'ailleurs, mais on songeait moins à son égard à les détruire qu'à les partager. Le ministère à ce qu'il semble, avait commencé une enquête sur les besoins qu'était appelée à satisfaire une organisation plus uniforme de la justice consulaire; il se faisait adresser des renseignements de tous les points du royaume, et c'est lui vraisemblablement, ou quelqu'un de ses agents qui s'exprime de la façon suivante (1) :

« Les contestations qui s'élèvent journellement entre
« les juridictions ordinaires, les juges conservateurs des
« foires et les juridictions consulaires ; la différence et les
« variations qui se trouvent dans les juridictions de com-
« merce, tant pour la forme de procéder que pour l'exé-
« cution des jugements, sont autant de raisons pour établir
« un réglement général sur une matière aussi utile au bien
« du commerce qu'à l'ordre des jurisdictions ; mais pour y
« procéder, il paraît nécessaire de rassembler toutes les
« connaissances qu'on peut acquérir : 1° Sur l'état actuel,
« 2° sur les inconvénients qui peuvent exister et les moyens
« d'y remédier, 3° enfin sur tout ce qui peut concerner une
« loi nouvelle, qui, en conservant aux justices ordinaires,
« la connaissance des matières qui leur ont été confiées,
« maintienne les juges conservateurs et les justices consu-
« laires dans le droit de connaître des faits de foire et de
« commerce que leur a été attribué.

« Il paraît également nécessaire de fixer par ce même
« réglement d'une manière uniforme la manière de pro-
« céder soit devant les juges conservateurs, soit devant les

(1) Série FF, titre non classé.

« justices consulaires. On croit que la même uniformité
« doit régner dans l'exécution des jugements de ces juris-
« dictions, et l'on pense que les mêmes réglements
« doivent avoir lieu pour les justices ordinaires dans les
« lieux où elles prennent connaissance des matières consu-
« laires. L'intérêt général du commerce qui a demandé
« dans tous les tems la diminution des fraix, et la célérité
« des expéditions semblent exiger partout une conformité
« dans la manière de procéder. Un pareil réglement ne
« peut demander trop d'instructions et d'éclaircissemens,
« c'est pour les acquérir qu'on demande les mémoires des
« justices royales, des juges conservateurs et des justices
« consulaires. »

Le Consulat ne manqua pas de répondre à cet appel,
mais en se plaçant sur un tout autre terrain que celui qui
avait été le sien jusqu'alors. Au lieu de considérer comme
il l'avait toujours fait, ses priviléges comme un fait acquis
dont il n'y avait plus qu'à tirer les conséquences, il s'appliqua à en prouver la légitimité, la necessité, non-seulement pour la prospérité du commerce de Lyon, mais pour
celui de la France entière. Cette conviction, la Chambre
de commerce la partageait avec lui, et ce fut le seul allié
qu'il trouva à ses côtés dans cette lutte suprême (1).

Cet allié même, moins mesuré dans son langage et moins

(1) Le 12 mars 1763, à la nouvelle qu'un projet de réglement était
en préparation au Conseil du Roi, la Chambre de commerce s'adressait
au contrôleur général, M. Trudaine, et à M. Parent, (à quel titre
recourait elle à ce dernier, je l'ignore,) pour en obtenir communication, « afin de pouvoir présenter sur ce projet telles observations
qu'il lui semblerait bon, » et sans attendre cette communication, « d'a-
près quelques notes informes de ce projet » qu'on lui avait fait passer,
elle reproduisait à l'encontre les objections déjà présentées par les conservateurs eux-mêmes.

habile dans le choix de ses arguments que le Consulat n'é-
tait pas sans compromettre la cause qu'il prétendait servir.
Il laissait trop exclusivement percer le dépit de voir la ville
de Lyon « qui avait servi longtemps de règle à toutes les
autres provinces du royaume » devenir désormais leur
égale. Il en arrivait même à renier ces humbles origines
de la Conservation, que celle-ci avait mis jadis tant de
persistance à invoquer, et à déclarer que « le Conservateur
n'était pas du nombre de ces juges des foires qui ne con-
naissaient que des bruits des marchés et dont la juridiction
finissait avec la foire. »

Le Consulat était bien plus adroit. On ne pouvait certes
trouver qu'il atténuât l'importance des foires et qu'il en
restreignît les résultats : « Il n'en est pas, disait-il, des
foires de Lyon comme de celles de Beaucaire et de la
plupart des autres foires du royaume. Dans celles-ci, il se
fait au temps marqué un concours de marchands et un
transport de marchandises dans le lieu destiné pour tenir
la foire, et le terme expiré, tout disparaît, en sorte qu'il est
bien facile de distinguer les négociations faites en foires ou
autres. A Lyon, au contraire, dans les quinze jours fixés
pour chaque foire, le concours des marchands n'est guère
plus grand que dans les autres tems, ce n'est point dans un
lieu déterminé que se tient la foire et où les marchandises
sont transportées. Les quinze jours ne sont en quelque
façon que pour l'expédition des marchandises qui entrent et
sortent pendant la foire. Toutes les autres opérations du
commerce mêmes relatives aux foires, se font en tout
temps et vont aboutir ordinairement aux quatre payemens
des foires, si connus dans l'Europe sous le nom de payement
des Saints, payement des Roys, de Paques et d'Aoust, en
sorte que l'on peut dire que la foire à Lyon est perpétuelle
et que Lyon n'a d'autre commerce que celui des foires. »

Cette supériorité née des priviléges, en avait elle-même attiré d'autres; mais ajoutait le Consulat, pour les faire excuser : « N'y avait il pas toujours eu dans les plus grandes monarchies, des villes de franchise et de privilége, notamment pour le commerce? A peine Alexandre eut-il formé sa monarchie de la conquête de presque tout le monde entier, qu'il travailla à fonder une ville qui devoit être le centre du commerce de ses vastes états, et qu'il la dota des plus grands priviléges. Tous les souverains de l'Europe, guidés par une semblable politique, ont fait et font chez eux de semblables établissemens, et se privent pour les soutenir et pour y attirer les étrangers, des droits les plus utiles et en quelque façon d'une partie de leur souveraineté. Serions-nous les seuls qui, bien loin de former de ces nouveaux établissemens, travaillerions à détruire ceux qui sont tous formés et dont une expérience de plusieurs siècles a prouvé l'utilité? D'ailleurs les avantages du commerce étendu de la ville de Lyon ne sont pas renfermés dans cette ville. Tous les sujets du Roy et surtout les négocians y participent. Combien de manufactures dans le royaume seroient dans l'inaction sans le débit que leur procure le commerce de Lyon? Pourquoy donc contester des priviléges, tandis que l'on jouit et que l'on veut jouir des avantages dont ces priviléges sont la source? »

Même à ne considérer que la France, la compétence de la Conservation était-elle bien aussi exceptionnelle que ses adversaires le prétendaient? « Il est d'usage, disait le Con-
« sulat, de grossir les objets, quand on veut qu'ils frappent.
« Ce prétendu bouleversement de la part de la Conservation
« n'est pas plus considérable que celui de toutes les autres
« juridictions privilégiées du royaume, du Grand Conseil,
« des Requêtes du Palais, des cours des monnoyes et de la
« Table de Marbre, du Bureau de l'Hôtel-de-Ville de Paris

« pour l'approvisionnement de la ville, etc. Tous ces tribu-
« naux attirent les matières de leur compétence par devant
« eux de toutes les provinces du royaume au préjudice
« des juridictions ordinaires. L'on doit présumer de la sà-
« gesse de ceux qui ont fait ces établissemens, qu'ils en ont
« composé les avantages et les inconvéniens. Il y a même
« cette différence à l'avantage de la Conservation que le
« marchand forain qui fait des affaires avec le marchand de
« Lyon, ne s'y livre que parce qu'il y trouve un bénéfice,
« bien instruit d'ailleurs que s'il s'élève entre eux quelque
« discussion elle ne peut estre terminée que par la Conser-
« vation. Ainsy il ne peut pas dans la suite décliner une
« juridiction que pour son avantage particulier, il a choisy,
« pour ainsy dire, volontairement. »

En avait-il d'ailleurs autant coûté aux villes qui demandaient pour leurs justices consulaires, les avantages de
de la Conservation, qu'à l'échevinage lyonnais ? « Ni les
« juges consuls établis en 1563, ni leurs successeurs,
« n'avaient payé aucune finance, au lieu que la juridiction
« de la Conservation avait coûté plus de cinq cens mille
« livres à la ville de Lyon, pour faire jouir les citoyens et
« les négocians de tous les avantages et des priviléges par-
« ticuliers, accordés par les Rois pour y attirer le com-
« merce et favoriser les établissements qui y'avaient été
« faits à la faveur de ces priviléges. »

« Enfin il y *avait* toujours deux gradués au moins à la
tête de ce tribunal, tandis que la plupart des juridictions
consulaires, surtout dans les petites villes, *n'étaient* remplis
que de marchands souvent sans talent et sans étude, par la
médiocrité des affaires qu'ils avaient à juger. Ils y *passaient*
tour à tour de quelque espèce qu'ils fussent, et souvent
c'était un praticien perpétuel qui *dirigeait* et *prononçait* tous
les jugemens. Si la juridiction du juge conservateur n'avait

pas été plus importante que celle de ces juges. consuls, s'il n'avait dû connaître que des simples faits de commerce aurait-on exigé qu'il fût instruit des maximes de la jurisprudence romaine? »

Deux projets de réglement rédigés, l'un sous l'inspiration de la Conservation, l'autre sous celle des justices consulaires, terminèrent cet échange d'arguments. Le premier demandait le maintien du *statu quo*, en reconnaissant une fois de plus que s'il paraissait par écrit ou par l'évidence du fait, qu'une stipulation en payement eût pour objet une cause étrangère au commerce, « il pût être enjoint aux officiers de la Conservation de déclarer la stipulation abusive, et de renvoyer les parties devant les juges qui en devraient connaître, sans pouvoir par lesdits officiers en retenir la connaissance, même du consentement des parties. » Les autres admettaient, conformément à l'édit de 1669, «que les officiers de la Conservation *connussent* des lettres de change entre toutes personnes, de toutes stipulations payable en foire pour fait de commerce, même pour prêt d'argent, pourvu qu'en matière de prêt d'argent, les deux parties ou au moins l'une des deux parties contractantes fussent marchands ou négociants, et que dans le cas de déclinatoires proposés par les défendeurs, *s'il était* prouvé que l'engagement *n'avait* point pour cause des faits ou matières de commerce, et si ni l'une ni l'autre des parties n'était ni marchand, ni négociant, » les officiers de la Conservation fussent tenus de renvoyer la cause devant les juges qui en devraient connaître (1).

Ces dernières conclusions furent consacrées par les lettres

---

(1) Toute l'argumentation des deux parties, et les deux projets de réglement nous ont été fournis par un mémoire sans date, de la série FF, tit. non clas.

patentes du 15 septembre 1763 (1) rendues à titre provisionnel et en attendant qu'il fût pourvu à un réglement général « pour fixer la forme et la compétence des juridictions consulaires et des juges conservateurs des foires, déterminer les limites de leur pouvoir avec l'autorité confiée dans tous les temps aux justices ordinaires. » La Révolution n'attendit pas qu'il fût rédigé ; elle emporta du même coup justices consulaires et Conservation, établissant ainsi entre elles la seule égalité que celle-ci fût capable de supporter ; elle aimait encore mieux tomber que de partager ses priviléges.

CHAPITRE V.

DE LA LÉGISLATION EN VIGUEUR DANS LA CONSERVATION.

Cette législation a suivi les vicissitudes de la juridiction pour laquelle elle était faite. De ce qu'elle fut à l'origine, nous ne savons rien que ce qu'en ont conservé des traditions assez vraisemblables. Elles nous représentent les prud'hommes parcourant le marché, regardant ce qui s'y passe, écoutant ce qui s'y dit, toujours prêts à intervenir et à terminer aimablement, s'il est possible, les querelles entre les marchands ; les textes nous disent en plus, qu'ils nomment des arbitres, sauf à décider eux-mêmes après ces derniers quand leur avis n'est pas accepté. La loi qu'ils appliquent, c'est surtout, on le comprend, celle que leur dictent leur conscience, la coutume du pays ; les lois géné-

(1) Invent. Chappe IX, 93.

rales sont encore rares, et pour peu qu'une sentence des prud'hommes y fasse brèche, le sénéchal de Lyon est derrière eux pour la réparer.

Quand paraît le Conservateur en titre d'office, il amène avec lui un appareil plus juridique et plus compliqué (1), nous avons vu qu'il était obligé de faire preuve de sa science même en droit romain, et les citations de textes latins dont il émaille ses sentences prouvent que cette obligation n'avait pas pour lui qu'un intérêt spéculatif. Le fait n'a d'ailleurs rien de bien étonnant ; le droit écrit avait toujours été en vigueur à Lyon ; mais en matière commerciale, c'est-à-dire dans des questions, où encore aujourd'hui l'autorité de l'usage est reconnue (2), la coutume s'alliait à la loi écrite.

De la législation commerciale de ce temps nous ne possédons aucun texte précis, les applications qu'en faisait le Conservateur nous permettent seules de nous rendre compte de ce qu'elle fut. Un examen attentif des jugements rendus par lui au seizième siècle permet d'affirmer que les réglements importants qui suivirent la réunion de la Conservation au Consulat ne changèrent presque rien à la législation antérieure. Ils eurent pour Lyon les mêmes conséquences qu'eurent, pour la France entière, les grandes ordonnances

---

(1) Il ne semble pas toutefois que de prime abord il se soit produit un grand changement dans la manière de rendre la justice ; ce qui me porterait à croire notamment que comme ses prédécesseurs, le premier conservateur en titre d'office commença par rendre la justice en plein air et sans aucun appareil extérieur, c'est qu'on ne trouve des sentences écrites, qu'à partir de 1507 au plus tôt, c'est-à-dire une dizaine d'années après l'établissement de l'office de Conservateur, auparavant, on ne se donnait probablement pas la peine de les écrire.

(2) V. la loi du 13 juin 1866, Bulletin des Lois, 2e série, no 14282.

rédigées sous l'influence de Colbert; elles codifièrent sans les modifier beaucoup des dispositions antérieures.

Deux de ces réglements ont la plus grande importance, c'est *le style de la Conservation de* 1657 (1) et les *réglements de la place des Changes de* 1667 (2); ils renferment toute la législation en vigueur à Lyon sur le change et sur les banqueroutes. Celle des livres de commerce, des transports, de toutes les autres matières commerciales, se trouve éparse dans des documents moins importants, surtout dans les jugements de la Conservation (3).

(1) Le style de la Jurisdiction royale establie dans la ville de Lyon, et présentement unie au Consulat pour la Conservation des priviléges royaux des foires, Paris Antoine Vitré, 1657, in 4.

(2) Réglemens de la place des Changes de la ville de Lyon, proposez par les principaux négocians de ladite ville et consentis par Messieurs les Prevost des marchands et échevins, Juges Gardiens Conservateurs des priviléges royaux de ses foires, Lyon, Antoine Jullieron, 1678, in-4°.

(3) Ces jugements constituent les vraies archives de la Conservation, ils forment un fonds spécial qui n'a dû être versé aux archives municipales que sous la révolution, car ils ne figurent pas dans l'inventaire Chappe, rédigé comme l'on sait au milieu du xviiie siècle. Il s'en faut bien que jusqu'au milieu du xviie siècle, cette collection des sentences de la Conservation soit complète, elle semble avoir été jusqu'à la réunion de la Conservation quelque peu mise au pillage, chaque magistrat de la Conservation en emportait ce qui lui plaisait. Quand le Consulat eut à soutenir contre la sénéchaussée le long procès qui aboutit à l'arrêt de réglement de 1668, ses titres lui manquèrent; « la plupart, est-il dit dans la requête tendant à en obtenir la restitution, avaient été successivement tirez, empruntez et mesme soustraits des archives de ladite ville et communauté ou du greffe de ladite Conservation, par ceux qui *avaient* passé par les charges consulaires de ladite ville et autres personnes de qualité qui les *avaient* encore entre leurs mains, sans qu'il *eut esté* jusques *alors* au pouvoir des supplians de recouvrer les preuves de cette soustraction desdits titres, registres et autres pièces, quelque recherche qu'ils en *eussent* pu faire. » Requête du 27 juillet 1668, arrêt de procès en réglement, p. 22.

En vue de prévenir le retour de pareilles abus, un article de l'arrêt

« Dans ces matières, souvent les expressions d'un mémoire rédigé à la fin du XVIIIᵉ siècle sous son inspiration, la Conservation prend pour règles les lois du royaume (notamment l'ordonnance de 1673) son droit municipal suivant les circonstances et les statuts locaux qui régissent les biens discutés. » (1) Une révue rapide de ces documents d'origine diverse permettra de se rendre compte de la manière dont la Conservation résolvait les difficultés qui leur étaient soumises.

Livres de commerce.— L'existence des livres de commerce et d'une législation spéciale qui les concerne ne peut faire l'ombre d'un doute. A chaque instant, les sentences du seizième siècle en font mention. Mais on peut se demander même après les avoir lues, si l'usage en est imposé aux négociants par une loi ou par leur seul intérêt ; je serais pour ma part assez disposé à n'admettre que ce dernier motif, il ne semble pas qu'avant le titre III de l'ordonnance de 1673, aucun texte ait rendu obligatoire l'usage des livres de commerce. Quoiqu'il en soit, bien avant, ils deviennent un instrument indispensable de la profession commerciale ; on y recourt comme un moyen de preuve le plus efficace

de réglement du 23 décembre 1668, ordonna que « tous ceux qui *avaient* des titres et papiers appartenans à l'hôtel de ville de Lyon, fussent tenus de les remettre incessamment dans les archives d'icelui, *permettant* Sa Majesté d'informer de la soustraction qui en *avait* été faite, et pour cet effet d'obtenir monitoires et censures ecclésiastiques en forme de droit et dépens compensés. »

Désormais le Consulat eut soin de mieux conserver les archives de la Conservation ; aussi pour 80 liasses de documents antérieurs à l'édit de réunion, en est-il resté près de 300, postérieures à cette date. C'est également pour réparer ces pertes dans la mesure du possible que le Consulat fit imprimer avec le *Procès de réglement* toutes les pièces justificatives qui y avaient été invoquées et qui constituent la partie ancienne des archives,

(1) Arch. de Lyon, AA, 132, fᵒ 209.

et le moins compliqué. On leur donne le nom de *livres de raison,* celui de *bilan* quand il s'agit de change. Le premier livre correspondrait, ce semble, à ce qui s'appelle aujourd'hui le *journal* où sont consignées toutes les opérations de chaque jour, le bilan à un *livre de comptes courants,* à l'aide duquel le négociant constate ce qu'il doit et ce qu'on lui doit, connaît ses débiteurs et ses créanciers, et qui lui permet, quand arrive le payement des foires, d'effectuer d'avance sur le papier sa libération par un simple virement de comptes.

Nous venons de dire que les livres de raison jouaient un rôle important en matière de preuves ; il en est question à ce point de vue dans tous les traités qui confirment les priviléges des Italiens établis en France, et qui règlent la manière de s'en servir en justice. Un négociant italien vient-il à mourir à Lyon où il exerce son commerce, c'est à ses livres, à défaut de testament qu'on s'en rapporte pour déterminer ce qu'il possède soit en capital, soit en marchandises, qui échappent au droit d'aubaine (1). L'ordon-

(1) « A toutes lesquelles (ordonnances consacrant le droit d'aubaine) et à la dérogatoire des dérogatoires de nostre dite science, pleine puissance et authorité royale, nous avons dérogé et dérogeons par ces dites présentes pourveu que pour obvier aux fraudes et abus qui se pourroient commettre, soubs ombre de ceste noftre déclaration, il apparoisse par ce qui sera enregistré ez livres ou papiers de raison desdits supplians respectivement, des commissions qu'ils auront pour l'effet et ainsi que dessus est dit ; et d'iceux souls le nom desquels l'or, argent, marchandises et autres choses auront esté envoyées ausdits marchands Milanois, Florentins, Lucquois et Bouloignois, et de la cause pour laquelle elles auront esté envoyées ; et ce quant à celles qui auront pu par eux estre receues ; et au regard des marchandises et autres choses acheminées et encore non receues, il apparoisse dudit acheminement par lettres à eux adressées ; et lesquels registres, sur lesdits livres ou papiers de raison d'iceux supplians ou lettres missives à eux adressées ne seront exhibées sinon advenant le cas de ceste controverse, et quand il sera

nance de novembre 1550 contient en germe à ce sujet la distinction établie plus tard par l'ordonnance de 1673 (articles IX et X et définitivement confirmés par les articles 14 et 15 de notre Code de commerce, entre *la représentation* et la *communication* des livres : « les quels registres y est-il dit, sur lesdits livres ou papiers de raison d'iceux supplians ou lettres missives à eux adressées, *ne seront exhibés, sinon advenant le cas de ceste controverse, et quand il sera besoin de la vérifier : et encore audit cas n'exhiberont que les endroits d'iceux registres faisans mention de ce que dessus.* » Cette théorie achève de se développer dans les textes postérieurs. Un édit de 1556 (1), établit que tous les marchands fréquentant les foires, soit sujets du roi, soit étrangers « ne pourront estre contrainctz pour quelque cause, raison et occasion que ce soit, ny à l'instance de quiconque, soit à exhiber et monstrer leurs livres, papiers et lettres ny enseignemens, en ce qui concerne le faict des tierces personnes, ny à déclarer aucunement le faict de ceux qui négotient et traffiquent avec eulx et par eulx ou soubz leurs noms, et quant à ceulx avec lesquelz lesdits marchands négotieront, s'il advient qu'ils demandent pour quelqne juste et raisonnable cause, l'exhibition des livres, papiers et enseignemens des dits marchans, la dite exhibition ne leur sera faicte, sinon en lieux et endroictz concernans le fait de ceulz qui ainsi requerront ladite exibition sans toutesfois dessaisir lesdits marchands de leurs dits livres et papiers et sans autrement les veoir, visiter et feuilleter, en défendant très-expréssément à tous nos juges et officiers auxquels la

---

besoin de le vérifier, et encores audit cas n'exhiberont que les endroits d'iceux registres faisans mention de ce que dessus. »

Priviléges des foires, p. 115.

(1) Arch. munic. Série HH. Cet édit ne porte pas la date du mois.

congnoissance de telles matières appartiendra, de contrevenir aucunement ou souffrir estre contrevenu à l'effect et
contenu en ces présentes. »

De ce texte, le plus important de ceux qui aient réglé
cette matière, il résulte : 1° que le marchand a le droit de
refuser la communication de ses livres, quand elle se rapporte aux intérêts d'un tiers ; 2° que quand il s'agit d'intérêts à débattre seulement entre celui qui demande et celui
auquel est demandée la communication, le marchand a le
droit de ne communiquer que les passages utiles, sans
pouvoir être forcé de se dessaisir de ses livres. Nous
verrons qu'en matière de banqueroute, quand le propriétaire des livres lui-même est en fuite ou sous les verroux,
il n'en est plus ainsi.

La déclaration royale du 18 février 1578, confirma
purement et simplement les dispositions de l'édit précédent sans y rien ajouter (1).

Un édit de septembre 1593 y revient encore ; les marchands en dépit des prescriptions contraires, persistaient à
vouloir consulter les livres hors de la maison de leurs propriétaires. Cet édit ordonna en conséquence aux juges « de
se transporter ez maisons et es contoirs des marchands et
illec voir et extraire desdits livres, ce qui leur sera besoin en
présence d'iceux marchans ou de leurs facteurs et entremetteurs et de leur consentement » (2).

Les édits de septembre 1595 et de juin 1625, ne sont
qu'une répétition des précédents et des considérations sur
la nécessité de respecter le secret des négociations commerciales (3). Avec ce dernier texte, nous ne sommes

---

(1) Priviléges des foires, p. 366.
(2) Priviléges des foires, p. 273.
(3) Arch. de Lyon, Série HH, tit. non clas. et Priviléges des foires,
p. 280 et suiv.

plus qu'à un demi siècle de l'ordonnance de 1673, d'où
ces mêmes principes passeront dans notre Code de commerce.

Sociétés. — Il ne semble pas que le législateur ait cru
devoir soumettre à des règles fixes l'établissement des
sociétés commerciales ; il en abandonne les clauses à la
liberté des contractants et ne leur prescrit qu'une chose,
c'est de les porter à la connaissance du public par l'homologation de la Conservation (1).

Voitures. — La question des transports est celle qui sous
toutes ses formes se représentait le plus souvent devant la
Conservation et qui réclamait plus que toute autre une
rapide expédition. Les nombreux jugements qu'elle rendit
sur cette matière dès le commencement du XVIe siècle
permettent de se faire une idée assez exacte de la législation en vigueur.

Tout voiturier, comme aujourd'hui recevait en même
temps que son chargement une lettre de voiture. Cette
lettre renferme les indications suivantes : nom du destinataire, nom de l'expéditeur, nom du voiturier, date de
l'expedition, qualité et quantité de la marchandise avec
l'en tête : « *A la garde de Dieu qui tout conduise*, » et ses
variantes.

Un cas assez fréquent d'expédition est celui où le
marchand et ses marchandises se rendent à Lyon, mais
l'un par une voie plus rapide, et les autres sont confiées à
un voiturier ; destinataire et expéditeur ne font qu'un ; si à
l'arrivée de ses marchandises, le négociant ne les retrouve
pas entre les mains du voiturier auquel il les avait confiées,

(1) Arrêt sans date du Conseil privé intervenu sur une ordonnance
de la Conservarion du 15 décembre 1622, homologuant un acte de
société.

mais entre celles d'un homme auquel le premier les aurait
cédées faute de pouvoir lui-même continuer sa route, il est
tenu de payer le second, même quand le premier aurait
déjà reçu son salaire, sauf recours contre celui auquel il
avait d'abord confié son chargement. Ce n'est pas le seul
avantage que la coutume fasse au voiturier; elle l'autorise
à engager une partie de son chargement pour se payer de sa
peine, si son salaire se fait attendre; elle met à la charge
des hôteliers, chez lesquels il a logé en route, la responsabilité des détournements commis par les gens de leur
maison; elle oblige solidairement les destinataires, quand il
y en a plusieurs, envers le voiturier; elle le décharge de
toute responsabilité pour les avaries survenues par force
majeure, et même de la perte ou de la détérioration d'objets de prix quand leur valeur n'a pas été déclarée, les avaries et les pertes sont constatées et évaluées par des experts.
Même quand le voiturier semble avoir tort, la Conservation condamne le marchand à le payer provisoirement,
mais alors le voiturier est tenu de donner caution; avant
toute constatation il est tenu de jurer qu'il ne peut faire
long séjour de la ville et que par suite un prompt payement
lui est nécessaire. Quand le destinataire est une autre personne que l'expéditeur, la marchandise une fois chargée
voyage à ses risques (1).

Change. — Le commerce de l'argent eut toujours à

(1) Arch. mun. de Lyon, Série FF, titres non classés. Tous ces
jugements n'ont pas l'unique intérêt de nous faire connaître la législation de la Conservation en matière de transports, ils nous apprennent
avec quelles contrées Lyon était en relations commerciales au XVI⁰ siècle, quelle était la nature de ses importations et de ses exportations.

Pour cette période où Lyon semble avoir eu sa législation spéciale,
il n'est pas resté de jugements sur les transports par eau quoique la
Conservation en eût la connaissance.

Lyon une grande importance, Lyon avait ses banquiers indigènes dès le XIIIᵉ siècle, et Menestrier cite un Ponce de Chaponay qui tenait alors un haut rang dans le commerce même international (1).

A la fin du XIIIᵉ siècle, les Italiens émigrés à Lyon, vinrent donner une nouvelle activité à une branche de trafic qui avait pris chez eux le plus grand développement (2) et la création des foires au XVᵉ siècle, eut pour conséquence naturelle l'extension de la banque lyonnaise. Chacune d'elles eut son payement; le jour en était fixé à l'avance, et à la date indiquée, Français et étrangers se réunissaient dans la loge des changes pour en arrêter le cours; là ils acceptaient ou refusaient les lettres tirées sur eux; pour les accepter ils les marquaient d'une croix, pour les refuser d'un P. Une fois les lettres acceptées ou refusées, une nouvelle réunion avait lieu dans la loge des changes, les négociants s'y rangeaient en cercle, comme aujourd'hui encore les agents de change autour de la corbeille. Après

(1) « Il y avait aussi en l'an 1219 un Ponce de Chaponay qui estoit si puissant, qu'il avoit des correspondances non seulement dans tous les endroits de l'Europe, mais encore en Asie où il estoit si connu, qu'au lieu de l'appeler de son nom Ponce de Chaponay, on le nommait Ponce de Lyon, parce qu'il estoit comme le chef du commerce; et comme il conduisoit de grosses sommes d'argent, les princes et les princesses sur les terres desquels il trafiquoit, lui donnoient des gardes et sauf conduits pour sa sûreté et pour la sûreté de son argent. Alix, duchesse de Bourgogne, pria Blanche, comtesse de Champagne, l'an 1209 de faire des lettres de sauf conduit à ce Ponce semblables à celles qu'elle luy avait données et qu'elle se fit pleige et garant de sa conduite, s'obligeant à réparer tous les dommages qui pourroient lui arriver. Il presta aussi des sommes à la duchesse de Bourgogne, dont la comtesse de Champagne et son fils furent cautions pour les faire payer en quatre termes des foires de Bar. » Menestrier, Histoire de la ville de Lyon, Lyon, 1696, in-fᵒ, p. 392.

(2) V. Menestrier, p. 392.

l'ouverture de la séance par le président, les marchands de toutes nations donnaient leur avis et convenaient du jour où auraient lieu les payements de la prochaine foire; puis ils se réunissaient par nations chez leurs consuls respectifs, pour déterminer d'après le chiffre des créances existant sur chaque marché, la valeur de l'argent soit à Lyon, soit dans les pays étrangers. Des courriers expédiés dans toute les directions apprenaient aux différentes places de l'Europe, les cours qui avaient été arrêtés à Lyon. Leur acceptation une fois reçue, chacun payait ses créanciers en délégations sur ses débiteurs : c'est ce qu'on appelait *virement de parties* (1).

Le commerce principal de Lyon, celui des soieries se faisait presque exclusivement par lettres de change, les soies brutes provenant d'Italie, étaient confiées par des négociants de ce pays à des commissionnaires en résidence à Lyon, chargés de les vendre aux négociants de cette ville; ces commissionnaires en recevaient le prix de leurs acheteurs, et acquittaient eux-mêmes, sur le produit de leurs ventes, les lettres que les négociants qu'ils représentaient tiraient sur eux pour se libérer envers leurs créanciers lyonnais : tous les achats et tous les payements du commerce des soies leur passaient ainsi par les mains.

Les règles auxquelles étaient soumises les transactions de ce genre étaient le résultat de la coutume et de l'expérience ; les négociants les avaient faites eux-mêmes à ce qu'il semble, sans que le pouvoir central se fût donné la peine d'intervenir. Le Consulat, en revanche, intéressé à protéger le commerce, comme la source de la richesse et de la prospérité de la ville, faisait tous ses efforts pour y attirer les capitaux, les négociants s'adressaient à lui dans les

(1) Arch. de Lyon, Série FF, titres non classés.

moments de crise. La Conservation ne resta pas non plus
étrangère à la rédaction de réglements, qu'elle avait pour
mission de faire respecter, et même avant cet édit de
réunion qui, en confiant la justice commerciale aux représentants de la cité, remit dans les mêmes mains, le pouvoir
administratif et le pouvoir judiciaire, elle cumula les deux
fonctions. Les marchands étaient parfois les premiers à
réclamer d'elle ce qu'on serait tenté aujourd'hui d'appeler
un excès de pouvoir. Ainsi dans une requête du 16 décembre 1633, ils lui demandaient un remède contre la
longueur des échéances qui entravait les affaires; la Conservation répondit à leur requête le 29 mai 1634, par un
règlement qui déterminait les échéances en tenant compte
du prix des marchandises : les plus chères ne pouvaient pas
être stipulées payables au delà d'un délai de huit payements,
c'est-à-dire de deux ans ; les moins chères, au delà de deux
payements, c'est-à-dire de six mois (1). Ce réglement fut
mal appliqué, ou il ne suffisait pas, car en 1642, parut un
nouveau projet sur la même matière (2). Louis XIV s'intéressait personnellement au succès de ces tentatives, et il
envoyait au Consulat, le 30 août 1664, une lettre où il exprimait ses vues sur la question (3); des mémoires étaient adres-
sés à la Conservation ; de tous ces projets sortit le 8 mai
1659, un premier règlement de la place des Changes (4);

(1) Arch. de Lyon, Série FF Titres non classés.

(2) Arch. de Lyon, Série FF Titres non classés. Ce nouveau projet
resserrait dans leurs limites primitives les payements qui tendaient à
se prolonger indéfiniment d'une foire à l'autre et à remplir ainsi l'année
tout entière.

(3) Cette lettre est mentionnée par l'inventaire Chappe IX, 486 mais
il m'a été impossible de la retrouver.

(4) Ce projet a disparu lui aussi et ne figure plus que pour mémoire
dans l'inventaire Chappe IX, 486.

le 8 mai 1665, il en parut un second (1). Enfin le 2 juin 1667, il y en eut un troisième, et celui-là destiné à durer; homologué par arrêt du conseil, il fut enregistré au Parlément, le 18 mai 1668 (2). Il reproduit presque littéralement le règlement de 1665, qu'il corrige et qu'il complète seulement sur des points signalés par une courte expérience. Ce texte, monument le plus considérable de la doctrine de la Conservation en matière de change, mérite une analyse particulière.

L'ouverture de chaque paiement est fixé au premier jour non férié du mois ; cette ouverture a lieu « sur les deux heures de rellevée; » dans une assemblée de négociants de la place de Lyon, Français et étrangers, en présence du prévôt des marchands ou à son défaut du plus ancien échevin ; les acceptations peuvent se faire depuis cette ouverture jusqu'au 6 du mois ; passé ce délai, protêt est dressé s'il y a lieu pour les lettres non acceptées, et elles sont renvoyées au tireur avec frais de retour pendant toute la durée du mois.

Pour faire le compte et établir le prix des changes, une autre assemblée a lieu le troisième jour du mois, les acceptations sont faites par les tirés ou les porteurs de leurs procurations authentiques, la minute en est déposée chez le notaire, cette forme d'acceptation est prescrite à peine de nullité. L'ouverture du bilan et du virement des parties commence le 6 du mois pour durer jusqu'à la fin. La matinée de 10 à 11 heures et demie est réservée aux écritures

(1) Arch. de Lyon, Série FF Titres non classés.

(2) Réglemens de la Place des Changes de la ville de Lyon, proposez par les principaux négocians de la dite ville, et consentis par Messieurs les Prevost des Marchands et Eschevins, Juges Gardiens, Conservateurs des Privileges royaux des Foires. Lyon, chez Antoine Jullieron, 1678 in 4º.

et aux virements ; l'ouverture et la clôture sont annoncées au son de la cloche.

L'escompte n'est accordé qu'à ceux qui viennent offrir leur paiement le 6 du mois, c'est-à-dire dès l'ouverture du bilan.

Les virements se font sur bilan par les marchands ou leurs agents, mais ces derniers ne peuvent être désavoués, ils doivent avoir lieu en présence des parties intéressées à peine de nullité. Les personnes qui ne porteraient point bilan, donnent à leurs débiteurs ordre de payer par un billet qui leur sert de quittance, et les étrangers donnent le même ordre à un courtier, par une procuration authentique dont la copie reste chez un notaire.

Les lettres de change acceptées, mais non payées à l'échéance, sont protestées trois jours après la clôture du payement, puis renvoyées à qui de droit dans des délais qui varient suivant l'éloignement. Elles sont réputées payées par les acceptants trois ans après leur échéance pour ceux qui ne résident pas à Lyon, et seulement au bout d'un an pour ceux qui y résident.

Une remise en espèce ou en lettre de change faite après le dernier jour du mois ne peut servir à acquitter une traite faite pendant ce payement, et les intérêts courent alors jusqu'au suivant.

Toute procuration pour recevoir le payement d'une traite expire de plein droit au bout de l'année, sauf énonciation contraire du mandant.

La négociation des effets de commerce et des billets est confiée à des courtiers de change nommés comme à l'origine par le Consulat, et astreints à prêter serment et à justifier par l'attestation des principaux négociants de bonnes vie et mœurs.

Le règlement de 1667 renouvela l'obligation de tenir des

livres de commerce, mais en distinguant à ce point de vue les *marchands* des simples *négociants*. « Il *qualifiait* du mot de négociant, soûs les priviléges des foires de Lyon tous banquiers porteurs de bilans, marchands en gros auxquels il ne *prescrivait* pour leur commerce qu'un simple livre de raison pour l'ordre de leurs affaires, mais de tous les marchands, boutiquiers et marchands en détail, il exigeait des livres journaux à péine, en cas de banqueróute, d'être réputés banqueroutiers frauduleux. » Touté contravention à ce règlement était punie d'une amende de trois mille livres (1).

La Conservation qui avait pris une part importante à sa rédaction, et qui tous les jours était appelée à en déterminer le sens, était plus en mesure que personne d'en faciliter l'application à l'aide de ces prescriptions accessoires, sans lesquelles la meilleure loi du monde est toujours incomplète et ne saurait sortir du domaine de la théorie.

Le prévôt des marchands, ou à son défaut le plus ancien échevin, qui avait remplacé dans la présidence du change le consul des Florentins n'était pas toújours libre d'assister à la séance d'ouverture, la Conservation, sur la réquisition du procureur du roi, ordonna le 31 août 1679 qu'il serait nommé à l'avenir par le prévôt des marchands ou le plus ancien échevin chargé de le suppléer, six négociants, deux Français, deux Florentins, deux Allemands pour faire le compte et établir le cours du change à l'étranger (2).

Mais la source la plus intarissable d'ordonnances et de règlements, c'était la fixation de l'ouverture des payements. Quoique le règlement du 2 juin 1667 eût eù pour but de la déterminer à toujours, les circonstances rendaient le plus souvent cette fixation illusoire. A chaque instant la Conser-

(1) Règlement de la place des Changes.
(2) Série FF, titres non classés.

vation est obligée de proroger les payements : tantôt ce sont des causes purement accidentelles, comme le mauvais état des routes, les crues des rivières, les tempêtes, les neiges qui empêchent l'argent d'arriver sur la place à la date indiquée ; tantôt des causes économiques, l'absence des traites du dehors sur Lyon, la rareté du numéraire, surtout les continuels changements dans la valeur des monnaies. Quand les espèces manquent on en retire de la circulation une certaine quantité, on les envoie à la monnaie où elles reçoivent un signe particulier, puis elles reparaissent sur le marché avec une valeur supérieure ; mais avant qu'il revienne, et quoique sa rentrée elle-même avec une pareille dépréciation rende très-difficiles les transactions commerciales avec l'étranger, ce retard subit d'une grande quantité de numéraire retarde les payements. Enfin les événements politiques, et par exemple les désastres de la guerre d'Espagne coïncidant en 1709 avec les rigueurs exceptionnelles de l'hiver rendent encore indispensables des prorogations d'échéance ; ce sont autant de cas dans lesquels la Conservation doit se prononcer.

Quand les mesures à prendre, les réformes à opérer, dépassent sa compétence, c'est elle qui les demande à l'autorité supérieure, jusqu'à la création de la Chambre de Commerce par édit du 20 juillet 1702. Elle obtint ainsi, notamment en 1684, la fixation des termes de payement. Une ordonnance consulaire, du 14 mai 1678, avait déjà eu pour but de remédier à leur irrégularité ; antérieurement un arrêt du Conseil, du 10 mai 1674, avait fixé aux marchands de Tours, comme délai maximum de leurs payements de soie, une durée de quatre payements ou un an ; une ordonnance du juge conservateur du 24 novembre 1684, leur défendit également de vendre ou d'acheter à plus long terme que celui d'un an, et n'autorisa l'escompte

de 2 1/2 o/o pour trois mois, qu'à la charge par le débiteur
de prévenir son créancier du payement anticipé le 10 du
mois, de la foire à la date des écritures. Il n'entrait pas
dans les conceptions des économistes d'alors que le terme
d'un jugement pût être laissé au choix des parties (1).

Une réforme moins libérale encore et qu'heureusement
la Conservation essaya vainement d'acclimater à Lyon,
consistait à n'admettre sur la place que les lettres payables
dans Lyon même, et d'en exclure toutes celles qui seraient
endossées pour le compte de personnes domiciliées ailleurs.
Une ordonnance du 14 mars 1670, portait que « nulles
lettres de change venant de Venise et Bolzano ne seraient
reçues à Lyon payàbles avec endossement et à ordre, que
les lettres venant de Novi et autres places d'Italie et d'Allemagne ne seraient reçues qu'avec un seul ordre. » Cette
ordonnance avait été sollicitée par le commerce lyonnais
qui prétendait se venger ainsi de Venise, Florence, Bolzano
et Novi où l'on agissait ainsi ; c'était, croyait-il, le moyen
de contraindre les négociants étrangers à faire exactement
leurs provisions , et par suite de rétablir le crédit des
négociants lyonnais, la pratique des endossements étant la
seule cause de la diminution du commerce des changes.

Il n'était pas difficile de répondre à d'aussi piètres arguments ; les négociants les plus expérimentés faisaient
remarquer que la diminution du commerce des soies était
la principale cause de la rareté des fonds, que par la faculté
donnée aux débiteurs de rembourser, au moyen de lettres
de change tirées sur Lyon, des créanciers résidant ailleurs,
Lyon était devenu le principal rendez-vous des capitaux, et
que l'endossement était éminemment favorable à la circulation du numéraire ; si les villes italiennes en agissaient

(1) Série FF, Titres non classés.

autrement, c'est qu'elles avaient des motifs qu'on ne pouvait invoquer à Lyon. La Conservation se rendit à ces réclamations, et le 12 décembre 1688, pour ne pas avoir l'air de céder complétement, elle décida qu'il serait sursis à l'exécution de son ordonnance (1).

Les changements dans la valeur des espèces, que nous avons signalés plus haut, avaient pour résultat, d'encourager des spéculations à la hausse et à la baisse du numéraire lui-même. Les débiteurs, quand les monnaies prenaient une plus grande valeur, se hâtaient de payer avant que cette valeur ne fût redescendue à son niveau normal; ils s'efforçaient surtout d'en prévoir les variations. Le roi était obligé d'interdire les payements anticipés en principe, sauf à les autoriser quand ils précèderaient de trente jours une dépréciation des espèces, de façon à exclure la possibilité d'un calcul (2). Cette disposition n'était pas inutile en l'absence de toute fixité dans la valeur des espèces. Un arrêt du Conseil, du 21 mai 1720, ayant ordonné après la débâcle financière de Law, une réduction du nombre des billets de banque, plusieurs particuliers de Lyon qui avaient reçu cette nouvelle avant le reste du public par leurs correspondants, s'étaient hâtés d'acquérir de ces billets à leur ancien prix; une ordonnance des juges conservateurs, du 27 mai 1720, dut annuler cette spéculation qui n'était pas encore entrée dans les mœurs financières (1).

Nous nous bornons à ces questions qui rentraient dans la compétence de la Conservation, et qui seules par conséquent sont à leur place dans notre étude; les autres docu-

<hr>

(1) Arch. de Lyon, Série FF, Titres non classés.

(2) Arrêt du Consul du 26 juillet 1720. Arch. de Lyon, Série FF. Titres non classés.

(2) Inv. Chappe, IX, 518.

ments ont un intérêt plus général, et il convient de les laisser à l'historien du change lyonnais, l'institution est assez importante pour en mériter un.

Faillites et banqueroutes. — Une des attributions les plus importantes et vraiment privilégiées de la Conservation, c'était celle des faillites et banqueroutes ; cette matière avait sa législation spéciale qui avait pris de bonne heure le plus grand développement. L'affluence des étrangers, des Italiens notamment, entre les mains desquels se trouvait au XVI⁰ siècle tout le commerce de Lyon, avait eu pour conséquence, d'accumuler dans cette ville d'énormes capitaux, mais en même temps d'y créer une concurrence inouïe ; les fortunes à ce moment s'élevaient et s'écroulaient avec une égale rapidité, les faillites s'appelaient les unes les autres, et quand les débiteurs insolvables, comme il arrivait souvent, étaient des étrangers, leur première pensée étant de fuir, la faillite se transformait en banqueroute. Telle est la situation décrite soit par les ordonnances royales appelées à réparer le mal, soit par les mémoires qui y réclament un remède (1). Le juge conservateur fut armé par les édits des pouvoirs les plus étendus contre les banqueroutiers ; ils jouissaient du droit d'asile et se retiraient encore en franchise, soit à N.-D. de Confort, église des Jacobins, soit à la collégiale de Saint-Paul, et se dérobaient ainsi au châtiment qu'ils auraient mérité ; on leur enleva cette dernière

---

(1) V. un mémoire rédigé par l'ordre du Consulat « contenant plusieurs motifs pour porter le Parlement de Paris à punir sévèrement les banqueroutiers frauduleux, comme le seul moyen d'empêcher la ruine totale de la ville de Lyon. » Série FF, Titres non classés. V. aussi les ordonnances du 10 octobre 1536 et de juin 1510. Fontanon I, 762-763. Ordonnances des Rois de France, XXI, 435, art. 69.

ressource (1); enfin ils durent « estre contraints au paye-
« ment de leurs debtes par prise, saisie, vendition et
« distraction actuelle de leurs biens meubles et immeubles,
« noms et debtes, sans aucunement recevoir et admettre
« les descriptions et déclarations de leurs biens, lesquelles
« et les instances que sur ce lesdits debteurs voudroient
« intenter et former, *seroient déclarées* nulles et de nul
« effect et valeur.

« Quant es instances et procédures sur l'ordre et discus-
« sion, priorité et postériorité, priviléges entre les créan-
« ciers et provision en cas de déconfiture, ajoutait le roi,
« voulons et ordonnons et enjoignons à tous juges auxquels
« la cognoissance en appartiendra de procéder sommai-
« rement et de plain, la seule vérité du fait regardée, ainsi
« qu'il doit estre en cause et matières d'entre marchands.

« Voulons en outre et ordonnons que contre lesdits
« banqueroutiers soit procédé extraordinairement par
« informations, adjournemens, confrontations de témoins
« et autrement extraordinairement, de et sur les fraudes et
« abus par eux commis, les facteurs et entremetteurs, leur
« manière de vivre et actes précédens et subséquens le
« temps qu'ils auront défailly et fait banqueroute et des
« pertes et dommages qu'ilz ont donnez es personnages
« ausquels ils ont eu à besougner; et procéder à la puni-

---

(1) ..... que tous et chacuns des debteurs pour fait de foires, ou qui
sont obligez et soubzmis pour deniers rendre ou livrer marchandises
et foires de Lyon en payements d'icelles, puissent estre contraints au
payement et accomplissement de leurs dites promesses et obligations
par emprisonnement et détention de leurs personnes, si à ce sont tenuz
et obligez et par le juge à qui la cognoissance en appartient, après ce
qui leur sera apparu desdites promesses et obligations, soient lesdits
debteurs tirez des églises ou lieux saints, esquelz s'en seroent fui, et
mis en prison fermée jusqu'à entier payement, sauf à les réintégrer,
s'il est dit que faire se doive. » Ord. de juin 1510.

« tion et réparation, par amende honorable, punition cor-
« porelle, apposition de carcan et pillory et autrement à
« l'arbitre de la justice, et les debtes civiles dommages et
« interests liquidés ; voulons et ordonnons que les dits
« debteurs qui auront failly et fait banqueroute tiennent
« prison fermée jusqu'à plein et entier payement des
« amendes tant envers nous qu'envers les parties, et des
« adjudications du principal dommage et interest, liqui-
« dation faicte d'iceulx, comme dit est (1) ».

C'est cette législation qu'appliqua la Conservation jusqu'à l'édit de 1655 ; tous les jugements rendus par elle en
cette matière en font foi. Il en résulte que toute déclaration
de faillite doit être précédée d'une information. Cette
information est requise soit par les créanciers, soit par le
ministère public averti par la commune renommée de
l'insolvabilité probable de tel débiteur. Cette présomption
peut résulter notamment de sa retraite dans un lieu d'asile,
de cessions ou déclarations de biens dont la sincérité est
suspectée. Quand le débiteur lui-même peut être mis sous
la main de la justice, on le somme de dire la vérité sur sa
situation « à peyne d'être pendu et estranglé par la gorge ».
Quand le débiteur était à proximité de la justice sans être
immédiatement sous sa main, le Conservateur « donnait
une commission pour le prendre au corps et à faute de ce
l'adjourner à trois briefs jours » ; faute de comparution
dans ce délai, acte de défaut était donné sur l'ajournement,
puis on procédait à l'enquête.

Cette enquête elle-même était le premier acte de la procédure ; quand le débiteur s'était mis hors de l'attente de la
justice, les créanciers étaient les premiers témoins interrogés, puis sa femme, ses parents, qui pouvaient être soup-

(1) Ordon. du 10 octobre 1536.

çonnés de recéler tout ou partie de son actif, ses clients, et ceux-là surtout avec lesquels il avait traité en dernier lieu ; les personnes auxquelles on soupçonnait le débiteur d'avoir fait des avantages ou confié en dépôt ses marchandises. On consultait son bilan, on arrêtait à la poste les ballots et les lettres qui lui étaient destinés, on examinait ses papiers et sa correspondance, on mentionnait les effets et les marchandises trouvés dans son domicile ou dans ses magasins sur lesquels on apposait les scellés, après avoir permis toutefois à sa femme d'y prendre ce qui lui était nécessaire. L'enquête terminée, tous les effets saisis étaient remis entre les mains des députés des créanciers, en présence desquels les scellés étaient levés, et qui recevaient alors une investiture définitive, après avoir prêté serment entre les mains du Conservateur de régir les biens du failli « bien et deuement comme il appartient à office de bon curateur ».

L'estimation de ces biens était confiée à des experts nommés par le Conservateur, et pendant la durée de l'enquête, chacun des créanciers pouvait être admis à reconnaître dans la maison du failli, les marchandises qui lui avaient été vendues sans qu'il les eût encore payées.

L'enquête une fois terminée, et s'il y avait lieu, le Conservateur déclarait « le débiteur suffisamment atteint et convaincu d'avoir prémédité, faict et executté sa fallite »; et en cas de contumace, il le condamnait ordinairement « à faire amende honorable teste, pieds nudz et en chemise tenant une torche de cire ardente en la main, dire et déclairer, en jugement les plaidz tenans en *l'auditoire de la Conservation* et en la place des Changes de la ville que fraudulleusement et malicieusement, il *avoit* faict la ditte banqueroute, qu'il en *crioit* mercy à Dieu, au roy et à justice, et ce faict à estre pendu et estranglé en la dite place des Changes en une potence, qui pour cest eflect y *seroit* dressée jusques à ce que mort naturelle s'en *ensuyvit.* »

Il est à remarquer que ce supplice n'était guère réservé qu'aux debiteurs contumaces, et que le condamné présent ne payait pas ordinairement sa faute de sa vie ; il en était quitte pour une condamnation perpétuelle aux galères, et pour l'exposition publique accompagnée de la peine du fouet et de la marque.

La législation si sévère pour le banqueroutier frauduleux offrait une ressource au débiteur malheureux, mais de bonne foi ; celui-ci pouvait demander à ses créanciers de vérifier qu'il n'y avait pas fraude dans son insolvabilité, et même obtenir du Conservateur une sentence pour les contraindre à faire cette enquête ; la preuve faite il pouvait obtenir d'eux un arrangement dont, à défaut d'entente, le Conservateur était l'arbitre.

Terminé par cette sentence ou par une condamnation, le procès donnait lieu à une ordonnance en vertu de laquelle les députés étaient tenus de produire leurs titres aux députés, chargés de faire la répartition de l'actif au marc le franc, mais en tenant compte des priviléges et des hypothèques (1).

Pour prévenir tout arrangement qu'un débiteur menacé de faillite pourrait prendre avec quelques-uns de ses créanciers au détriment des autres, le Conservateur par une ordonnance du 29 avril 1624, avait ordonné à tous notaires « qui *auroient* receu contrats d'accords, d'attermo-
« yements, à perte de finance des marchands résidans en *la ville de Lyon* ou fréquentans *ses* foires depuis un an, de
« les venir denoncer et en rapporter extraicts au greffe
« dans la huitaine précizement, moyennant salaire compé-

---

(1) Série FF, Titres non classés.

« tant, s'il y *escheoit,* ensemble à tous courratiers et autres
« personnes qui *auroient* moyenné les dits accords de les
« venir dénoncer dans le dit temps à peyne contre les
« contrevenans d'estre pris à la rigueur de l'édit comme
« participes et adhérens aux fraudes et recellations desditz
« faillys et contractans. Et *devoient être* faites inhibitions et
« deffenses à tous les marchands créanciers ou debiteurs,
« de par cy après contracter accords ou attermoyemens à
« perte de finance, ou autrement clandestinement et à
« l'insceu de justice, soit par acte public ou de main privée
« sous les peynes et rigueurs dudit édit (1). »

Les grandes ordonnances qui suivirent la réunion de la
Conservation au Consulat, suivant une remarque générale
précédemment faite, respectèrent en majeure partie la législation de cette matière. Elles eurent pour but surtout de
régler la procédure des faillites. L'instruction était soumise
aux règles suivantes : l'absence du marchand n'étant pas
par elle même une preuve de banqueroute ni même de
faillite ne pouvait donner lieu qu'à une information.
Celle-ci avait pour but de constater si l'absence était accompagnée de certaines circonstances de nature à faire
présumer la faillite. Elle était faite au nom et à la requête
du procureur du roi par deux ou trois courtiers de change ;
un huissier les assignant verbalement à venir témoigner de
ce qu'ils savaient par devant M. le Président de la Conservation, qui en donnait lui-même l'ordre de vive voix. S'il
résultait de leurs déclarations, que le marchand s'était
absenté sans que personne eût pu le voir ni lui parler, ni
chez lui, ni aux changes, où tous les négociants avaient
l'habitude de se rencontrer, que tout commerce avait cessé
chez lui, qu'il était bruit de sa faillite, on procédait provi-

(1) Arch. de Lyon, Série FF, Titres non classés.

soirement comme si dès lors il en eût été convaincu. Aussitôt après cette enquête, et sur les conclusions du procureur général, les scellés étaient apposés à sa maison. Comme sous le régime précédent, la femme peut pourtant, même après cette mesure « tirer de ses coffres et cabinets, les meubles, le linge, et la vaisselle dont elle a besoin, elle et sa famille ; » et elle s'en charge jusqu'à l'inventaire. La confection en est confiée au Président de la Conservation ou, à son défaut, à un huissier qu'il commet et qui en dresse procès-verbal. Description sommaire est faite des effets qui n'ont pas été mis sous les scellés, et elle demeure jointe aux actes du procès. Quand la faillite a quelque importance, cette apposition de scellés ne peut avoir lieu qu'en présence du Président de la Conservation ; il doit veiller particulièrement à ce que rien ne soit détourné, que les facteurs et domestiques ne puissent avoir de rapports, ni les uns avec les autres, ni avec les étrangers, et il doit les interroger, ainsi que la femme et les enfants du failli, s'il y en a qui puissent lui donner des renseignements. Les interrogations varient naturellement suivant les circonstances ; toutefois il en est qui reviennent presque toujours. Où s'est enfui et se cache le failli ? Combien y a-t-il de temps qu'on ne l'a vu ? Quel jour et à quelle heure est-il parti ? En quel état, en quel équipage, et avec qui s'est il enfui ? Quelles sont les dernières personnes qui l'aient vu et entretenu ? Qu'a-t-il emporté, qu'a-t-il caché, et chez qui ? A-t-il fait des commandes à des marchands ou à des ouvriers, de quelle qualité et en quelle quantité ? N'a-t-il pas désintéressé certains créanciers au préjudice des autres ? Quels sont ses créanciers et ses débiteurs ?

Quand il y a lieu de soupçonner quelque fraude dans la faillite, on ne se contente pas d'interroger les facteurs du failli, on les arrête, ou tout au moins le principal d'entre

eux, on s'assure également de tous ceux que l'on soup-
çonne être pour quelque chose dans sa faillite.

On dépouille ensuite les livres du failli pour savoir
quelles créances il a à toucher, et les arrêter partout où elles
se trouvent. Défense est faite au commis de la douane de
se dessaisir des marchandises qui lui sont expédiées, et au
bureau de la poste et des messageries de remettre les paquets
et les lettres à son adresse à un autre qu'au greffier de la
Conservation. Ces lettres sont ouvertes en présence du
Président de la Conservation, du procureur du roi, des
intéressés ou de leurs députés pour en tirer les renseignements qu'elles peuvent contenir, les livres et papiers sont
laissés en lieu sûr et scellés, le bilan est remis au greffe où
les parties intéressés peuvent en prendre connaissance et
copie.

Les objets mis sous les scellés, comme ceux qui n'y ont
pas été mis, sont laissés à la garde d'un huissier; si la femme
du failli ne trouve personne qui veuille s'en charger, elle
ne peut jamais garder elle-même que les objets destinés à
son usage personnel et à celui de sa famille. Le gardien,
pour empêcher toute dissipation, ne doit pas quitter la
maison ; il est payé de ses vacations sur les premiers deniers
provenant de la vente des effets.

Les créanciers, une fois ce gardien constitué, s'assemblent chez le Président de la Conservation ou au domicile
de l'un d'eux. Si plusieurs ont déjà nommé par-devant
notaire, un *député* pour la défense des intérêts communs,
l'acte de nomination est alors présenté aux autres créanciers pour le signer ; la majorité numérique ou même
pécuniaire des créanciers suffit pour valider cette nomination, qui comporte parfois jusqu'à deux ou trois députés.
Ils ont pour mission d'administrer les biens du débiteur,
au plus grand avantage des créanciers et en évitant toute

mesure dangereuse pour leurs intérêts ; ils constituent un
procureur pour la défense commune et ils se présentent au
président assistés de lui, ils exibent leur acte de nomination,
le déposent au greffe, et requièrent selon l'usage d'être
admis à prêter serment. Ils y sont autorisés, à la charge de
s'engager solidairement comme dépositaires eux et leurs
biens, à rendre leurs comptes, quand il y aura lieu ; en
même temps, il leur est ordonné de procéder à un inventaire en forme de la faillite.

Si les créanciers sont assez négligents pour ne point
nommer de députés, le procureur du roi obtient contre
eux une commission par laquelle il leur est enjoint de se
réunir dans un lieu désigné pour y procéder à cette nomination ; au cas où personne ne s'y présenterait, ou s'il ne
se présente qu'un nombre insuffisant d'intéressés, le Président de la Conservation nomme d'office un *curateur ;* celui-
ci prête le serment et prend les engagements requis, après
quoi il est chargé de la liquidation de la faillite.

Les députés, ou le curateur à leur défaut, débutent par
un nouvel inventaire. Les livres paraphés et bâtonnés, les
papiers inventoriés, les marchandises et autres effets leur
sont remis par ceux qui en étaient saisis, mais les ouvriers,
qui avaient reçu des matières premières pour les mettre en
œuvre, ne peuvent en être dessaisis, ni des produits fabri-
qués, qu'après payement du salaire qui leur est dû. Avant
la clôture de cet inventaire définitif, la femme, les enfants,
les serviteurs du failli sont encore interrogés une fois par le
président, à la requête du curateur ou des députés ; on leur
demande s'ils n'ont rien gardé des effets du failli, s'ils ne
savent pas qu'il y en ait de cachés quelque part.

Tout créancier peut alors demander la distraction des
marchandises vendues par lui et qui se trouveraient encore
en nature dans la faillite, acte lui est donné de cette requête,

si elle est agréée, il est tenu de spécifier les marchandises qu'il revendique par la production de sa facture ; le curateur ou les députés ont trois jours pour faire opposition à cette demande. Passé ce délai, la recherche des effets réclamés est faite par des experts munis de la facture, mais sous aucun prétexte le créancier ne peut être autorisé à la faire lui-même, l'expert présente ensuite son rapport, communication en est donnée au procureur du roi, et par ce dernier aux députés ou au curateur qui décident s'il y a lieu d'autoriser la reprise demandée.

Immédiatement après, si les créanciers croient devoir se hâter, a lieu la vente des effets inventoriés. Les meubles meublants et les effets mobiliers se vendent sur la place dans les formes ordinaires, mais il faut plus de solennité pour la vente des marchandises et des dettes qui doit toujours être précédée de trois publications en l'audience de la Conservation, et d'une publication à son de trompe dans les lieux publics à ce accoutumés. Elle doit être signifiée à tous les créanciers intéressés à ce que les marchandises ne soient pas vendues à vil prix. Elle ne peut pas être arrêtée par une opposition, qui ne produit d'effet que sur les deniers provenant de la vente. Mais la demande en distraction avant le commencement des enchères donne lieu à la réserve des objets pour lesquels elle est formée.

Les lettres patentes du 10 octobre 1536, admettaient nous l'avons vu, des droits de *priorité* et de *potiorité* entre créanciers. Ce privilége à l'égard des teinturiers et autres manufacturiers, ne pouvait s'exercer que pour les fournitures par eux faites dans les deux années précédant la faillite (1).

Une délibération consulaire du 4 février 1625, pour former intervention au Parlement de Paris, atteste en outre

(1) Réglemens de la place des Changes, article 13.

l'existence à Lyon d'un usage en vertu duquel « les créanciers sont payez par préférence sur les effectz dont ilz sont
saisis et nantis des sommes qu'ilz ont fournies sur l'assurance qu'ilz ont eu en iceulx, dès lors qu'ilz ont esté entre
leurs mains ou de leurs facteurs (1) ; » en d'autres termes,
la seule existence d'un compte courant entre un failli et son
créancier suffit pour créer au profit de celui-ci un droit de
préférence sur les marchandises dont il est nanti.

Le débiteur malheureux était admis alors comme aujourd'hui à *transiger*, nous dirions à signer un concordat.
Mais il doit, dans ce cas, s'entendre en personne avec ses
créanciers, et à cet effet leur demander un sauf-conduit
pour pouvoir venir en liberté en discuter les clauses avec
eux ; au cas où ce sauf-conduit lui serait refusé par eux, il
peut se le faire accorder par la Conservation. La rédaction
peut en avoir lieu sous forme authentique ou sous seing
privé, pourvu que, dans ce dernier cas, il soit signé de la
majorité des créanciers ou des plus intéressés dans la
faillite ; il est remis au failli par l'intermédiaire de la même
personne qui en a fait pour lui la première demande, et le
concordat, une fois intervenu entre lui et une partie de ses
créanciers, ceux qui ne l'ont pas signé peuvent être assignés
par-devant le Conservateur pour le voir homologuer, et
cependant il leur est défendu « de le contraindre ny en sa
personne ny en ses biens. »

Sur la demande en homologation, soit du sauf-conduit,
soit du contrat d'accord, les créanciers peuvent faire opposition et demander contre leur débiteur des poursuites criminelles en présentant à l'appui de leur requête des faits de
fraude. Si ces faits sont produits et prouvés par une information, le débiteur est décrété de prise de corps ; si, soumis à

(1) Arch. mun. de Lyon, BB, 166, f° 54.

un interrogatoire il nie les faits dont il est accusé, le bénéfice du sauf-conduit lui est maintenu, et il ne peut être astreint qu'à élire domicile et à constituer procureur jusqu'à complet éclaircissement de son affaire ; la procédure criminelle se substitue à la procédure civile, mais à l'égard de celui qui accuse la fraude du failli, sans que néanmoins à l'égard des autres on puisse passer outre au procès civil tant que la cause criminelle est pendante. A défaut de preuve de la fraude, le procureur du roi conclut sur la requête du débiteur, à ce que les créanciers réfractaires soient tenus de respecter sa liberté, le président l'ordonne et fait signifier cette ordonnance au concierge de la prison comme aux créanciers. En cas d'attentat à la liberté du failli celui-ci est relâché par ordre du Président de la Conservation, et une information est faite contre le créancier qui a violé le sauf-conduit, et contre le sergent et le geôlier qui ont été ses complices.

Le traité qui intervient entre le débiteur et ses créanciers doit être homologué par la Conservation, et cette homologation le rend obligatoire même pour les créanciers qui n'ont pas voulu le signer.

Quand un débiteur malheureux, qui prévoit une catastrophe n'ose révéler sa situation à ses créanciers par crainte de leur colère, c'est la justice qui, à leur défaut, reçoit cette révélation et se charge de le protéger contre les mauvais traitements dont il est menacé. A cet effet, il présente au Président de la Conservation une requête où il expose son état, le bilan de son actif et de son passif ; il remet au greffe ses livres et ses papiers, déclare qu'il consigne sa personne en justice, et conclut à ce qu'il soit ordonné à ses créanciers de s'assembler pour nommer des députés, et que défenses soient faites d'user contre lui de la contrainte par corps. Il lui est donné acte de ses remontrances, de sa con-

signation, de son serment, et sur les conclusions du procureur du roi, il obtient ce qu'il demande.

Aussitôt et en exécution de cette ordonnance sur les
conclusions du procureur du roi également, la remise des
effets du suppliant en lieu sûr, l'apposition des scellés par
un huissier commis · avec le greffier sont ordonnées ; puis
les créanciers s'assemblent pour députer ou pour traiter ;
les livres paraphés et bâtonnés sont remis à leurs députés,
et la faillite suit son cours ordinaire. Mais pour le débiteur
ainsi traité par ses créanciers, il reste toujours une tache
provenant de cette insolvabilité partielle et qui l'exclut de
la place des Changes tant qu'il ne s'est pas réhabilité (1).

La législation de la Conservation, comme la nôtre, admettait en effet une réhabilitation au profit du failli, qui, sans se
prévaloir d'un contrat d'accord, avait acquitté toutes ses
dettes intégralement (2).

La banqueroute au XVIᵉ siècle, *rupture, ropture* renferme
toujours comme on le sait un élément de culpabilité que ne
suppose pas nécessairement la faillite ; une banqueroute
c'est une faillite frauduleuse, mais à ce moment on ne
pousse pas la distinction plus loin, et rien n'indique qu'on
établît comme aujourd'hui une différence entre la banqueroute *simple* et la banqueroute *frauduleuse*. La fraude se

---

(1) Réglemens des Changes, art. 18.

(2) Une ordonnance de la Conservation en date du 2 décembre
1680, porte que le contrat d'accord fait par les sieurs Rolin et Blanc
avec leurs créanciers le 20 octobre 1646, « sera declaré comme non fait
« et passé pour avoir été toutes les dettes y mentionnées, acquittées
« nonobstant la remise des trois quarts faite par ledit contrat et qu'il en
« sera fait note en marge de la minute dudit contrat, ainsi qu'à la
« marge de l'extrait d'iceluy joint à la sentence d'homologation, en
« affirmant néantmoins ledit Rolin qu'il a achevé de satisfaire les cré-
« anciers de son père, suivant les quittances par luy représentées. » Arch.
mun. Série FF, Titres non classés.

présume d'après certaines circonstances, dont l'examen entre
dans les débuts même d'une simple procédure en faillite,
on ne sait au premier moment à quoi l'on a affaire, et c'est
l'enquête que nous avons décrite qui seule peut faire découvrir s'il y a lieu de procéder comme envers un simple
failli, ou s'il y a lieu de suivre les voies extraordinaires de
de la banqueroute ; les circonstances qui peuvent conduire
à ce second résultat sont la supposition de créanciers ou
les avantages faits à quelques-uns au détriment des autres,
la soustraction des effets, la retraite en franchise, l'absence
de livres (1), le transfert de la fortune du mari entre les
mains de sa femme séparée de biens ; sur la procédure
extraordinaire à laquelle donnait lieu la découverte d'un de
ces actes frauduleux, les renseignements font défaut ; il est
naturel d'en conclure que la Conservation ne s'écartait pas
sur ce point de la procédure extraordinaire des autres juridictions. Le dénouement le plus ordinaire du procès, quand
le coupable était en fuite, comme il arrivait le plus souvent,
c'était une condamnation capitale, quelquefois cette peine
était prononcée contradictoirement, mais quand la banqueroute était accompagnée de circonstances aggravantes,
La peine la plus habituelle était l'emprisonnement (2).

Quand avait lieu l'exécution à mort elle était accompagnée de certaines formalités infamantes. Le banqueroutier
après avoir été mis encore une fois à la question pour lui
faire révéler ses complices, quand on lui en supposait, était
conduit en chemise, une torche au poing, et avec un écriteau
indiquant son crime, au lieu du supplice ordinairement la

(1) Ce dernier cas semble être signalé pour la première fois par les
Réglements de la place des Changes, art. xx.

(2) V. le Procès de l'agent de change Falque, en 1756, Série FF,
Titres non classés.

place des changes ; là il faisait amende honorable, après quoi il était pendu. Le complice, auquel la même peine était épargnée, était tenu d'en être le témoin.

Il était défendu « à toutes personnes, de quelque qualité qu'elles fussent, tant des villes que des champs, de retirer dans leurs maisons et châteaux, les marchands faisant banqueroute en abandonnant leur négoce, recéler, ny cacher directement ny indirectement leurs effets, avec injonction à tous ceux chés qui ils se *retireroient* eux ou leurs effets, de les révéler à justice, à peine d'être tenus et responsables en leurs propres et privés noms, solidairement avec lesdits marchands, de tout ce que ceux ci *devroient* à leurs créanciers et d'être punis et châtiés par les mêmes rigueurs indictes contre les banqueroutiers, leurs recéleurs et complices (1). »

Législation criminelle. — Cette attribution la plus extraordinaire de la Conservation n'était pas, comme nous l'avons vu, la moins ancienne. « Elle occupe également, disait son style, les deux mains de la justice, celle qui porte la balance pour rendre à chacun son droit dans les procéz civilz ; et celle qui porte l'espée pour chastier les meschans et combattre les crimes. » Dès 1497, tous avons signalé les poursuites d'un conservateur contre les assassins d'un marchand (2) ; et dès ce moment, elles s'étendent au-delà de Lyon, les meurtriers ne sont plus dans la ville, mais leur victime était venue aux foires, elle se trouvait sous la protection de leur Conservateur. Puis les faits criminels se succèdent avec cette fréquence qui sont une conséquence naturelle de l'agglomération que produisaient les foires ; outre l'assassinat qui se produit surtout parmi ces Italiens si

(1) Arch. de Lyon, FF, Titres non classés.
(2) V. p. 13, note 3.

nombreux à Lyon, et tout aussi prompts alors qu'aujour-
d'hui à jouer du couteau pour le moindre dissentiment, le
vol et toutes ses variétés, coupage de bourses, piquage
d'onces, fabrication ou emploi de fausses mesures, injures,
diffamation de nature à compromettre le crédit d'un négociant, voies de fait, faux témoignage et subornation de
témoins, recel de débiteurs récalcitrants, facilités à eux
données pour s'enfuir, fraudes de vente et de fabrication,
enlèvement des blés nécessaires à la consommation de la
ville (3).

L'arbitraire dans l'application des peines règne du reste à
la Conservation comme ailleurs en ce moment, et il est
impossible d'établir une corrélation permanente entre
l'acte coupable et le châtiment. Nous devons donc nous
borner à énumérer les peines ; la mort par la corde aggravée
dans certains cas par la mutilation, perte d'une main, d'une
oreille ; le fouet, et il est appliqué aux femmes aussi bien
qu'aux hommes ; le carcan, le pilori, avec écriteau indiquant
la nature du crime commis, la marque, ces trois dernières
peines ajoutées ordinairement à une condamnation principale ; le bannissement, la confiscation, l'amende, la flé-
trissure, peine purement morale et qui découle d'une autre
condamnation.

La Conservation a comme les Parlements le droit de
donner la question ; elle en use, nous l'avons vu, notamment pour obtenir du banqueroutier la dénonciation de ses
complices (1).

La condamnation s'exécute parfois tant contre les
choses que contre les personnes. « Souvent, nous dit le

(1) Série FF, Titres non classés, V. aussi l'inv. Chappe, IX, p. 227
et suiv.

(2) Art. v, § 6.

style, il est arrivé que des marchandises s'étant trouvées altérées, corrompues ou falsifiées malicieusement, ont été jetées dans la Saône, en exécution de leurs jugemens par exécuteur de la haute-justice (1). » C'était ce même personnage qui lacérait les étoffes défectueuses ou qui les brûlait. La répression d'une fraude industrielle de la nature de celle que je viens de signaler, peut être poursuivie devant la Conservation par le procureur du roi au nom de la société, par les gardes et les maîtres de la corporation à laquelle appartient le fraudeur, enfin par la partie lésée.

Le prononcé d'un jugement pénal peut avoir lieu en l'absence du ministère public et de l'accusé, car on le signifie à l'un et à l'autre ; à l'accusé cette notification est faite entre les deux guichets de la prison, et on lui demande acte de cette communication.

CHAPITRE VI

DE LA PROCÉDURE DE LA CONSERVATION.

La procédure étant l'ensemble des moyens par lesquels toute personne qui se croit lésée peut obtenir des tribunaux le bénéfice de la loi, il s'ensuit que l'une est tenue de se modeler sur l'autre. Aussi trouvons-nous, dans la procé-

(1) Le 5 février 1691, après une expertise de maitres jurés et sur les conclusions du procureur du roi en la Conservation, un falsificateur est condamné à neuf années de galères, et il est ordonné que les étoffes fabriquées contrairement aux règlements avec des matières défectueuses, seront brûlées par la main du bourreau. Série FF, Titres non classés.

dure de la Conservation, l'empreinte des transformations que la législation y a subies. Nous voulons, avait dit Louis XI, à l'origine de notre institution, que le Conservateur ait « authorité et commission de juger et déterminer *sans longs procès et figures de plaids* appellez ceux qui seront à appeller tous les débats qui se pourroient mouvoir » aux foires de Lyon.

De cette procédure sommaire il ne reste aucun monument; elle n'était pas paperassière, faute de procureurs. Quand arrivèrent les Conservateurs, juges de robe longue, les procureurs, hommes de robe eux aussi, pénétrèrent à leur suite dans l'enceinte du tribunal lyonnais ; ils y instrumentèrent à leur gré, non sans provoquer, nous l'avons vu, les réclamations des justiciables. Mais ces réclamations furent peu écoutées, et le Consulat lui même qui demandait avec tant d'instance la réunion de la Conservation, se souciait si peu de cette réforme, pourtant bien nécessaire, que l'édit de 1655 laissa les procureurs dans la Conservation, comme il les y avait trouvés. Il semble même qu'il y eût plus que de l'indifférence dans cette abstention du Consulat ; il a l'air de considérer ce luxe de formalités si nuisible aux vrais intérêts du commerce comme indispensable au prestige de sa nouvelle dignité. C'est une ressemblance de plus qu'il a avec les hautes juridictions royales, avec lesquelles il prétend mettre la Conservation sur le pied d'égalité. La justice est devenue gratuite, mais pas plus brève ni plus simple, et par suite elle n'est en fait guère moins coûteuse. Le Consulat fait imprimer son *style* au lendemain de la réunion en 1657, et ce style, sauf quelques abréviations des délais, sauf élimination d'un certain nombre d'exceptions, est presque identique à celui de n'importe quelle autre justice. A lire un traité sur la procédure d'alors ou le style de la Conservation, on ne voit pas grande différence.

Aussi ne semble-t il pas trop téméraire d'y voir la procédure même que les Conservateurs, officiers royaux, avaient introduite dans leur juridiction. Un ensemble aussi considérable ne s'improvise pas en un jour, surtout dans une juridiction commerciale qui par nature est plus coutumière qu'aucune autre. Il avait fallu une longue série d'hommes de lois pour donner à la coutume lyonnaise l'aspect systématique que présente le style du xviie siècle. Le présidial, à l'encontre duquel le texte imprimé fut invoqué pour la première fois en 1667, n'eût pas manqué de protester s'il n'y eût vu qu'une arme de circonstance, improvisée pour les besoins de la cause consulaire. Il ne protesta pas parceque ce style avait dès lors force de coutume, parceque, de plus, ce n'étaient, à peu de chose près, que ses propres doctrines qu'on lui opposait; il chercha même à l'interpréter en sa faveur, ce qui était une manière d'en reconnaître l'authenticité (1). Tant les conservateurs, magistrats de profession, avaient réussi à effacer toute différence de procédure entre leur juridiction et les autres! Aussi suffira-t-il de glisser trèslégèrement sur ce qu'elles ont de commun, et de ne s'arrêter qu'aux détails particuliers à la Conservation.

L'instance s'introduit ici comme là par une requête, une commission ou une demande libellée; l'exploit d'assignation doit être rédigé par devant deux témoins, mais il est possible, dans l'intérieur de la ville, d'y suppléer par une citation verbale dont l'huissier fait ensuite son rapport au greffe. Les parties actionnées ne sont point à la Conservation appointées à contredire, et l'échange de pièces suit l'assignation; la présentation (2), après un premier défaut,

---

(1) V. le Procès en règlement.

(2) Ce mot dans l'ancien droit est synonyme de constitution d'avoué dans notre droit actuel.

est renouvelée dans la huitaine, et au cas d'un nouveau défaut dans les trois jours qui suivent la seconde. Après quoi le profit des défauts est adjugé et « le défaillant condamné par provision à garnir et à consigner dans les mains du demandeur. »

La Conservation, outre ce premier défaut, admet encore les deux autres, que l'on trouve partout ailleurs : le défaut *faute de comparaître*, et le défaut *faute de plaider*. Ceux-là se prononcent contre l'habitant dès le lendemain du jour auquel il était assigné et où il n'a pas comparu ; il en faut deux avant que le demandeur puisse obtenir garnison contre le défaillant. Pour y arriver, il doit assigner encore une fois le défendeur pour *voir taxer les frais* et statuer sur le fonds du procès. Son défaut sur cette troisième assignation n'arrête pas l'exécution du jugement ; la liquidation des frais est faite à tour de rôle par les procureurs, qui exercent à Lyon les fonctions de référendaires ; mais le compte arrêté doit être signé par un des gradués de la Conservation, après avoir été préalablement présenté au prévôt des marchands, par égard pour son rang.

Le défendeur présent a trois jours pour présenter ses réponses aux demandes de son adversaire, et quand il s'agit de lettres de change, promesses ou écritures privées « pour dire contre la reconnoissance de ses écritures privées ou l'acceptation de la lettre, autrement qu'elles sont tenues pour reconnues, et la lettre de change pour acceptée ; » trois autres jours lui sont donnés « pour défendre à la garnison, autrement il est condamné à garnir par provision, et sous caution, la somme demandée. »

Le style a soin de faire remarquer qu'il n'y a pas là, à proprement parler, *appointement à défendre*. Un tel appointement porte toujours, en effet, que le défendeur « dira ou défendra, » locution qui ouvre la porte aux exceptions dilatoires exclues de la Conservation.

Si le défendeur ne produit pas dans le délai de trois jours, il est condamné par défaut, débouté de toutes défenses, et condamné, en conséquence, au payement de la somme demandée, avec intérests et despens. » Ce jugement est exécutoire par provision.

S'il attend, pour présenter sa défense, le dernier moment, il est condamné à des dépéns frustratoires, même au cas où il gagnerait sa cause, en raison de son retard, et, s'il la perd, ces mêmes dépens viennent s'ajouter à l'objet et aux frais du procès. Le style ne donne pas de nom à ce défaut purement moral, et qui porte dans notre procédure actuelle celui de *défaut faute de conclure, ou de plaider.*

Les parties enfin mises en présence et amenées toutes deux dans la Conservation, elles peuvent encore y avoir recours à ces moyens dilatoires qui ralentissent la marche d'un procès. En première ligne il faut placer les exceptions; mais il faut reconnaître que, si en droit elles sont admissibles, la Conservation en fait le moins de cas possible. La composition du tribunal peut-elle donner lieu à récusation, le Style invite les juges à devancer une pareille demande « s'ils n'ignorent pas les causes de suspicion que l'on a contre eux; ils y sont d'autant plus obligés qu'ils sont eux-mesmes les juges des récusations qu'on leur propose et de leur incompétence. » La Conservation écarte le plus souvent les exceptions fondées sur le défaut de juridiction; elle n'a jamais égard aux *commitimus,* « ces priviléges particuliers cessans tousjours en faveur de ceux du commerce, pour éviter des longueurs qui y causoient souvent des dommages et des pertes irréparables. » Pour le même motif, elle écarte les exceptions de litispendance; elle n'admet pas davantage les marchands à proposer « que la marchan- « dise qu'ils ont receue sans protestation est mal condi- « tionnée ou fabriquée, et pour cela il n'en peuvent refuser

« le prix, ny de satisfaire aux pactions intervenues à ce
« sujet entre eux et d'autres marchands, ou qu'ils ont faites
« avec les ouvriers ou les voituriers ; l'ayant receue volon-
« tairement et sans protestation, ils ont ainsi tacitement
« renoncé à tout ce qu'ils auroient peu leur opposer du
« chef de la qualité de telles marchandises. »

La seule exception à laquelle la Conservation soit disposée à prêter l'oreille, c'est celle que peut opposer tout
acheteur au marchand au détail qui lui demande le payement d'une dette remontant à plus de six mois ; et le même
motif qui fait rejeter les autres est une cause d'admission
pour celle-là : c'est la célérité que réclame le commerce.

En somme, comme on le voit, si la Conservation offre
en droit, au justiciable, toutes les ressources des autres
juridictions pour traîner, s'il le veut, un procès en longueur,
les juges sont eux-mêmes beaucoup moins disposés à tolé-
rer cet abus ; de cette façon, leur popularité profite de tous
les retards que leur initiative supprime, et le prestige de
leur juridiction, ils le croient du moins, s'augmente
de toutes ces formalités inutiles qu'il leur serait permis
d'exiger.

Les exceptions proposées, et admises ou rejetées, commence entre les deux adversaires un échange de réponses,
chacune à trois jours d'intervalle, et dont chaque partie
peut se procurer deux fois l'agrément ; au total, douze jours
qui peuvent se perdre, pour peu que toutes deux aient
l'humeur processive. Puis la cause est appointée ou se vide
immédiatement en audience, à moins que l'une des parties
n'ait encore à établir un fait quelconque, auquel cas il y a
lieu soit à expertise, interrogatoire sur faits et articles,
audition de prudhommes, soit même à une procédure de
faux, qui, attribuée par privilége à la Conservation, a retenu toutes les longueurs de la justice ordinaire où elle

s'exerce habituellement, à une enquête sommaire ou solennelle, suivant que l'objet du procès dépasse ou non la valeur de 250 livres. Enfin, une dernière espèce de preuves particulière à la justice commerciale se tire des livres des marchands. Nous avons eu déjà l'occasion d'en dire quelques mots; comme tous autres actes, ils sont sujets à l'inscription de faux pour altération ou mauvaise tenue, et, dans ce cas, soumis à l'examen d'experts choisis ordinairement parmi des procureurs, des notaires, des maîtres écrivains dont le rapport sert de base à la décision du juge. C'est encore sur rapport d'experts que les juges apprécient la qualité et la quantité des marchandises sur lesquelles il y a discussion. Le délai le plus long accordé aux parties pour la nomination de ces experts, quand il y a lieu d'y procéder, est de trois jours, à défaut de quoi ils sont nommés d'office par le juge. Quand il s'agit de dépouiller les livres d'une société, un seul expert suffit, pourvu qu'il soit nommé par les parties ; les juges sont toujours tenus d'en nommer deux.

Enfin, après tous ces incidents, le jugement est rendu ; il est exécutoire même par corps « nonobstant oppositions ou appellations quelconques. » Seulement la partie qui obtient cette exécution est tenue de donner bonne et suffisante caution, et de fournir en plus un certificateur de cette caution, s'il y a lieu ; caution et certificateur sont nommés par devant le président de la Conservation. La partie condamnée a le droit de les récuser et de les faire remplacer dans les trois jours.

Le style de la Conservation, expression de la procédure ancienne, n'était pas destiné à survivre longtemps au régime sous lequel il s'était formé. Dix ans à peine s'étaient écoulés depuis son impression que, par l'arrêt du 23 décembre 1668, et par l'édit du 13 août 1669, le roi prescrivait l'application pure et simple de la procédure consulaire dans la Conservation (1). Un nouveau projet de règlement fut rédigé en exécution de cet édit, et, sous la même inspiration, parut le règlement de 1686 sur l'ordre intérieur de la Conservation (2). Mais, de la procédure ancienne, l'acte royal ne supprimait que les abus et les longueurs, dont le maintien avait peut-être provoqué, depuis l'édit de réunion, les protestations des justiciables. Il respectait dans le style de la Conservation tout ce qui touchait à ses priviléges et n'adoucissait en rien les rigueurs d'exécution, que l'on prétendait justifiées par les intérêts du commerce, et qui paraissent un souvenir du temps où les banqueroutes italiennes ébranlèrent la prospérité commerciale de Lyon. L'étranger est dispensé, il est vrai, de la caution *judicatum solvi* qui serait une cause de retard, mais en re-

(1) Edit du 13 août 1669, art. xiv : « Voulons que le titre de la « forme de procéder par-devant les juges et consuls des marchands de « nostre ordonnance du mois d'avril 1667 soit suivi et observé ponc- « tuellement en ladite jurisdiction de la Conservation ; et conformé- « ment à iceluy faisons défense de se servir en ladite jurisdiction du « ministère d'aucun advocat et procureur, mais seront tenues les par- « ties de comparoir en personne à la première assignation pour estre « ouïes par leurs bouches ; et, en cas de maladie, absence ou autre « légitime empeschement pourront envoyer un mémoire contenant « les moyens de leurs demandes ou défenses signées de leurs mains, « ou par un de leurs parens, voisins ou amis, ayant de ce charge ou « procuration spéciale dont il fera apparoir, à l'exception néantmoins « des matières criminelles, d'apposition de scellez, confections d'in- « ventaires, saisies et criées, ventes et adjudications, tant de meubles « qu'immeubles, oppositions à icelles, ordre et préférence en la distri- « bution des deniers qui en proviendront, esquelles affaires seulement « et non autres nous permettons de se servir du ministère des advo- « cats et procureurs. »

(2) Nous avons analysé plus haut le règlement de 1686 ; quant au projet de style, il ne porte pas de date, mais les considérants dont il est accompagné se réfèrent à l'édit de 1669.

vanche, s'il n'est domicilié à Lyon, ses biens peuvent être saisis sur une simple requête, au premier sujet de crainte que croit avoir son créancier; il n'est jamais assigné qu'une fois; il est vrai que le délai de l'assignation est d'une longueur proportionnée à la distance, enfin « dans les actions criminelles ou qui participent de la nature des criminelles, il peut « être amené pied à pied devant le Conservateur. » Et le style atténue aussitôt la restriction de ce procédé aux seules affaires criminelles en ajoutant qu'il « est d'usage ordinaire dans une ville, qui, comme celle-cy, voit tous les jours naistre tant de diverses affaires entre les habitants et les étrangers, sur des occasions et en des matières, qui souvent seroient sans remède s'il estoit différé. » Le marchand qui veut user de ce moyen adresse une requête au Conservateur, et en obtient une ordonnance en vertu de laquelle « le débiteur est amené de gré s'il obéit, ou de force s'il n'obéit point au commandement qui luy en est fait par l'officier chargé de la commission. » Le créancier craint-il de ne pouvoir mettre l'ordonnance du Conservateur à entière exécution, il demande aussi qu'il lui soit permis « de saisir les effets de son débiteur, jusqu'à ce qu'il ait respondu, constitué procureur, esleu domicile et donné caution. Toutefois, pour atténuer ce qu'il peut y avoir de brutal dans une pareille conduite, et comme les sergens ne sont pas assez judicieux pour discerner dans leurs exécutions ceux pour qui il est à propos d'avoir quelque sorte de retenue d'avec ceux de qui la condition en désire moins, » le style recommande aux conservateurs, « lorsqu'il s'agit d'amener en leur présence des personnes qualifiées et qui méritent de n'estre pas traitées de commun, d'ordonner que ce sera *sans scandale;* véritablement, ajoute-t-il, c'en est un de voir un honnête homme outragé, comme il est arrivé souvent, par les ministres de la justice qui sont devenus ceux de la passion de son adversaire, qui achète d'eux à deniers comptans les injures et les déplaisirs qu'ils lui font. »

Ainsi amené devant le tribunal, le défendeur est interrogé sur les faits proposés contre lui, s'il refuse de répondre, son arrestation est maintenue ; s'il répond, et que l'affaire ne puisse recevoir une solution immédiate, il est ordonné que le demandeur délibérera sur ces réponses, que l'amené constituera procureur, élira domicile et donnera caution de payer le jugé ; s'il cautionne, on le met en liberté, sinon il est retenu en prison. Quand le forain refuse d'élire domicile, ce domicile est réputé élu auprès de l'un des procureurs postulans en la Conservation.

Telles sont les rigueurs de cette justice pour les justiciables étrangers ; les moyens d'exécution ne sont pas plus doux, mais au moins sont-ils les mêmes pour tous. Les jugements de la Conservation étaient, nous l'avons dit, exécutoires sans visa ni pareatis dans toute l'étendue du royaume ; ils l'étaient même à l'étranger. On pourrait croire que ce privilége dont il est question dans les ordonnances royales était le plus souvent assez platonique, et que si les étrangers résidant à Lyon et y jouissant de nombreux priviléges s'y soumirent à un tribunal plus conforme que d'autres aux simples lois de l'équité, et plus expéditif, ce fut tout On se tromperait pourtant ; les souverains étrangers toléraient bien réellement dans leurs Etats l'exécution des jugements des Conservateurs. « Les foires de Brie et de de Champagne, nous dit en 1649, dans sa préface, Guillaume Barbier, l'éditeur des Priviléges des foires de Lyon, les foires de Brie et de Champagne, qui sont à présent celles « de la ville de Lyon, furent establies, comme nous l'appre- « nons des lettres patentes de Philippe de Valois, données « au bois de Vincennes le 6 aoust de l'année 1349 pour le « bien et profit commun de toutes les provinces, tant de ce

« royaume qu'estrangères ; ce qui fut cause qu'à leur créa-
« tion et establissement, et aux ordonnances et statuts
« d'icelles, tous les princes chrétiens et mécréans y con-
« sentirent et donnèrent leur approbation, et de plus se
« soumirent à la jurisdiction d'icelles, y donnant obéis-
« sance. Ce sont les termes desdites lettres qui veulent dire
« qu'en considération des priviléges et franchises que nos
« roys donnoient dans lesdites foires aux sujets de ces
« princes estrangers, et de la liberté qu'ils avoient de venir
« en ce royaume négocier seurement et franchement esdites
« foires, ils voulurent que leurs dits sujets demeurassent
« sousmis à la jurisdiction d'icelles, et, quoyque de retour
« en leurs pays, qu'ils fussent obligiez de comparoir et
« plaider par-devant le juge conservateur des priviléges des-
« dites foires, toutes et quantes fois qu'ils y seroient appel-
« lez comme ses justiciables. Ce qui est encore aujourd'huy
« si ponctuellement observé, que dans tous les pays étrangers
« les sentences, jugemens et commissions dudit juge con-
« servateur y sont exécutés sans aucun contredit ; et il
« *n'y a personne dans Lyon du nombre des anciens négociants*
« et autres qui ne sachent qu'en vertu des decrets de prise
« de corps décernez par ledit juge conservateur, l'on n'ait
« depuis *trente ou quarante années* amené par devant luy des
« prisonniers que l'on pourroit nommer si l'on vouloit,
« arrestez en Barbarie et en Angleterre, ce qui a esté souffert
« avec patience par les princes et seigneurs, leurs souve-
« rains, en considération de ce que dessus, et par ce moyen
« les officiers de nos roys portent leurs noms et leur juris-
« diction par tous les pays estrangers et y treuvent pour ce
« regard une obeyssance et soumission toute entière. »

Ainsi l'autorité de la Conservation était reconnue chez les
peuples les plus divers, par des nations presque barbares,
comme par les plus jalouses de leur indépendance. Et cette

autorité dont nous constatons ainsi l'existence dès le commencement du XVIIe siècle, nous la retrouvons encore quatre-vingts ans après sous un nouveau régime; la Conservation invoque les traités internationaux, et ses réclamations nous apprennent ainsi, que pour être parfois méconnus. ses droits n'en reposent pas moins sur les plus solides fondements (1).

· La Conservation use de la contrainte par corps contre les débiteurs insolvables, comme envers les étrangers qu'elle ne peut amener autrement à comparaître devant elle. Ce moyen y est même d'une application très-fréquente et très-étendue; les ecclésiastiques seuls et les femmes non marchandes publiques en sont exempts, et les veuves mêmes y sont soumises; elle pouvait emprisonner à tous jours, lieux et heures, même dans les églises, suivant l'interprétation qu'elle donnait à l'édit de Villers-Cotterets (art. LXVI).

(1) Le Consulat s'adresse en ces termes, le 23 mars 1680, à Colbert de Croissy pour obtenir son intervention contre le sieur Benassai, négociant florentin, qui prétendait se soustraire à une condamnation de la Conservation : « Il s'agit, Monseigneur, de le faire obéir et de faire subir aux estrangers une loy que leurs princes, par des concordats authentiques, se sont imposez eux-mesmes et à leurs sujets, dont ilz ont consenty le renvoy à cette jurisdiction privilégiée, et la reconnoissance qu'ils en ont faites toutes les fois qu'il a esté question de semblables matières. » Arch. mun. de Lyon AA, 126, f⁰ 7. Et dans une autre lettre, motivée par la résistance d'un nommé Iselin, marchand de Bâle, qui avait eu recours à l'autorité du Conseil d'Alsace et du bourgmestre de Bâle pour résister à une condamnation de la Conservation, le Consulat s'adressant à l'ambassadeur de France en Suisse, le 20 juillet 1681, s'exprime en ces termes : « Toutes les nations étrangères, les princes mesme mécréants, dont les sujets avoient correspondance dans leur commerce à nos foires, par la grande commodité et les avantages considérables que leur fournissoit la situation de ceste ville et les franchises desdites foires, consentirent et se soumirent à cet établissement. On a veu les jugements des conservateurs executez à Constantinople et à Londres. » AA, 126, f⁰ 43.

Elle exerçait ce droit pour les sommes les plus minimes ;
nous voyons, par exemple, une femme contrainte par corps
à payer une dette de 30 l. 17 s. 9 d. Les excès commis en
1702 par des huissiers qui exécutaient une sentence des
juges consuls de Paris ayant donné lieu à un arrêt du Parlement de Paris qui défendait « d'arrêter aucunes personnes
dans leurs maisons à heures indues pour dettes civiles sans
permission de juges », le commerce de Lyon craignit que
les conséquences de cet édit ne s'étendissent à la Conservation, « et en effet tous les débiteurs de mauvaise foi s'en
prévalaient pour braver impunément leurs créanciers. » Les
négociants étrangers joignirent leurs sollicitations à celles
des Lyonnais, et un autre arrêt du Parlement rendu sur les
réquisitions de Joly de Fleury, le 18 juin 1710, maintint la
Conservation en possession de ce droit (1). Le nouvel arrêt

(1) Nous citons ici une partie du discours de Joly de Fleury pour
donner une idée des arguments employés alors pour le maintien de la
contrainte par corps, telle que la Conservation la pratiquait : « Si la
contrainte par corps n'était pas exécutable en la Conservation à tous
lieux, jours et heures, les négociants étrangers pourroient arriver sans
crainte dans la ville de Lyon, dans le temps des foires, un jour de
dimanche ou de fête, y séjourner dans une maison, travailler à leurs
affaires, et souvent au préjudice de leurs créanciers, sortir de la ville
les jours mêmes où l'on ne pourroit exécuter les contraintes et éviter
par une retraite, soit dans une province éloignée du royaume, soit
dans un état voisin, la peine que leur dol et leur fraude pouvoient
mériter.

Qu'un commerçant établi dans la ville de Lyon, après avoir abusé
de ces dehors spécieux de bonne foi qui ne trompent que trop souvent
dans le commerce, après avoir emprunté sur son crédit de tous côtés,
trouveroit le moyen de faire passer ses effets en d'autres mains, demeurer en sa maison et jouir du bien de ses créanciers impunément, et
d'attendre avec tranquillité qu'ils vinssent eux-mêmes lui demander
grâce, et au lieu de perdre tout, la faculté de pouvoir du moins perdre
une partie, et peut être la plus considérable de leurs créances.

Que si les habitants de la ville de Lyon pouvoient se plaindre de ces

était encore insuffisant; il ne s'étendait qu'à la sénéchaussée de Lyon, et rien n'était plus facile que d'en franchir les limites. Un édit, rendu à Marly en août 1714, remédia à cet inconvénient; il ordonna que les sentences de la Conservation « *seroient* exécutées par provision et même par corps contre ceux qui y *seroient* condamnés, dans quelques lieux qu'ils *pussent* estre trouvés. » (1) La part que prit d'Aguesseau à la rédaction de cet édit lui mérita la reconnaissance du Consulat; il y ajouta encore de nouveaux titres par la lettre suivante du 3 novembre 1717 qui autorisait la contrainte par córps, même contre les septuagénaires :

Monsieur CHOLIER, le prévôt des marchands,

La faveur du commerce de Lyon est si grande qu'elle peut faire autoriser des maximes qui ne sont pas reçues ailleurs,

désordres, les étrangers qui y commercent auroient encore plus sujet, leur commerce n'étant fondé qne sur la foi de leurs débiteurs ou sur la contrainte par corps qu'ils espèrent, soutiendroient ils un commerce dans lequel cette ressource leur manqueroit ?

Et comment pourroit on user de contrainte pour les constituer prisonniers dans la ville de Lyon s'ils ne pouvoient avoir le même avantage contre les habitants de cette ville?

Que l'exécution de l'arrêt rendroit encore plus inutile la disposition des ordonnances sur les faillites et banqueroutes; que n'étant réputées ouvertes que du jour de l'absence ou du scellé apposé, et les actes faits en fraude des créanciers même avant la banqueroute ouverte étant nuls, suivant la loi, on ne pourroit jamais s'éclaircir, ni du moment de la banqueroute, ni du temps qui l'auroit précédé ; l'absence ou la présence du débiteur seroit toújours incertaine s'il lui étoit permis de demeurer dans sa maison ; si l'on ne pouvoit y faire de recherches, aucun créancier n'oseroit assurer qu'il est absent, aucun créancier n'oseroit provoquer un scellé et courir le risque des dommages et intérêts si on le trouvait dans sa maison. »

Arch mun. de Lyon, série FF, titres non classés.

(1) Arch. mun. de Lyon, série FF, titres non classés.

et que l'intérêt bien entendu des négociants devroit y faire recevoir. Ainsi vous pouvez continuer de suivre l'usage des contraintes par corps, même contre les septuagénaires pour faits de commerce. Je suis, Monsieur, très-affectionné à vous servir.

Signé D'AGUESSEAU (1).

Ainsi dans un temps où il était de bon ton d'affecter la sensibilité, la faveur du commerce n'en passait pas moins avant les droits les plus respectables de l'humanité.

Malgré cette autorité considérable, ce privilége exhorbitant ne fut pas toujours respecté ; en 1752, le 26 août, sur les conclusions de ce même Joly de Fleury, le Parlement de Paris ordonna l'élargissement d'un nommé Charles Deshayes, âgé de soixante-onze ans, constitué prisonnier par ordre de la Conservation (2), et le projet de règlement dont la Conservation fut menacée sur la fin de son existence était également destiné à restreindre ses droits en matière de contrainte par corps.

Les autres moyens n'étaient pas employés avec plus de douceur ; quand une saisie mobilière avait lieu, il semble qu'elle comprenait même des objets de première nécessité, et jusqu'à des instruments de travail. Une sentence du 14 mai 1510 ordonne la vente des mulets d'un voiturier et la répartition de leur prix entre les créanciers du propriétaire (3) Je ne sais si l'ancienne sévérité avait persisté jusqu'aux derniers moments de la Conservation ; il y a pourtant, nous venons de le voir, d'assez fortes raisons de croire qu'elle ne s'en était pas départie.

(1) Arch. de Lyon, série FF, titres non classés.
(2) Id.
(3) Arch. de Lyon. Série FF, titres non classés.

On saisissait, en cas d'insolvabilité, d'abord les meubles, puis, si le prix en était insuffisant, les immeubles, qui étaient mis, comme l'on disait alors, en criées et subhastations ; ces criées et subhastations étaient faites par-devant la Conservation, mais elles devaient être certifiées par les juridictions dans le ressort desquelles se trouvaient les biens saisis ; la Conservation pouvait, en effet, « interposer des décrets » dans toutes les provinces du royaume (1).

Le privilége de la cession de biens était chose à peu près inconnue dans la Conservation ; la seule issue accordée au prisonnier pour dettes, c'était le payement. La Conservation, rendue plus sévère sans doute par les nombreuses banqueroutes dont Lyon avait été victime au xvie siècle, était disposée à voir de la fraude dans toute demande en cession de biens ; elle avait toujours peur que le débiteur n'en cédât qu'une partie et ne se réservât l'autre. Le seul tempérament qu'elle admît était « qu'au cas de maladie dangereuse, si les médecins convenus par les parties sur la plainte du malade ou pris d'office si elles n'en *pouvoient* convenir, *rapportoient* qu'il lui étoit absolument besoin pour le recouvrement de sa santé de changer d'air et de lieu, il *étoit* ordonné que ses créanciers *chercheroient* dans trois jours, ou mesme dans un plus court délay un lieu propre à l'y faire traiter, et que si bon leur *sembloit*, ils l'y *feroient* garder (2). » Une désobéissance des créanciers à l'ordonnance du médecin entraînait la délivrance du malade (3).

La mise en liberté pouvait aussi être ordonnée à la re-

---

(1) Arrêts du Conseil du 15 septembre 1542 et du 23 décembre 1668, art. 4. Série FF.

(2) Style de la Conservation, art. CXXXV.

(3) Style de la Conservation, art. CXXXV.

quête du geôlier, si·le créancier ne payait pas. les frais de nourriture de son débiteur (1).

Un arrêt du Conseil d'Etat du 23 mai 1682 faisait remonter le privilége de la Conservation jusqu'à ses origines, et même au-delà, à la fameuse ordonnance de 1349 (2). A plus forte raison, et la Conservation s'en vantait, de simples répits étaient-ils refusés ; les lettres qu'un débiteur avait pu obtenir ailleurs à cet effet étaient considérées à Lyon comme une présomption légale de faillite, et le procès pour cette cause pouvait être. commencé « soit à la réquisition du procureur du roi, soit à celle du premier des créanciers qui s'en *plaignait* (3). »

La seule mesure protectrice qui semble à ce point de vue accordée aux débiteurs, c'est qu'il faut, en temps ordinaire, un jugement pour autoriser une saisie contre eux, et encore quand « il y a visiblement péril en la demeure, une requête suffit (4). »

Les intérêts, quand l'une des parties est condamnée à les payer, ne courent jamais que du jour de la *contestation en cause ;* en matière de lettres de change, ils se payent au cours de la place, et s'il ne s'agit pas de dettes de cette nature, le taux de l'intérêt est fixé par l'ordonnance du juge ; les sentences provisionnelles n'emportent jamais adjudication d'intérêts (5).

Si maintenant, au terme de cette étude, nous essayons de grouper les traits qui donnent à la Conservation sa phy-

---

(1) Arch. mun. de Lyon. Série FF, titres non classés.

(2) Par une double erreur, cet arrêt, qui faisait la Conservation beaucoup plus ancienne qu'elle ne l'était, attribuait à Charles V cet édit de 1349 qui fut l'œuvre de Philippe VI. Série FF, titres non classés.

(3) Style de la Conservation, art. X.

(4) Id., art. IX.

(5) Id., XI, XII.

sionomie spéciale, les caractères qui lui assignent une place
à part même parmi les institutions françaises, c'est dans la
grande réforme du xviie siècle qu'il faut les chercher. Les
écrivains qui, sans bien la connaître, ont touché à son histoire
ont instinctivement senti cette vérité ; c'est à l'édit de réunion seulement qu'ils la font remonter, et c'est à partir de
ce moment, en effet, que la Conservation prend rang en évidence dans l'ordre des juridictions françaises au-dessus des
justices consulaires, et presque à côté des cours souveraines.
La période antérieure n'est qu'une période de préparation,
et souvent de tâtonnements ; ceux mêmes qui demandent un
changement ne savent quelle forme lui donner. L'édit de
1655 fut, nous l'avons dit, une transaction, et celui de 1669,
en atténuant ce caractère, ne parvint pas à l'effacer. Le roi
tout le premier, se réserva naturellement sa part d'influence
sur la nouvelle juridiction ; deux juges y furent à sa nomination directe, sans que celle des autres pût se faire en dehors de ses désirs. Ce fut aussi et surtout un compromis
entre l'esprit commercial et l'esprit judiciaire. Comme la
magistrature de robe longue, la Conservation, sous sa forme
nouvelle, a ces tendances doctrinaires qu'affectaient les Parlements ; elle s'efforce d'emprisonner les justiciables dans
d'étroites formules, d'astreindre les commerçants à une ré-
gularité excessive, de leur fixer même leurs échéances, au
risque d'aggraver les crises financières par la simultanéité
des payements ; elle est fière de compter des gradués dans
son sein, et fait même trop grand cas de la science qu'elle
prétend avoir de plus que les autres tribunaux de son espèce ;
et elle a en effet sur eux un énorme avantage, qu'elle ne
doit pas, il est vrai, à ses gradués ; elle ne se reconnaît et
on ne lui reconnaît presque aucune limite territoriale ; les
marchands de toutes les nations arrivent à sa barre, chacun
apportant une fois ou l'autre avec lui la législation de son

pays, et prétendant l'opposer aux usages de la Conservation.

Il faut concilier ces lois différentes ; il y a certainement là toutes les conditions d'un excellent apprentissage judiciaire. C'est aussi un noviciat administratif, car, à côté du prévôt des marchands et des échevins devenus conservateurs le jour où ils ont été appelés au Consulat, il s'y trouve des hommes nouveaux qui ne pourront eux-mêmes exercer les fonctions municipales qu'après avoir rendu la justice à la Conservation ou administré les biens des pauvres dans les hôpitaux. Associés aux travaux des représentants de la cité, ils s'initient à la pratique des affaires d'autant plus que la mission de 'la Conservation elle-même n'est pas toujours exclusivement judiciaire, et cette initiation est le remède le plus sûr contre l'esprit de système auquel ils sont exposés (1).

(1) Sur la fin du XVIIIe siècle, le roulement que nous venons de décrire, et qui avait pour but de n'ouvrir le Consulat et la Conservation qu'à des hommes d'expérience, avait été négligé. Les électeurs excluaient de parti-pris ces vétérans ; on n'attendait même pas que des jeunes gens fussent sortis de la Conservation ou de l'administration hospitalière pour leur conférer les honneurs municipaux ; une lettre du roi rappela les Lyonnais au respect de leurs anciens usages. La voici, telle qu'elle a été transcrite dans les registres municipaux de Lyon :

De par le roy,

Sa Majesté, s'étant fait rendre compte de ce qui s'est passé dans les élections qui se sont faites depuis quelques années dans la ville de Lyon pour nommer aux places d'échevins et de conseillers de ville, a reconnu qu'on avait choisi de préférence parmi les sujets tirés de l'administration des hôpitaux et de la Conservation ceux qui n'avaient pas encore ou auroient à peine achevé le temps pour lequel ilz avoient été nommés, ce qui est contraire à l'esprit des lettres-patentes du 31 août 1764, et tendroit d'ailleurs à décourager ceux qui sont dans le cas desdites lettres-patentes et de l'ancienneté. Sa Majesté a été aussi informée qu'il en avoit été usé de même à l'égard des conseillers de ville choisis parmy les ex-consuls, et que, dans leur élection, on avoit donné la préférence à ceux qui ne faisoient que sortir de charge sur nombre d'ex-consuls anciens et recommandables par leurs services ; Sa Majesté,

Ils rapportent aussi de l'administration, au moins de l'administration municipale, ces titres de noblesse dont Charles VIII avait enrichi le Consulat lyonnais, et la Conservation a, de cette façon, elle aussi, sa noblesse de robe. Elle représente dignement, de concert avec le Consulat, dont elle n'est, à vrai dire, qu'un rameau, cette grande aristocratie commerciale dont on ne peut guère trouver le modèle qu'en Italie. Comme sa rivale, ou plutôt comme sa métropole des rives de l'Arno, qui lui avait envoyé tant de ses enfants, elle sait joindre à une haute intelligence des affaires le goût des choses de l'esprit. Il y a chez ces magistrats des sentiments à la hauteur de leur situation, un désintéressement que ne vient pas altérer, comme ailleurs, la vénalité des offices et la nécessité pour le juge de rentrer dans ses déboursés. Les conservateurs exercent gratuitement une fonction publique, et l'amour-propre, l'égoïsme même que nous avons eu à signaler chez eux a au moins ce côté respectable qu'il s'identifie avec le sentiment de la grandeur de leur cité. La Conservation était

voulant y pourvoir et empêcher cet (sic) espèce de relâchement, qui pourroit tirer aux plus grandes conséquences, relativement à l'administration de ladicte ville, a ordonné qu'on ne pourra choisir pour échevins et pour conseillers de ville que des sujets qui auront rempli en entier leur service à la Conservation et aux hôpitaux, et qui en seront sortis depuis six mois au moins, et quant aux conseillers de ville à choisir parmi les ex consuls, qu'il sera choisi (sic) parmi ceux qui étoient dans l'échevinage il y a dix années et au dessus, le tout jusqu'à ce qu'il en ait été autrement ordonné par Sa Majesté ; permet néanmoins Sa Majesté de choisir parmi ceux qui n'auroient pas achevé entièrement leurs services lorsqu'il ne se trouveroit pas des sujets qui l'eussent achevé ; enjoint Sa Majesté au prévôt des marchands de la ville de Lyon de tenir la main à l'exécution du présent ordre, qui sera inscrit sur les registres de l'hôtel de ville. Fait à Fontainebleau, le quatorze novembre 1776. Signé Louis, et plus bas, Bertin. BB, 345, fol. 83.

une création toute municipale ; ses priviléges étaient des priviléges lyonnais, et quand ses magistrats les défendaient
avec une opiniâtreté qu'on est parfois forcé de blâmer, il
est permis au moins de dire à leur décharge qu'ils défendaient non leur intérêt propre, mais celui de leurs concitoyens.

PIÈCES JUSTIFICATIVES

———

N° 1

Procès-verbal d'une délibération consulaire du 25 juin 1532,
pour la réunion de la Conservation au Consulat.

« Le mardy, le lendemain de la Sainct Jehan, xxvie Juny (*sic*) mil cinq cens xxxii, Claude Trie, Jherosme Guerrier, Symond Court, Pierre Renaud, maistre Clément Amyot, Jehan Faure.

.... ledit jour de matin, lesdits sieurs conseillers se sont retirez en la maison de monsieur le procureur de la ville, au venir de ladicte église Sainct-Jehan pour traicter principallement de l'affaire de la Conservation et adviser, s'il y aurait moyen de la remectre au Consulat de ladicte ville, pour ce que monsieur le conservateur Nery Mazy est après pour icelluy office vendre à quelcun particulier, lequel néantmoingz a offert le remectre au Consulàt pour mellieur marché que à ung particulier, par les moyens qu'il a dit à Me Jehan Guillaud pour le faire sçavoir audit Consulat ; et lequel Me Jehan Guillaud a dit avoir charge dudit conservateur Mazi, d'en avoir récompense dudit Consulat.

Le Jeudy vingt septiesme jung mil cinq cens trente-deux, en l'ostel commun, après disner,</p>

(13)

Monsieur le procureur de la Bessée, Claude Tric, Jherosme Guerrier, Pierre Renaud, Simon Court, Jehan Faure

Ont estez mandez et sont comparuz honorables hommes Jehan Sala, Claude Renaud, Benoist Rochefort, Pierre Manissier, Humbert Gimbre, Théode Le Vin, esquelz a esté communiqué le fait de la Conservation, comme le Conservateur Nery Mazy est prouchain de vendre à quelque particulier, dont il reffuze cinq mil escuz, et plus ainsi qu'il a faict remontrer au Consulat, et à mesdits sieurs les conseillers et leur a faict dire par Me Jehan Guillaud, qu'il aymeroit mieulx la remectre au Consulat à meilleur marché et à moingz que à ung particulier, pour le zèle qu'il porte à ladicte communaulté, et pourveu qu'il demeure Conservateur sa vie durant, et qu'il seroit, ladicte vie durant, consellier de ladicte ville, supernuméraire, ou l'un des douze, et exerceroit ladicte Conservacion comme Conseiller ; et après son trespas, le Consulat l'exerceroit qui seroit la meilleure chose pour le bien d'icelluy Consulat et de ladicte communaulté, que qui pourroit estre ; par quoy puis quinze jours en ça que ledit Conservateur Mazi en a faict parler par ledit Guillaud, lesdits sieurs conseillers ont faict sentir et savoir par ledit Me Jehan Guillaud, aussi par le secrétaire du présent Consulat, l'intencion dudit Mazi et, au dernier mot, qu'il en vouldroit avoir, lesquelz ont rapporté avoir plusieurs remonstrances à luy faictes ; il est résolu en avoir ce qui s'ensuit :

Assavoir deux mil cinq cens escuz, partie comptant et à termes, d'une part ; trois cens livres de pension tant qu'il vivra, et après lui, durant la vie de sa femme, s'elle surveit et au survivant d'eulx deux. Item qu'il exercera ledict office sa vie durant, en l'ostel commun et consulat en chef, et comme l'un desdicts conseilliers de ladicte ville.

Item que le Consulat fondera une messe basse à Sainct-

Nizier, chacun jour perpétuellement, qui sera intitulée *la messe du Conservateur*.

Et à moingz ne le remectra à ladicte ville, laquelle ville et Consulat fera les fraiz et dilligences de le faire passer au roy.

Et combien que ledit Consulat treuve que ledit office seroit fort comode audit Consulat, et pour le grant bien de la communaulté, néantmoings le pris est si hault que le Consulat est perplex de y entendre et besoigner, par quoy ont advisé faire la présent assemblée pour en avoir leurs advis des assistans pour leur descharge;

Leur a esté aussi remonstré comme autreffoys, monsieur le chancelier de France a remonstré audit Consulat, luy estant en cette ville, que ledit Consulat n'estoit estimé doubté ne obéy du populaire comme requis estoit, par autant que ledit Consulat n'avoit aucune juridicion, ne auctorité, comme les ont ceulx de Paris, Rouen, Tholoze et autres bonnes villes franches de ce royaume, les persuadant d'avoir ladite Conservation audit Consulat, au moyen de laquelle le Consulat pourroit donner ordre à la politique et obvier aux monopolles des particuliers qui causent la cherté des vivres et denrées, en icelle ville, mais pour lors, par faulte de deniers ou de bonne poursuyte, la chose demeura sans estre mise à fin, et après ont esté demandées les opinions desdits notables assistans qui ont opiné comme s'ensuit :

Premierement ledit Jehan Salla a dit que par cy-devant le Consulat a toujours désiré avoir ladite Conservation pour les causes dessus dites et autres bonnes, et pour ce dit qu'il n'y fault aucune chose espargnier pour y pourvoir, car plus gros bien ne pourroit advenir à ladite ville, et qui ne pourra mieulx plus tost luy acourder ce qu'il demande;

Benoist Rochefort, Humbert Gimbre, Theode le Vin

ont dit, l'un après l'autre, qu'on ne scauroit estimer le gros bien qui s'en ensuyvra de remectre qui pourra ladicte Conservation audit Consulat, car ce sera chose perpétuelle et à tousjours ; que ledit Consulat sera estimé et obéy soubz l'auctorité du roy et, par ce moyen, se donnera bon ordre à ladicte politique, et combien que le pris et pension qu'il demande soient aulx, neantmoings c'est pour une fois et ung particulier en veult bien autant et plus donner, parquoy se leur semble qu'on doit besoygner avec luy, pourveu que premier que luy paie aucune chose, le tout soit permis, acomodé et passé par le roy en bonne forme.

Claude Renaud dit qu'il ne peult entendre que particuliers luy en vueillent autant donner, comme il dit, et treuve bien ault le pris et pension, et qu'on doit commectre deux desdits conseillers pour parler audit Mazi se l'en pourra aucune chose rabatre de ce qu'il demande ;

Pierre Manissier dit que plustost l'on luy doit acourder ce qui demande, qui ne pourra en rebatre et plus tost luy bailler V^{cc} escuz davantaige, et qu'il remecte ledit office dès à présent ;

Finablement a esté conclud par ledit Consulat que ledit Claude Trie et Jehan Sala yront parler et pratiquer avec luy, s'ilz en pourront aucune chose rabatre. » Arch. de Lyon, BB. 52, folios 90, 91.

<h2 style="text-align:center">N° 2</h2>

Mémoyres pour les eschevins de la ville de Lyon.

Il fault entendre que lesdits eschevins, de toute ancienneté ont heu l'intendence et cognoissence de la pollice de ladite ville, mesmement pour le regard des ediffices, de la recherche du pain, la visitation de l'espicerie, entretenement des voyes et rues publicques, et de tout ce qui concerne le bien publiq de ladite ville.

Mais, parce qu'ilz n'avoient aulcune juridiction contencieuse, ilz obtindrent lettres patentes de sa Majesté, en l'an mil cinq cens soixante-cinq, par lesquelles la juridiction du faict politiq leur est attribuée par prévention avec pouvoir de juger et condempner les délinquans à la police de la somme de troys livres tournois, lesquelles lettres n'ont sorty effect à cause de l'empeschement à eulx donné par les seneschal et gens tenens le siège présidial à Lyon, et aussi des gens du roy audict siège.

Et sur la publicacion desdictes lettres patentes y a instance pendante, en la court de Parlement à Paris, en laquelle il fault poursuyr le reiglement en la forme qu'il a esté faict et donné entre le bailly d'Orléans et les eschevins dudit lieu.

Oultre ce, les eschevins de Lyon, pour l'augmentation du bien publiq de ladite ville, veullent supplier sa Majesté qu'il luy plaise octroyer la cognoissance des différens entre tous marchans fréquentans les foyres de Lyon, tant estrangers que aultres, ainsi qu'il a esté permis, et telle cognoissance et juridiction est attribuée ez eschevins et consulz de plusieurs bonnes villes de ce royaulme,

Et que, au lieu qu'il y a ung juge conservateur des privilléges desdites foires, ledit office fust supprimé et au lieu dudit Conservateur que la cognoissance, court et juridiction de toutes les matières dont ledit Conservateur a accoustumé de cognoistre, fut donnée et attribuée esdits eschevins pour par eulx en cognoistre souverainement et sans figures de procès, comme de faict mercantil, qui doibt estre traicté entre marchans de bonne foy sans controverse et sans superfluité de procès, ce qui augmenteroit grandement la négociation et soullageroit tous marchans, lesquelz en playdant

présentement par devant ledit Conservateur sont fort travaillez de despens, mises, longueur de procédures, et infinies
subterfuges, le tout revenant à la grand'folle de tous negociateurs et conséquemment au dommaige de Sa Majesté.

Et mesmes que anciennement du temps du premier establissement desdites foyres, et longtemps après le Conservateur des privillèges des foyres estoit homme de robbe courte,
marchant ou bourgeois, lequel se trouvoit journellement
sur la place des changes à Lyon, pour obvier les différens
entre tous marchans, lesquelz différens se vuidoient promptement et d'ung jour à aultre au grand contentement d'ung
chacun.

Et seullement despuys trente ou trente-cinq ans les Conservateurs desdites foyres, qui ont esté pourveuz dudit estat,
ont traicté tous les différens des marchans de ladite ville
et aultres estrangiers, par longues procédures et assignations, et tout ainsi qu'on a accoustumé de procéder en
juridictions ordinaires, au grand détriment et folle du
publiq, à quoy il est besoing de prouveoir, ce qui a donné
occasion esdits eschevins voulans procurer le bien et utilité
publicque de faire ladite poursuyte. » Lecture est donnée,
du Mémoire renfermant ce passage, à la séance du Consulat,
en date du 8 février 1569, BB. 88, folios 41 et suiv.

N° 3

*Edit de Henri III, du mois de Mai 1583, établissant auprès
du Conservateur deux assesseurs marchands.*

Henry par la grâce de Dieu, roy de France et de Pologne,
à tous présens et advenir, salut. Noz bien aymés les marchans de nostre ville de Lyon et aultres frequentans les
foyres d'icelles (*sic*) nous ont faict remonstrer en nostre conseil que noz prédécesseurs roys, Charlés septiesme et Loys

unziesme, en establissans les quatre foyres en ladicte ville, auroyent octroyé plusieurs franchises, priviléges et imunités (*sic*), et pour la maintention et pour la conservation d'icelles, institué juge, gardien et conservateur le seneschal de Lyon et ses lieutenans. Mais ayant despuis cogneu que la forme de plaider ordinaire et longueur des expéditions judiciaires, accoustumés par devant lesdits lieutenans et juges de robbe longue, appourtoit plus d'incommodité aux marchans et à leur trafficq que d'advencement à leurs affaires ; pour faciliter la justice et la rendre plus briefve ausdits marchans, auroyent distraict et eclipsé ladicte juris-diction de ladicte Conservation de la seneschaussée, et es-tably ung juge particullier, conservateur et gardien desdits privileiges de robbe courte, dont lesdits marchans auroyent rappourté double commodité, l'un en la briefve expédition de leurs procès sans longueur de formalité de justice, l'aultre pour expérience dudict juge, au faict de marchandise, pour avoir esté marchant, et partant mieulx entendu et expéri-menté au faict mercantil, joinct qu'il prenoit l'avis des marchans, jugeans sommairement et en équicté, avecq peu de fraiz et dépens aux partyes ; jusques en l'an mil cinq cens trente-six que ledit eedict et règlement très né-cessaire, fut changé et altéré, au moyen de ce que Nery Mazy, lhors conservateur de robbe courte, résigna ledit estat à Me Nicolas de Chaponay, homme de robbe longue, au préjudice desdits marchans et contre l'institution et in-tention de nosdits prédécesseurs roys, et depuis y auroyent aussy estably ung lieutenant, aussy de robbe longue, qui a enjendré une très grande longueur à l'instruction et juge-ment des procès, qui interviennent en ladicte jurisdiction, au lieu que au paravant ilz estoyent juges sans formalité, comme ce faict aujourd'hui par tout le reste de nostre royaulme, tant par devant les juges et consulz des marchans que es autres villes ou il y a juges conservateurs, lesquelz sont de robbe courte , que faict consommer en fraiz execifz lesdits marchans oultre la distraction de leur trafficq de marchandise , joinct que l'yssue de leurs procès est fort incommode et difforme à l'usage et observation communes entre lesdits marchans, d'aultant que ledit Conservateur et son lieutenant, gens de robbe longue, au lieu de prend(r)e le conseil et advis des marchans à ce cognoissans il prend (*sic*) par conseil de accesseurs, gens de robbe longue qui sont peu expérimentés à ce faict de marchandise, dont interviennent plusieurs jugemens nulz, ce que contrainct les partyes recourir à la voye d'appel, que ne peult faire sans se distraire de leurs trafficqs ; et de mesme erreur, à faulte d'expérience desdits juges au fait mercantil, procèdent plusieurs bancques routes de marchans à Lyon et aultres lieux de ce royaulme, pour n'estre leurs négoces traictés par ledict juge conservateur avecq les moyens convenables et doulx, ains tropt aigrement et avecq grand fraiz, d'aultant que des sentences, données en audiance sur une simple cedulle recogneue, ilz en preignent espices, ce que ne se faict par aulcuns autres juges, tant souverains que subalternes de nostre royaulme ; davantaige pour une simple commission où il n'y a que quatre ligne (*sic*), prennent dix-huit solz et neuf deniers tournois, qui est une grande surcharge et oppression ausdits marchans, au grand préjudice du trafficq et commerce ordinaire et accoustumée en ladicte ville ; nous supplians lesdits marchans fréquentans lesdictes foyres faire cesser lesdictes vexations et frais extraordinaires, et attendu que en toutes les aultres bonnes villes de nostre royaulme, il y a juges et consulz des marchans, gens de robbe courte, ordonner audit Conservateur deux conseillers et accesseurs de robbe courte, marchans ou qui l'auroit (*sic*) esté pour juger avecq luy, d'aultant qu'il ne juge aultre que

de faict de marchandise, lesquelz deux accesseurs à ceste
fin seront nommez et esleuz d'an en an par les consulz et
eschevins de nostre ville de Lyon, avecq eulx appelé quelques notables marchans, à l'instar des juges et consulz dès
autres villes de nostre royaulme ; en conséquence aussy
de nostre édict du moys d'avril mil V^c soixante-dix-huit
par lequel nous avons estably deux conseillers et accesseurs,
en chacun siège royal, pour avecq les prevosts, viguiers,
et juges adsister aux instructions et jugemens des procès,
et que en ce faisans, lesdits Conservateurs et conseillers
suivront la mesme forme de procedder et juger que celle
desdits juges consulz pour la briefveté, expédition et peu
de fraiz, au sollagement des marchans ; seront leurs commissions intitulées les Conservateurs et conseillers, juges
gardiens des privileiges royaulx des foyres de Lyon, nous
ayans faict venir en nostre conseil ladicte requeste, et d'al-
heurs considérans combien il est necessaire de conserver et
maintenir le trafficq de commerce, que ce (*sic*) faict en
nostre dicte ville de Lyon, pour le bien de nostre service
et commodité de noz subjects, avons résolu de régler le
faict et exercice de ladicte justice avecq tel ordre que les
marchans frequentans lesdictes foyres ne soyent consom-
més par longueur de proces et execifs fraiz et leur faciliter
ladicte justice avec la moindre despence, que faire ce (*sic*)
pourra; et pour ce, de l'advis de nostre dit conseil, avons
ordonné et ordonnons que doresnavant par chacun an, en
tel jour qu'il sera advisé, les conseillers et eschevins de
nostre dicte ville de Lyon, adsistant avecq eulx, quelques
notables bourgeois et marchans tel qu'il les vouldroit choisir pourroit (*sic*), et leur avons permis et permectons, en
nommer et eslire deux notables marchans d'entre eulx ou
qui l'auroit (*sic*) esté pour estre accesseurs dudit juge Conservateur, selon et en la forme qu'il ce (*sic*) faict pour la

nomination et eslection des juges, consulz es lieux où il
en y a, suyvant nostre dict eedict sur ce faict; lesquelz accesseurs qui seront ainsy nommez d'an en an, et, durant
icelluy temps, adsisteront audit conservateur, à l'instruction, jugement et décision des procès de marchans à marchans, qui seront intentez et pendantz par devant luy, en
ladicte juridiction d'icelle Conservation, soyt en audiance
ou en la Chambre du Conseil, sans que ledit Conservateur
puisse procedder au jugement desdits procès, en audiance
ne par escript, tant par provision que diffinitivement, sinon
presens et adsistans lesdits accesseurs ou l'un d'eulx, sur
peyne de nullité, sinon en cas de récusation, malladie,
ou de empeschements légitimes et notables comme aussy
adsisteront lesdits accesseurs à la taxe des espices pour
la visitation des procès, et voulans, pour les mesmes
considerations que dessus, faciliter et accélérer la justice
audits marchans, et pour leur commodité et soulagement,
et attendu la matière et qualité des procès qui s'inten-
tent en ladicte jurisdiction, voulons et ordonnons que
lesdits juge Conservateur et accesseurs usent au jugement
desdits procès, qui sont de marchant à marchant, de la
mesme forme et ordre que celle qui se pratique et exerce
es jurisdictions des juges consulz des marchans, establiz
es principalle ville (*sic*) de nostre royaulme, comme si de
tout estoit cy par dessus expécifié, et donnons en mandement à noz amés et feaulx les gens de nostre court de
Parlement de Paris, seneschal dudit Lyon ou son lieutenant
et autres noz justiciers et officiers qu'il appartiendra, que
ces présentes ilz ayent à faire publier et enregistrer, garder,
entretenir et observer de poinct en poinct sellon leur
forme et teneur, et du contenu faire jouir et user plaine-
ment et plaisiblement (*sic*) lesdits marchans et autres, cessans et faisans cesser tous troubles et empeschements, à

ce contraires, nonobstant oppositions ou appellations quelconques faictes ou à faire, pour lesquelles ne voulons estre
différé, nonobstant aussy quelques ordonnances, deffenses
et lettres à ce contraires ; car tel est nostre plaisir ; et affin
que ce soit chose ferme et estable à tousjours, nous avons
faict mectre-nostre scel à cesdites présentes, sauf en autres
choses nostre droict, et l'haultruy en toutes. Donné à Paris,
au moys de may, l'an de grâce mil V^c quatre-vingtz et
troys et de nostre règne le neufviesme.

Par le roy en son conseil, FORGE.

Et au résultat du IIIe May 1583. Et scellée en lacq de
soye rouge et vert du grand scel de sire verd et acosté sur
le reply : Visa, et au doz : registrata et contentor.

Signé : de VERTON.

Arch. de Lyon, BB. 399.

N° 4

*16 février 1584. — Procuration donnée par le Consulat à
François de Ruzinant, de solliciter à Paris l'adjonction de
deux assesseurs marchands au Conservateur.*

Est comparu audit Consulat sieur Francoys de Ruzinant,
marchant drappier, bourgeois de ladite ville, qui a dit qu'il
y a ung an que pour les affaires que ceulx de sa profession
avoient au privé conseil du roy, il y fut envoié exprès,
garny d'une procuration et adveu dudit Consulat, où estant
il eust charge des marchans de ladite ville et autres frequentans les foyres d'icelle de supplier Sa Majesté, que, en
conséquence de ces eedictz, et en ensuyvant l'institution et
establissement desdites foyres, il luy pleust instituer deux

assesseurs de robbe courte, marchans ou bourgeoys, au
juge gardien Conservateur des privilleiges desdites foyres, à
l'instar des juges consulz des autres villes de ce royaume,
laquelle charge il accepta d'aultant plus volontiers, qu'il
cogneut qu'elle seroit agréable ausdits sieurs consulz
eschevins comme grandement utile et proffitable au commerce et honorable aussy audit Consulat, d'aultant que
lesditz consulz eschevins en auroient la nominacion d'an
en an, en quoy ilz pourroient employer alternativement
leurs combourgeoys et citoiens. Et ayant trouvé que semblable poursuitte en avoit desja esté faicte au nom de ladicte
ville et communaulté, et lettres sur ce obtenues par feu
sieur Anthoine Bonin et maistre Lambert Pinet, environ
l'année mil v^c lxv, la cour estant à Rouen, et que aussy par
l'assemblée qui fut faicte en ceste dicte ville pour envoyer
aux estatz tenus à Bloys, il fut advisé que l'on requerroit
que ledit conservateur fut de courte robbe suyvant son institution, se seroit plus volontiers employé d'en faire ladite
poursuitte et obtenir sur ce lettres patentes en forme
d'eedict, lesquelles il auroit depuis présentées à la cour de
Parlement de Paris, pour en avoir l'omologation et serffica-
tion, et à ces fins, a esté lue requeste au nom desdits sieurs
eschevins par le procureur de ladite ville, à l'instance dudit
seigneur de l'Ysle, l'ung d'iceulx eschevins estans pour lors
à Paris, lesquelz sieurs, ayans en ce négoce le principal
interest, d'aultant, qu'à leur poursuite et requeste, lesdites
foyres ont esté instituées et establyes en ladite ville, les a
requis, que, en advouant et approuvant ce qu'il a faict et
négocié en ceste affaire, il leur pleust passer procuration,
aux fins de demander et requérir l'entretènement et veriffication desdites lettres à ladite court de Parlement. Ce faict
mis en délibération, a esté résolu à la pluralité de voix, que
la procuration requise par ledit de Ruzinant, sera passée

comme de faict lesdits sieurs l'ont passée ainsy et comme s'ensuit :

  Nous consulz eschevins de la ville de Lyon certiffions avoir faict et constitué, comme par ces présentes nous faisons et constituons nostre procureur général et spécial, la généralité ne dérogeant à la spécialité, ny au contraire, assavoir sieur Francoys de Ruzinant, nostre combourgeoys et citoiens, spécialement et expressément, en reprenant et continuant la poursuitte qui a été faicte en nostre nom par noble Nicollas de Chapponay, seigneur de l'Ysle, nostre coeschevin, pour suivre de nouveau en la court de Parlement de Paris, et partout ailleurs, où besoing sera, la vériffication et intérinement des lettres patentes en forme d'eedict, pour la création et establissement de deux assesseurs de robbe courte au juge gardien et Conservateur des priviléges royaulx des foyres de ladicte ville, et à ces fins faire et bailler toutes demandes et requestes, que besoing sera, en tous actes et plaidz nécessaires avec élection de domicille, substituer en son lieu ung ou plusieurs procureurs et générallement faire tout ainsi que nous feiions et faire pourrions, si présens y estions, encores que le cas requist mandement plus spécial; promettans de bonne foy soubz l'obligation et hypottecque de tous chacuns les biens de ladite ville et communaulté, la présente et tout ce que en vertu d'icelle sera faict par nostre dit procureur, ses substituez et par chacun d'iceulx, à tous jours avoir à gré, entretenir et ne contrevenir, mais le relever de toutes charges, ester à droict et payer le jugé. En tesmoing de quoy, etc.

  Séance consulaire du 16 février 1584. Arch. de Lyon, BB, 112 f° 31.

N° 5

Cahier des Etats de 1588.

« Et parce que la Court de la Conservation des privilleiges
des foyres de la ville de Lyon, importe de tout à toutes les
bonnes villes de France, pour estre les jugemens de ladicte
Conservation, exécutoires non seullement par tout ce
royaulme, mais par tout le monde sans demander, visa ne
pareatis, que toutes les bonnes villes de France avoient cy
devant passé procuration pour remonstrer à Sa Majesté
comme ladicte court auroit esté démembrée par les prédécesseurs roys d'heureuse mémoyre du seneschal de Lyon,
lequel, lors de la création des foyres dudict Lyon, avoit esté
déclairé juge gardien et conservateur d'icelles, non pour
aultre, sinon parce qu'il fut remonstré à Leur Majesté, que
ledit Conservateur estoit à l'instar du préteur que les
Romains appeloient *peregrinus*, establi pour ouyr les
causes des estrangiers et les despecher sur le champ, que de
mesmes estoit de besoing establir ung Conservateur pour les
dictes foyres, qui despescha les marchans forains y affluans
sur le champ et sans forme ny figure de procès, ce qui ne
se pouvoit espérer dudit seneschal ny d'autre juge de robbe
longue, nourry en longueur et formalité des palais, qui
auroit esté l'occasion que Leurs Majestez auroient donné
ausditz marchans ung Conservateur de robbe courte qui
les despeschoit sur le champ sans ministère d'advocat, longueur ny formalité de justice, mais que depuis quelque
temps en ça les gens de robbe longue avoient empiété ledit
estat et introduict en ladicte court les mesmes formalitez de
longueur fraiz et despences accoutumées ez autres cours

ordinaires, tellement que tant s'en fault que pour le jour-
d'huy, les marchans se ressentent du desmembrement faict
de ladicte court de celle du seneschal, que au contraire ilz
en reçoipvent incommodité pour la contradiction de jurisdiction qui est souvent entre le seneschal et le Conservateur,
lequel traicte les affaires des marchans avec lesdictes mesmes formalitez que le seneschal et avec plus de fraiz, et
outre ce, sont les marchans, fréquentans les foyres de
Lyon en pire condition que les autres marchans de ce royaulme qui sont jugez par juges consulz gens de robbes
courtes experimentez au faict de marchandises, qui auroit
esté l'occasion que Sa Majesté par son édict auroit donné
audict Conservateur de Lyon, deux assesseurs de robbe
courte, mais ledict eedict n'auroit esté veriffiée en Parlement par les menées dudit Conservateur qui auroit trouvé
plus de crédit et rapport que les marchans, quelque justice
de cause qu'ilz eussent, qu'il soit proceddé que vaccation
advenant audit estat de Conservateur, n'en seroit plus pourveu que gens de robbe courte, et toutes provisions obtenues
au contraire seront nulles et de nul effect et valleur, et
cependant, attendant vaccation dudit estat, que ledit eedict
des deux assesseurs soit entretenu selon la teneur, et deffences faictes audit Conservateur de s'entremectre par cy
après d'autres causes que de celle des marchans forains
frequentans les dictes foires pour faict de foire et payement
destiné en foyre et a luy enjoinct les expédier sommairement sans ministère d'advocat ny formalité de justice.....»
BB, 121, f° 191.

N° 6

*ntervention du Consulat dans le procès pendant au Parlement
entre la Conservation et le Présidial.*

22 mai 1603..... « Les commissions et jugemens de la
Conservation desdits privilleiges ont tousjours esté exécutoires, non-seulement en tous les parlements de cedit
royaulme... mais qui plus est partout ailleurs entre les
estrangiers, comme jugemens de leurs souverains.

Non pas qu'il faille croire que l'establissement d'ung
juge Conservateur, d'ung lieutenant en sa justice, d'ung
greffier ordinaire, de quelzques huissiers de la Conservation,
aient esté cause d'ung sy grant bien, car il se veoit par les
premières chartres desdits privilleiges qu'il n'y avoit poinct
de juge Conservateur, moingtz de lieutenans, de greffiers,
huissiers et aultres officiers, ains que la justice de ladicte
Conservation s'exerceoit primitivement par deux preu-
d'hommes, ainsi les appelle l'ordonnance, lesquelz le corps
de l'eschevinage de ladicte ville avoit accoustumé d'y·pré-
poser et commectre.

Et lors le commerce estoit aussy grand en ladicte ville et
les marchans y estoient aultant et plus attirés par ceste voye
d'exercer la justice comme ilz l'ont peu estre depuis que le
juge Conservateur y a esté estably.

Il fault néantmoings confesser que cependant que ledit
juge conservateur est demeuré aux termes des preud'hommes
depuis sa provision, c'est-à-dire avant que tous les autres
susdits officiers eussent été créés, et cependant que ledit juge
Conservateur a jugé sommairement et de plain comme faisoient lesdits preud'hommes, le commerce a flory en ladicte

ville, en telle sorte que le roy et le royaulme en ont ressenty les grandes commodités que l'on a cy-dessus remarqué.

Car il n'est rien sy véritable soubz correction, qu'entre tous les privilleiges desdictes foires, cestuy cy de la jurisdiction du Conservateur est le principal et fondamental, puisque, comme la justice est le souverain bien de la société humaine, elle est aultant et plus nécessaire entre les négocians venans de toutes les parties du monde où il se négocie, pour s'assembler au temps desdictes foires et y apporter et trafficquer tout leur bien, et ordinairement celluy d'aultruy, sous les aisles d'une justice, qu'en aultre civille conversation quelle qu'elle soit.

En quoy, comme les négocians ne se voient point deceuz, ny en la forme, ny en l'effect, ilz ne s'en vont jamais desdictes foyres qu'avec envye d'y revenir, et convient les aultres à faire de mesme, se rendans executeurs en leurs pais des commissions et jugemens dudit Conservateur, affin de trouver, venans à Lyon, une justice reciprocque, s'ilz en ont de besoing.

Quant à l'effect de la justice que ledict Conservateur a depuis administré, la Court en peult faire le jugement, en aiant toujours receu et jugé les appellations et les plainctes; mais pour le regard de la forme, la court permectra, s'il luy plaict, ausdits prevost des marchans et eschevins de luy en remarquer deux choses, qui ont non seulement beaucoup rabattu de la bonne réputation que l'exercice de ladicte justice de la Conservation s'estoit acquis dedans et dehors le royaulme, mais aussy ont apporté grand détriment au commerce.

La première est la contention de jurisdiction qui s'est agitée depuis longues années entre les parties, les ungs se pourvoyans au seneschal, les autres par-devant le Conservateur, les aultres déclinans de l'une desdictes jurisdictions

14

à l'aultre, par le moien de quoy les parties, aux despens desquelles cette contention se vuide à longs jours et avec grandz fraiz, y ont employé leur plus liquide et le temps, en sorte que plusieurs ont délaissé volontairement le traffic pour plaider, aultres ont esté contrainctz de le faire, et quoy que soit, ladicte justice de la Conservation n'a peu estre exercée avec la briefveté et candeur qu'elle soloit d'antieneté.

Et la seconde est, que les ancienes formes de procéder et juger en ladicte Conservation, qui estoyent d'ouyr sommairement les parties par leur propre bouche, et juger le plus souvent sur le champt et en plaine plasse des Changes, n'ayans peu estre accordés par leurs amys, sont quasy dégénérés à la forme de procéder du palais de la justice ordinaire, d'où il est procedé que les mesmes inconvéniens que l'on vient de remarquer ont pris et prennent tous les jours accroissement, et que de tel accroissement procède la diminution du négoce et des négociants.

Il peult estre que le grand nombre des jugcs et autres officiers qui sont entrés en la justice ont peu causer ces deux grandz préjudices, car il est certain que lorsque lesdits preud'hommes exerceoient la Conservation et mesme depuis que ledit Conservateur l'a exercé tout seul, pour dix procureurs qu'il y avoit en ladicte justice ordinaire il y en a aujourd'hui cinquante, pour huict ou dix advocatz il y en a cent, et pour deux ou troys juges il y en a vingt-deux, comme de mesme, la Conservation est augmentée de tous ceulx que l'on a dict cy dessus.

Tellement que s'il fault, comme l'on dict communément, que tout le monde vive, il fault aussy que puys qu'il y a en la Conservation ung greffier des présentations, nul ne soit receu, comme à la vérité il ne l'est, à plaider sans procureur contre ce qui estoit de l'ancienne institution. Que si le demandeur a ung procureur, le défendeur en a ung aultre, et sy l'ung ny l'aultre n'en avoit poinct, jamais l'on ne verroit déclarer la·jurisdiction du Conservateur récusée, appeler comme de juge incompétent, demander délay, et deffendre fournir de deffences, réplicques et duplicques, escripre par advertissement, informer, produire, contredire et saulver, comme l'on faict aujourd'huy en ladicte Conservation.

Au lieu que quand les parties plaident par leur bouche et sans assistance de procureur, la bonne foy venoit audessus, les amys s'interposoient pour les accorder, et au pis aller le Conservateur jugeoit sur le champt et de plain, et les greffiers n'estoient point cause de faire constituer les procureurs, les procureurs n'alloient pas employer les advocatz, les fraiz, la longueur et le séjour d'ung marchant n'excédoient pas, comme ilz font le plus souvent, la chose mesme dont il s'agit.

Et ainsy la simplicité de la foy mercantile n'estoit point gauchie lors par les ouvertures que la pratique en faict maintenant et la candeur de la justice du Conservateur qui ne se pouvoit que très bien exercer, n'estoit maculée de ceste tache de longueur et despense, qui la rend aultant onéreuse qu'elle soloit estre proffictable au négoce et au royaume.

C'est pourquoy lesdicts prevost des marchans et eschevins qui ne peulvent dissimuler que comme la jurisdiction du Conservateur, exercée avec ses règles et formes antienes, est le principal et fondamental privilleige, aussy l'exercice d'icelle contre lesdictes formes est la ruyne du négoce et des négotians supplient très humblement la court prendre de bonne part ce qu'ilz ont cy dessus représenté de l'importance des foyres de Lyon pour ladicte ville et de l'estat, affin que sur ung sy bon fondement, son bon plaisir soit de pourvoir aux choses qui deppendront de son auctorité convenables, pour le restablissement desdictes foires et des privilleiges d'icelles.

Mesmement et particullièrement en ce qui concerne la jurisdiction de la Conservation, que tous les negocians sur ceste plasse ont jugé sy necessaire d'estre maintenue et restablie en son antiene forme, force et vigueur, que sans ce, lesdictes foires, ny les négoces de Lyon ne se peuvent plus maintenir, estant indubitable, que si la décadence de ladicte Jurisdiction, qui est le principal refuge desdicts negocians, vient à leur cognoissance, mesme des estrangiers, comme ilz ne sont desjà que trop advertis de la diminution du commerce en plusieurs aultres manières, ilz tiendront que la principalle marque dudit commerce cessant, l'espérance de le veoir restablir avec le temps leur sera tout à fait ostée.

Et neantmoinz en tant qu'à eulz est, et qu'ilz peulvent comprendre du faict contentieux en ce procès, comme dict est, ilz n'eurent jamais particulliere cognoissance ny communicquation, ilz concluent à ce qu'il plaise à la court en confirmant tous les privilleiges desdictes foyres de Lyon, levant et ostant tous les empeschemens à ce contraire, ainsy qu'elle jugera par sa prudence, ordonner que la jurisdiction de ladicte Conservation sera maintenue aux droictz à elle appartenans, suivant lesdits privilleiges, arrestz et reiglemens cy devant sur ce intervenus.

Item qu'elle sera exercée par ledit juge Conservateur, par les formes antiennes, soubz lesquelles le commerce a flory, comme il a esté cy dessus remonstré, ouyans les parties par leur bouche propre, sans ministere de procureur, ni d'advocat, et jugeant sommairement et de plain tout ce qui pourra estre traicté et jugé de la fasson, à peynne de despens, dommages et interestz des parties.

Ce faisant, ordonner que deffences soient faictes à tous
justiciables de la dicte Conservation, suivant les privilleiges
des foires, de comparoir ny plaider par procureur, si eulx
ou leurs agens facteurs et entremecteurs sont présens, sy
non que par ledit juge Conservateur, après cognoissance
de cause et la provision jugée, si provision y escheoit, il
leur soit permis de constituer procureur pour procéder plus
oultre.

Item qu'il ne soit permis à aucung de faire appeller ung
aultre par devant ledit Conservateur, sy ce n'est en faict qui
requit célérité comme pour une prinse et arrest de corps
ou de biens ou aultre cause légitime, que, au préalable,
le demandeur n'ait sommé le deffendeur d'en convenir et
venir devuider le fait à l'amiable, par devant les deux notables ou preudhommes, que le Consulat eslira ou commectra
sur ce faict, suivant lesdits privilleiges, enjoignant audict
juge Conservateur de renvoyer les parties, sy l'une d'icelles
le requiert, à peyne des despens, dommages et interrestz
desdictes parties.

Et finablement, parce qu'encores que la court ait tousjours maintenu les privilleiges desdictes foires en leur entier, especiallement en ce que les commissions et sentences
esmanées sur iceulx sont executoires par tous les endroictz
de ce royaulme, sans pour ce demander aucung pareatis et
nonobstant opposition ou appellations quelzconques, touteffois ces derniers troubles y ont causé de l'interruption, en
divers lieux mesmes entre le ressort du Parlement de Paris
où il s'y faict à présent de la difficulté, il plaise à la ditte
court ordonner d'abundant et de nouveau que lesdictes commissions et sentences seront exécutées suivant et à la forme
desdit privilleiges, et qu'à ces fins, l'arrest qui interviendra
sur ce sera leu, publié et observé par tous les bailliages, senes-
chaucées et autres justices royales dudict ressort.

Implorans au surplus de tous les aultres chefs qui peuvent estre contentieux au present procès l'équité de ladicte court a ce que les privileiges soient non seulement conservés, selon leur forme et teneur, mais aussy relevés de tous les troubles et empeschemens qu'elle cognoistra y estre faictz ou attentez. BB. 140, folios 137 et suivants.

N° 7

Requête présentée le 22 juin 1604 par les échevins de Lyon à MM. de la Guiche, gouverneur de la ville, de Chevrières, de Refuge, de Villars, de Liergues, Austrein, et Bolioud, avocat du roi contre Jean Goujon, procureur général de la ville qui s'était fait nommer Conservateur (1).

« ..... Lesquelz ont remonstré, qu'il y a quelque temps que M⁰ Jehan Goujon, qui est en court pour les affaires de ladite ville, leur escripvit qu'il s'estoit faict pourveoir de l'office de juge Conservateur des privileiges des foyres, et leur voullut faire croire par sa lettre, qu'il l'avoit faict sans en advertir le Consulat, ayant recogneu que ledit Consulat avoit toujours désiré l'union dudit office avec la charge de quelcunq de ceulx du corps du dit consulat, et que luy en estant le procureur, il se promectoit que sa promotion audit office seroit trouvée agréable. Cela fust cause que lesdits eschevins, pour le debveoir de leurs charges, se seroient sur ce informés de leurs prédécesseurs eschevins et de plusieurs des premiers et plus judicieux des habitans de ladite ville, mais ilz auroient appris de tous universel-

(1) L'exposé de cette requête est présenté par ceux auxquels elle a été adressée.

lement que tant s'en fault que le dire dudit sieur Goujon fust en rien veritable, qu'au contraire le Consulat avoit toujours recogneu voyre experimenté avec dommage que la promotion d'ung procureur de ville à aultres offices et charges mesmes a des plus grandes, estoit de très-grand préjudice au public et particulièrement que l'office de Conservateur ne pouvoit nullement compatir avec celluy de procureur, jusques là que messieurs les gens du roy seroient venus promouvoir lesdits sieurs eschevins de commettre à ladicte charge de procureur de quelqu'aultre que ledit sieur Goujon, ce qu'ils auroient fait dès le quinziesme de ce moys, ayant commis à ladite charge, Me Jacques Moyrou, advocat au siége présidial, natif de ceste ville, qu'ilz louent Dieu avoir esté advoué non seullement digne et capable de ladite commission, mais aussy très-agréable à ung chacun. Mais d'aultant que ceulx qui sont en ceste ville pour ledit sieur Conservateur, après cela faict, c'est assavoir le lendemain seziesme dudit présent moys, ont faict signifier auxdits eschevins ung arrest de nosseigneurs du Conseil d'Estat du moys de mars dernier passé, donné sans les ouyr, sur une requeste injurieuse qu'il auroit présenté, portant ledit arrest sur une telle calomnieuse expostive, deffences de le troubler en la charge de procureur de ville, ilz sont icy comparus pour faire sur ce leurs remonstrances, plaintes et doléances, des injures qui leur sont faictes, pour avoir acte de la vérité des choses, nous supplians prendre de bonne part, qu'ilz nous fassent déclaration des raisons qui les ont meu de faire ce qu'ilz ont faict, et de ne permettre qu'ilz soient ainsy offensés et blasmés injurieusement devant le roy, par celuy qui leur doibt tout respect et honeur et qui a faict en sy peu de temps une sy grande fortune, soubz ce nom de procureur de ville, qu'aultres n'ont pas faict en quarante ans, qu'ilz y ont dignement travaillé.

Les raisons d'incompatibilité desdites charges de Conservateur et de procureur de ville sont en premier lieu, parce que la principale charge de procureur de la ville est de deffendre les droictz, auctorité, privileiges, statuz et bonnes coustumes de ladicte ville, s'opposer à tous ceulx qui vouldroient entreprendre au contraire, et faire terminer et vuyder tous les différendz que peuvent survenir entre les consulz et les aultres corps, ordres et estatz de ladite ville. Or y a il plusieurs grandz différendz entre le Consulat et le juge Conservateur qui ne sont pas encores vuydés, il n'est donc pas raisonnable que la deffense du public soit commise à la partie adverse qu'est ledit Conservateur lequel, s'il ne peult, par traict de temps, empiedter sur le Consulat de les faire vuyder à l'advantage de son office de Conservateur, pour le moyngtz les fera il mourir ou tellement assoupir que le fruict espéré ne s'en pourra retirer.

Le premier desdits différendz est que de tousjours le Consulat a tendu et tend à ce qu'il puisse faire exécuter l'eedict de l'an IIII^{xx} IIII, portant qu'en attendant que vaccation advienne de l'estat de Conservateur qui estoit lors de robe longue, pour le remettre à gens de robbe courte, suivant sa première institution, ledit Conservateur aura des assesseurs de robbe courte, prins du corps des bourgeois et marchans, qui seroient à ce nommés et commis annuellement par le Consulat. Car la verité est, que sy bien il y a heu de la difficulté en Parlement sur la veriffication dudit eedit, Sa dite Majesté neantmoingtz n'a pour cela voullu revocquer ledit eedict, ains au contraire recognoissant combien il est utile, à l'instar des juges consulz establys en toutes ses meilleures villes, elle auroit promis l'évocation de l'affaire pour estre faict droict au Consulat sur l'exécution d'icelluy edict, ce qui eust esté faict, si les troubles d'armes ne fussent survenus.

Le deuxiesme, que le Conservateur, qui peu à peu s'est laissé couler à introduire en sa justice les mesmes formes, longueurs et despences en la plaidoierie, dont il juge en la justice ordinaire au grand détriment du négoce et des négociants, se trouvant qu'il a faict de mille à douze cens sentences portans espices, telle année a esté, soit tenu exercer sa charge par les formes anciennes soubz lesquelles le commerce a flory, oyant les parties par leur bouche, sans ministère de procureur ny d'advocat, et jugeant sommairement et de plain selon son institution; à peine des dommages et interestz des parties.

Le troysiesme, que le Consulat aiant droict par les privilèges desdictes foyres de nommer deux notables ou preud homes, pour avoir l'œil sur le negoce et les négocians et accorder leurs différends à l'amiable, il y est empesché par ledit Conservateur, parce que lesdits preud'hommes estoufferoient la pluspart des procès advant qu'ils fussent naiz ou les feroient mourir bientost après leur naissance. Et neantmoings c'est l'ung des principaulx articles que la ville soubstient, et pour raison de quoy elle est à présent en instance au Parlement contre ledict Conservateur, comme il sera dict cy-bas.

Le quatriesme, que par les mesmes privileiges, le Consulat a droit de pourveoir aux offices de corratage des deniers et marchandises, à raison de quoy il est en différend ordinaire avec ledit Conservateur qui prétend avoir le mesme pouvoir.

Et le cinquiesme, que lesdits privilleiges attribuent au Consulat la visitation et cognoissance et jugement de la police qui doibt estre tenue sur le garbeau de l'espicerie, chose aultant importante à la santé et vie des hommes qu'aultre qui tumbe en commerce, en quoy aussy le Conservateur les a troublé et trouble ordinairement.

Pour raison desquelz differends il y a heu intervention nouvellement faicte par le Consulat en la court de Parlement au procès de reiglement y pendant entre messieurs du siége présidial et ledit sieur Conservateur, tellement qu'il est aysé à recognoistre que ledit sieur Conservateur a voullu joindre les deux charges ensemble, pour par ce moyen, asseurer et auctoriser celle de Conservateur, et faire cesser les poursuites du public et des marchans et enerver les privileges et auctorité du Consulat, lesquelles la charge de procureur doibt soubstenir.

D'ailleurs, comme ledit Consulat est ordinairement composé de deux ou troys marchans, ce seroit chose indecente et de mauvaise conséquence que le procureur, qui au Consulat doibt obeyr à ces marchans, soit celuy qui leur ordonnera aussy tost qu'ilz seront hors de leur bureau, les envoyera exécuter et contraindre par corps nonobstant l'appel par provision et quelquefoys injustement, pour tirer raison de chose qui aura passée contre son gré dedans le Consulat, et Dieu sçait comme le marchant justiciable du Conservateur sera servy et obéy comme eschevin du juge qui tient en sa main l'honeur, la réputation de tous les marchans de la ville.

Les audiances de la Conservation se tiennent aux jours et heures que se tient le Consulat. Il faudra que pour complaire au Conservateur, on change l'heure du Consulat, ou que s'il veult déférer l'honeur qu'il debvra à ses ordonateurs, il se départe de ses ordonances de la Conservation et renverse tous les ordres y establis depuis son institution. Chose néantmoings quï ne se peult, par ce que dit ung ordre institué entre Messieurs du siége et luy pour evicter confusion ez audiances.

La charge de Conservateur requiert ung homme tout entier à faire mille sentences portans espices en un an,

tenir ses audiances deux foys la semaine, à estre obligé
d'attendre de pied coy les parties pour faire justice aux forains, pourveoir aux débiteurs fugitifz, banquerouttes et
latitations et autres actes qui tous requièrent scelérité, à
l'occasion de quoy ledit estat fust desmembré de la seneschaussée, afin que pour l'expédition les marchans eussent
ung juge tout à eulx qui ne fust diverty à aucune occupation que de leur rendre justice à toutes heures, et pour faire
la justice sommairement contre ce qu'il fait aujourd'huy.

La charge aussy de procureur requiert ung homme tout
entier qui soit tousjours prest pour non-seullement se trouver aux assemblées ordinaires, mais à toultes autres inopi-
nées et aux audiances du siége présidial et aussy de prendre
la botte du soir au matin pour aller en court et ailleurs où
les affaires publicqz l'appelleront pour le debveoir de ladite
charge de procureur. Or est-ce chose que ledit Conservateur
ne pourra ny debvra faire, n'y ayant aulcune raison que le
chef de la justice, plus necessaire en ceste ville de commerce, abandonne une sy importante charge pour aller
faire du procureur; aussy quand il le pourroit et vouldroit
faire, monsieur le procureur général ne le souffriroit pas et
le renvoy seroit à sa charge aussy tost qu'il le rencontreroit,
et ainsy les affaires publicqz demeureroient abandonnées.

Mais quel rang et quelle séance pourroit-on donner dans
le Consulat audict Conservateur en qualité de procureur,
puisque comme simple commis qu'il estoit à la procuration,
il ne s'est pas voulu contenter de la place que le procureur
pourveu en tiltre d'office y soloit tenir, maintenant mesmement que ledit sieur Goujon porte le tiltre de Conseiller du
roy, juge gardien et Conservateur des privileiges des foyres
et qu'il y a heu arrest modernement, que, en ladite qualité,
il doibt précéder tous messieurs les conseillers du siége, et
desja nous voyons que la qualité de Conservateur porte dès

maintenant lesdits eschevins à nommer en leurs actes du nom de Monsieur celuy qu'ilz soloient appeller leur procureur ou le procureur de la ville.

Les raisons d'incompatibilité desdites charges sont celles entre aultres qui ont promeu Messieurs les gens du roy de requérir et inviter lesdits eschevins de descharger ledit Conservateur de celle de la procuration de la ville, et de commectre en sa plasse, comme dict est, après avoir mis en consideration la replicque que l'on peult faire qu'il y a heu procureur de la ville qui estoit conseiller au siége, car oultre que le Consulat n'a rien à demesler avec le siége présidial, et que par conséquent les causes d'incompatibilité des différendz sus allégués n'y sont poinct, d'ailleurs chacun sçait bien que la ville ne s'en est pas mieulx portée, qu'il a fallu qu'elle ait heu des substitutz dudit procureur à gaiges, quoyqu'il y ait bien différence d'estre Conservateur, c'est à-dire chef d'une justice où l'home entier est neccessaire, et conseillier au siége présidial, où il y a dix-huict ou vingt conseilliers oultre messieurs les lieutenans, tous lesquelz peuvent faire justice en l'absence du conseillier qui seroit procureur de la ville.

Après avoir aussy faict consideration sur ce que l'on pouvoit prétendre qu'il falloit bailler l'option audit sieur Goujon de quitter l'une desdites charges pour garder l'aultre, d'aultant que le Consulat, n'ayant rien à voir sur l'office de Conservateur, il ne pouvoit ordonner ladite option avec ce que la lettre à eulx escripte par ledict sieur Goujon sur ce subject a bien assez faict cognoistre ausdits eschevins qu'il entendoit garder lesdites deux charges, ne leur ayant mesme voulu faire cest honeur d'entendre leur volonté, s'il debvoit prendre celle de Conservateur ou non.

Et puys, il est aisé à veoir que dès le moys de mars qu'il bailla sa requeste au Conseil, il avoit dessaing de faire ce

qu'il a faict, et qu'il n'a jamais obtenu ledit arrest que pour
empescher, qu'il ne peut estre molesté en l'une ny l'aultre
charge, et à vray dire, celuy qui maintient que le Consulat
ne peult mettre en délibération la destitution conclut asses
que ledit Consulat n'en [peult pas ordonner l'option, car
faire opter et destituer n'est qu'une même chose, ou sy le
Cousulat a heu pouvoir de le faire opter, il l'a bien heu de
le descharger de sa commission ou procuration.

Et des raisons susdites il en résulte une aultre qui n'a
poinct de response, quand mesme l'incompatibilité n'y seroit pas telle que dessus, c'est ascavoir que l'ancien statut
suivant lequel l'eschevinage de ceste ville est réglé, porte
par exprès que celuy qui a procès ou différend contre la
ville n'y peult estre appelé pour exercer la charge qui ne
dure que deux ans, à moindre raison doncques y pourra
ledit Conservateur estre admis pour procureur perpétuel
comme il le veult estre, ayant tant de disputes et de différendz contre la ville, luy qui a la charge de faire observer le
mesme statut que luy repulseroit et aussi la susdite incompatibilité induict une répugnance audit statut qui ne peult
estre tollérée.

Ilz avoient bien et ont d'aultres raisons de diverses na-
tures sur lesquelles ilz pourroient fonder ladite revocation,
mais ilz se réservent de les proposer en temps et lieu, sy à ce
ilz sont contrainctz par les poursuictes encommancées par
ledit sieur Conservateur et desja l'eussent ilz faict par l'acte
de ladite revocation, s'ilz ne luy eussent voulu faire paroistre
qu'il disoit vray par la dernière lettre, qu'ilz ont receu de
luy qu'il leur estoit grandement obligé de la bienveillance
qu'ilz luy portoient, quoy qu'il ne l'eust pas mérité.

Aussi a il faict cognoistre par effect que en sadicte lettre
il n'y avoit que ce seul mot de vérité, puis qu'il leur gardoit
en sa manche ledit arrest de conseil d'estat obtenu au moys

de mars précédent, où il les appelle faiseurs d'assemblées
tendans à monopolle et brasseurs de maulvais dessaings
contre le bien public, requérant deffances leur estre faictes
de permettre d'estre mise en délibération sa destitution en
assemblée généralle ou particulière à peyne de monopolle,
ne voulant rendre compte de sa charge à ceulx qui l'ont
constitué et à ses ordonnateurs, mais avoir ses causes com-
mises de première instance par devant le roy et son conseil
d'estat.

Et d'aultant que deux ou troys jours après ladite signification, il les a faict assigner à comparoir audit Conseil pour
deffendre à sa requeste de laquelle néantmoingz, il ne leur
a faict bailler aulcune copie quoy qu'il en aye esté sommé
et que l'arrest le porte, ilz n'y ont voulu envoyer sans au
préalable avoir faict veoir et entendre à nous qui représen-
tons icy le roy tant pour l'estat que pour la justice et police
de ceste ville, comme les choses ont passé, ce qu'ils entendent dire et soubztenir audit Conseil à ce qu'il nous plaise
certiffier à Sa Majesté de la vérité de leurs déportemens
plainctes et remonstrances.

Après doncques avoir protesté qu'ilz n'entendent point,
la descharge ainsy honorablement faicte audit sieur Goujon,
approuver tous actes et consentemens préjudiciables qu'il
pourroit avoir faict en ladicte qualité de procureur, ny aussy
se despartir des causes qu'ilz peuvent avoir pour soubztenir
ladite descharge et revocation aultres que les susdites qui
regardent l'incompatibilité, ilz nous ont supplié de vouloir
considérer, sy, tout ce que dessus cessant, la témérité n'est
pas grande audit sieur Goujon après avoir receu tant

d'honneur et de faveur du Consulat de le vouloir ainsy
blasmer et toute la ville ensemble de monopoles, assemblées illicites et aultres maulvais desseings devant la
Majesté de nostre dit roy, en son sacré conseil d'estat et

conséquemment à la veue de toute la France qui est appelée l'œil du monde.

C'est la première plaincte qu'ilz ont à faire, sur quoy ilz vous supplient vouloir certifier le roy de la vérité, ne pouvant nous taire que c'a esté une grande ingratitude à luy de les avoir prévenus d'ung opprobre tel, cependent qu'il les entretenoit de belles lettres, où il faisoit l'affection envers eulx, confessant et recognoissant toujours qu'ilz l'alloient tous les jours obligeans de nouveaux bons offices par leur bienveillance non méritée, car ilz ont une liasse de telles lettres qu'il leur a escript depuis ledit arrest.

La seconde plaincte qu'ilz ont à faire est d'avoir exposé à Sa Majesté qu'il a des lettres de provision en tiltre d'office de ladite charge de procureur, ce qu'il ne scauroit valablement monstrer et quand il justiffiera d'une pièce de parchemin qu'il dit avoir en sa puissance, si elle n'est maintenue de faulx et de suggestion, le moingtz sera qu'elle soit déclairée nulle comme construicte par des formes indirectes et qui ne se pourront jamais soubztenir.

Car la vérité est telle qu'il ne se trouvera que jamais il ait esté faict acte ni délibération consulaire, en la faveur dudit Goujon, de la provision de ladite charge que celle du cinquiesme jour d'octobre mil six cens, où il est appelé à ladite charge comme simple commis tant qu'il plaira au Consulat, tout ainsy que Me François Fournel au lieu duquel il fut pourveu pour en joyr comme luy et non aultrement, n'ayant jamais heu qu'une simple commission, qui est ung acte tousjours subject à revocation à la volonté des commectans.

Aussi ny l'ung ny l'aultre n'en pouvoient estre pourveuz aultrement que par commission, tant parce que la délibération publique avoit esté de ne plus pourveoir aux charges de procurenr et de recepveur de ladite ville que pour troys ans au plus, et par commission tant qu'il plairroit au Consulat, pour très-bonnes considérations, aussy parce que le sieur de Rubis qui en a heu la provision en tiltre d'office, il y a par avanture plus de trente ans, vivoit lors et est encor vivant et prétend que l'intermission de l'exercice d'icelle, procédée de la cause des troubles, ne l'a pas privé du titre et qu'il y doibt, quand bon luy semblera, ayant faict entendre au Consulat plusieurs foys qu'il a obtenu lettres du roy pour l'en faire joyr, et que, au premier jour, il en vouloit demander l'execution.

Sy que, il est tout clair que ledit Goujon n'a ny ne peult avoir provision en tiltre d'office qui soit valable, ny en la forme, ny en l'essence, et qu'il a surpris le roy et son conseil.

La troisiesme plaincte est que luy qui portoit qualité de procureur et de protecteur des libertés, privileiges et statutz de la ville et du pouvoir et auctorité que doibt avoir le Consulat, les a voulu ravir de gayeté de cœur, ayant franchement soubztenu, que ledit Consulat n'a le pouvoir de destituer ceulx qui seroient à la ville comme officiers ou commis par malversation ny aultrement, s'il n'est cogneu au Conseil du roy desdites malversations avec exemple à tous ses compaignons de se distrayre comme luy de l'obéissance de leurs supérieurs, et de n'obéir qu'aultant qu'il leur plairra sy non qu'il soit dict par arrest du Conseil d'Estat ; ayant aussy demandé que deffences fussent faictes audit Consulat de mectre ou faire mectre en délibération, s'il debvoit être destitué ou non, à peyne de monopole, comme sy s'estoit à ung commis ou officier de la ville de taxer de monopoles les eschevins, s'ilz mettoient en délibération sa destitution, quand mesmes elle ne seroit pas jugée raisonnable par le résultat d'icelle, comme il pouvoit advenir dudit sieur Goujon, sy sa destitution eust eté mise en délibération au temps qu'il cotte par sa requeste, ce que toustesfois n'a jamais esté ny passé ny proposé.

Estant chose de droict commung, que celuy qui commect ou constitue, peult revocquer sa commission quand il veult et que celuy qui pourveoit au titre ou aultrement peult aussy destituer, s'il y a cause légitime, sur quoy n'y ayant moyen d'asseoir jugement sans venir à la délibération, çà est une grande temérité audit sieur Goujon et une grande faulte faicte en sa charge de vouloir empescher que lon y entre, et tout cela sans subject, car il n'y avoit jamais esté pensé avant qu'il eust faict entendre sa promotion audit office de Conservateur, qui est advenue trois moys après l'arrest.

Et la quatriesme plaincte qu'ilz ont à faire est, qu'encores après tout cela, ceulx qui sont pour ledit sieur Goujon taschent par menasses et artifices d'empescher que celuy qui est commis en son lieu continue depuis la signiffication d'icelluy d'exercer pour la ville, quand le besoing des affaires le requiert.

Sur quoy ilz vous supplient considérer, ce qu'ils remontreront audit Conseil, que par les raisons qu'ilz ont cy dessus desduict et plusieurs aultres qu'il n'est besoing d'exprimer quant à présent, il n'y a personne qui ne juge qu'ilz n'ont peu moingtz faire que de descharger ledit sieur Goujon, le plus honorablement qu'ilz ont peu, de ladite procuration, ainsy qu'à la vérité ilz ont faict.

Que sa descharge et revocation et l'institution de l'aultre estoient faictes auparadvant qu'ilz eussent aucunes nouvelles dudit arrest, qui ne fust signifié que le lendemain.

Que mesme, quand tout cela auroit esté faict depuis ladite signification, ce qui n'est pas, sous vostre reverence, ilz l'auroient peu faire, parce que, lorsque ledit sieur Goujon presenta sa requeste et obtint son arrest, ni de troys moys après, il n'estoit pas Conservateur.

Que sa descharge n'est pas fondée sur les causes dudit arrest qui sont de malversation et de monopole mais sur son office de Conservateur, à la promotion et instance de messieurs les gens du roy, et avec le veu commung de tous les ordres et estatz de la ville.

Que quand mesmes ledit sieur Goujon seroit bien procureur en tiltre d'office, ce qu'il ne fust jamais, encor seroit il loisible aux eschevins de commectre ung aultre procureur, quand bon leur sembleroit, pour le soubztenement de leurs droictz et actions, d'aultant qu'ilz ne sont pas neccessités de se tenir à ung seul procureur ; ilz en peulvent avoir plusieurs, et quand ilz envoyent des aultres officiers de la ville ou des bourgeois d'icelle en court et ailleurs, encores les constituent ilz leurs procureurs, sans que le procureur de ville les en puisse empescher, voire quand il ne seroit point deschargé, ni revocqué.

Conséquemment qu'en toutes manières il n'est raisonnable que, pour le différend que ledit sieur Goujon veult mouvoir, la ville demeure destituée de procureur et deffenseur, synon que l'on en voullut commectre la deffense et protection à celuy qui a tant à cœur sa révocation, à celuy qui blasme atrocement ses principaulx et ordonnateurs, et à celuy qui est aujourd'huy leur partie adverse, tant à cause de son office de Conservateur, qu'à cause de ladicte révocation de procuration de la ville.

Et finablement, que c'est avoir trop d'ambition de vouloir posséder, contre le gré de tout le général, deux charges tellement importantes, et que ceste ville n'en est pas pourveue de sy grand nombre, qu'il ne soit raisonnable de faire qu'une infinité de jeunes hommes qui ne sont employez le puissent estre chacun en son rang et ordre, selon sa capacité, ayant ledit sieur Goujon de quoy se contenter, s'il se veoit que depuis troys ans et quelques moys qu'il a

exercé celle de procureur de la ville, il s'est augmenté de
huict ou dix mille escus, oultre l'advancement que ladite
charge luy a donné.

C'est pourquoy, aussy dès le xviiie jour du présent
moys, lesdits eschevins allèrent en la chambre du Conseil
de ce siége faire leur déclaration pour ce regard, à laquelle
ny monsieur le procureur du roy, ny tout le siège ne trou-
vèrent rien de maulvais, et maintenant ilz sont icy venus
pour avoir de nous et de nostre plaisir telle déclaration que
nous jugerons raisonnable sur la candeur de leurs déportemens qui n'ont jamais tendu à monopole, ny à maulvais
dessaing, ains au contraire à rendre le debveoir de leurs
charges avec aultant d'obeissance au roy et d'affection envers le public que scauroient jamais avoir faict leurs prédécesseurs, et qu'en ceste acte particulier de la descharge
et révocation dudit sieur Goujon ; ilz n'ont rien faict que
nécessairement, par les voyes permises et licites, et au con-
tantement universel de tous les habitans, conséquemment
en certiffier Sa Majesté et Nosseigneurs de son Conseil et
joindre nostre auctorité et faveur à la justice de leur cause
pour en tirer raison et réparation.

Nous supplians en outre de ne permectre que, soubz prétexte des calomnies contenues audit arrest, ledit Me Jacques
Moyrou, commis à ladicte procuration, soit destourné de
vacquer aux affaires publicqz pour l'interest qu'ilz pourroient rapporter, ains en tant que besoing seroit luy enjoindre d'en faire son debveoir ainsy qu'il lui sera ordonné par
le Consulat ;

Et finablement, nous plaise ordonner de tout ce que dessus
leur estre délivré acte en forme pour s'en pouvoir servir
par devers sa dite Majesté, et en son Conseil, et partout
ailleurs que mestier sera ! » BB, 141, f° 150.

N° 8

Arrêt du Parlement de Paris, en date du 9 mai 1609, recon-
naissant le droit de préséance du Conservateur dans les
cérémonies publiques.

Henry par la grâce de Dieu, roy de France et de Navarre,
à tous ceux qui ces presentes lettres verront, salut. Scavoir
faisons que comme procès fut meu et pendant en nostre
dicte cour de Parlement entre Mᵉ Jacques Debais, juge gardien et conservateur des privillèges royaulx des foires de
de Lyon, demandeur en exécution d'arrest de nostre dicte
cour, du septiesme jour de septembre mil six centz deux,
selon le contenu en une commission par luy obtenue en
chancellerye, le vingtiesme moys mil six cents huict d'une
part, et Mᵉ Laurent de Bourg, conseiller en la séneschaulcée et siège présidial de Lyon et les autres conseillers en la
dicte seneschaulcée deffendeurs d'autres ou les procureurs
des parties, sur ce que ledict Debais, juge conservateur,
disoit que cy devant y ayant heu instance pendante en
nostre dicte cour entre Mᵉ Charles de Luz lors conservateur,
demandeur en présence et les lieutenant particulier, assesseurs et conseilliers de nostre dicte seneschaulcée et siège
présidial dudict Lyon, seroit intervenu le susdict arrest
de nostre dicte cour, du septiesme septembre mil six
centz deux, donné contradictoirement avec grande cognoissance de cause par lequel nostre dicte cour auroit ordonné que ledict conservateur auroit séance et marcheroit en tous actes, cérémonies et assemblées publiques avant
le plus ancien conseiller dudit siège, après les lieutenants
général, civil, criminel, particulier et assesseur, sans qu'il

puisse prétendre avoir séance en leur siège, ledict arrest signiffié à tous lesdictz conseillers affin qu'ilz n'en prétendissent cause d'ignorance, touttefois ledict Debais, demandeur ayant depuis esté pourveu dudit office et charge de Conservateur, voulant user dudict droict de préscéance adjugée par ledict arrest, au moys de décembre de l'année mil six centz sept, estant en la maison de nostre amé et féal conseiller, Me Guillaume de Monthelon, maistre des requestes ordinaires de nostre hostel, surintendant de la justice et police en nostre dicte ville de Lyon et noz pays de Lyonnois, Forestz et Beaujollois, à un jour et feste Saint.Thomas, où le corps de la justice estoit assemblé pour aller à la maison commune de nostre dicte ville, et de là à Saint Nizier où se faisoit l'oraison pour la nomination des nouveaux eschevins, y voulant par ledit Debais aller et marcher en son rang de préséance auparavant tous lesdits conseilliers, en auroit esté empesché par ledict Debourg, en ce que le soir, en acte de cérémonie et assemblée publique, contrevenant par ledit Debourg audict arrest, combien qu'il luy eut lors représenté et requis l'éxecution d'icelluy par devant ledict de Monthelon, et despuis le jour et feste de Noël de ladicte année mil six centz sept, ledict Debais, Conservateur, estant en la messe parrochialle de l'églize Sainte Croix, dans le cœur d'icelle, ou estoient lesdictz lieutenans civil, criminel et particulier, ledict Debourg, MM. Loys de Rochefort, George L'Angloys, Claude Regnault, Jean Pinet et Edoard Busillet, conseilliers au siège de Lyon, seroit marché en son rang à l'offrande après ledict lieutenant particulier, de quoy ledict de Bourg et les autres auroient prins subject de n'aller point, comme ilz ne furent, à ladicte offrande, qui auroit esté cause que les président et esleuz, advocatz particuliers et autres bourgeois de ladicte ville n'y seroient allés au scandale de ladite églize ; et ayans conti-

nué telle chose, mesme le jour de Paques mil six centz
huict, ledict demandeur, pour éviter que tel scandale n'ar-
rivast plus, auroit, le sixiesme avril audit an, faict sommation
audict de Bourg contenant sa plaincte de ce que dessus et
empeschemens qui luy estoient faictz par ledit de Bourg,
par une illuzion et mespris audict arrest, et sommé ledict
de Bourg de lui déclairer lors, s'il entendoit empescher ledict Conservateur de marcher devant luy en tous actes, cérémonies et assemblées publiques faictes audict siège de Lyon;
lequel de Bourg auroit, au lieu de consentir l'exécution
dudict arrest, faict responce qu'il n'y avoit seul interest et
qu'il en communiqueroit aux autres conseilliers. Et depuis
ledict demandeur, n'ayant heu autre responce, auroit obtenu
la susdicte commission, par vertu de laquelle il auroit faict
assigner lesdits conseilliers en nostre dicte cour, le trei-
siesme juin audict an, auquel jour ayant esté adverty que
lesdits conseilliers disoient qu'ilz empeschoient ledict demandeur de marcher devant eulx à la procession du Corps
de Notre Seigneur, laquelle se debvoit faire dans deux
jours, auroit présenté sa requeste audict de Monthelon,
Me des requestes de notre hostel, tendant à fin que par
provision ledict arrest fut exécuté, et en ce faisant qu'en
tous actes, cérémonies et assemblées publiques, ledict Conservateur marcheroit devant lesdits conseilliers et que
deffenses leur fussent faictes de l'y troubler; contre laquelle
requeste lesdicts conseilliers, quoy que soit, ledict de
Rochefort pour tout le corps auroit baillé quelque plaidoyé,
auquel auroit esté répliqué par ledict Conservateur et pour
y faire droict, ledict Monthelon, maistre des requestes, auroit ordonné que les parties se pourvoyroient en nostre
dicte cour, en laquelle ledict demandeur auroit, outre ce
que dessus, dict que ledict arrest, contradictoirement donné
au proffict dudit de Luz, ne recepvoit aucune ambiguité,

difficulté ne interprétation que par l'opiniastreté desdits conseillers deffendeurs, parce que la contestation avoit esté sur
ce que ledict de Luz, comme Conservateur, demandoit
scéance, comme ses précécesseurs, avant le lieutenant particulier et assesseurs et les conseilliers, tant en l'audience
que Chambre du Conseil, qu'en tous autres actes céré-
monyes et assemblées publicques, et néantmoins nostre dicte
cour, par son arrest, auroit ordonné que ledict Conservateur auroit scéance et marcheroit en tous actes et cérémonies et assemblées publicques avant le plus ancien conseiller, l'ayant exclus seulement de la scéance, en leur
siège et en tous les autres actes, cérémonies et assemblées
publicques, la prescéance lui est adjugée avant tous lesditz
conseilliers, et que les actes cy dessus auquelz il a esté troublé sont cérémonies et assemblées publicques, n'ayant nostre
dicte cour, pour l'exclusion de la scéance en leur siège,
entendu qu'il ne peut avoir la prescéance en leurs corps
et assemblées; au contraire, sy elle n'eust entendu que
ledict Conservateur marcheroit avec eulx quand ilz seroient
assemblés, elle n'eust pas prononcé qu'il auroit scéance et
marcheroit avant le plus ancien conseiller après les lieutenans général, civil et criminel, particuliers et assesseurs,
car en vain aultrement nostre dicte cour l'auroit ainsy prononcé, sy elle n'eust entendu, qu'eulx estans assemblés, il
auroit scéance parmy eulx entre lesdits lientenans, assesseur
et le premier conseillier, et aussi que quant il marchera
avec lesdits conseilliers et en leur corps, l'honneur sera égal
et réciprocque en quelques cérémonies, actes et assemblées
publicques que ce soit; car ledit Conservateur est Juge
royal ordinaire, civil et criminel, en ce qui est du faict de
sa jurisdiction, laquelle non seullement s'estend en toute la
seneschaucée de Lyon, mais par tout ce royaulme, entre
tous marchands et autres, tant de nostre royaume, que

estrangers fréquentans les foires de Lyon; et ses jugements
sont exécutés par tout nostre dict royaulme et hors icelluy,
sans qu'il soit besoin demander pour ce faire aulcun placet,
visa ne pareatis, et ledit Conservateur, docteur ez droictz
receu en nostre dicte cour, en laquelle ressortissent
ses appellations ; ses prédécesseurs conservateurs ont jugé
concurremment avec noz seneschaulx de Lyon, son dict
estat de Juge Conservateur, office royal et magistrat de
ladicte ville, créé plus de cent cinquante ans auparavant les
conseilliers de nostre dicte seneschaulcée et siège présidial
de Lyon, tellement qu'ilz ne se doibvent scandaliser du
rang et prescéance qui luy est adjugée par ledict arrest, auquel ilz doibvent obéyr, et non pas se vanter comme ilz font,
que quelque chose qu'il en soit ordonné par nostre dicte
cour, ils ne cedderont poinct ladicte prescéance audict Conservateur, lequel ilz travaillent et vexent indeuement et con-
somment en fraiz, luy font divers procès et instance soubz
prétexte qu'ilz sont grand nombre et qu'il est seul à supporter les fraiz des procès qui luy sont faictz; à quoy il
auroit supplié nostre dicte cour de vouloir remédier, au
moyen de quoy ledict demandeur auroit conclud, à ce qu'en
exécutant ledict arrest, il fust dict et ordonné par nostre
dicte cour que ledict Conservateur auroit scéance et marcheroit en tous actes cérémonies et assemblées publicques
avant le plus ancien conseiller, après les lieutenans général,
civil, criminel, particulier et assesseur, soit qu'ils marchent
en corps ou aultremeut, en quelque sorte que ce soit; estre
enjoinct auxdits conseilliers de garder et observer l'arrest,
deffences leur estre faictes d'y contrevenir sur telles peines
qu'il plairoit à nostre dicte cour d'arbitrer et, en cas de contravention, luy permettre d'en informer, et que, pour les
contraventions faictes par les dictz conseilliers, ilz fussent
condemnés en telle amende, réparations, dommages et in-

teresz qu'il plairoit à nostre dicte cour, et ez despens envers ledict demandeur. Et de la part desdits conseilliers deffendeurs estoit dict qu'en ceste cause il s'agissoit d'un droict de prescéance, de prérogative prétendue par le demandeur en des cas de tout esloignés et vraysemblablement exceptés du règlement ordonné par ledict arrest de l'an mil six centz deux, remonstrans que c'est une ambition que de vouloir monter tousjours, de n'avoir jamais de degré assez eslevé pour paroistre, de n'estre jamais rassasié d'honneur et de vouloir incessamment entreprendre sur celluy d'aultruy pour estre préféré à tous, et n'estre inférieur à personne, d'aultant que la fin des prétentions dudit demandeur est d'usurper ce qui ne fut oncques attribué à ceulx de sa qualité, et que ses prédécesseurs n'ont jamais pensé de prétendre soubz prétexte dudit arrest qui luy a octroyé favorablement ce qu'il ne pouvoit aysément espérer par le mérite seul de sa charge, que nostre dicte cour y trouveroit sans doubte plus d'ambition que de droit et de rayson, et plus d'artifice que de justice, que la charge du demandeur anciennement n'estoit sinon les fonction et office d'un prud'homme arbitre que l'on convenoit aultrefois, et qui depuis estoit nommé, pour juger et arbitrer les différentz que naissoient entre marchans, et encores à présent, que le Conservateur ne peut estre en la ville de Lyon, sinon ce que les juges consulz sont en autres villes de nostre royaulme, juges des marchans et pour faict de marchandise qui sont esleuz par les marchans du corps, desquelz ilz se prennent, et en quelques endroitz les eschevins les nomment; et qu'aultrefois le Conservateur estoit esleu par les conseilliers de la ville de Lyon qui commettoient un homme pour cognoistre et appoincter les débatz entre marchans, ainsy que la justice des juges et consulz est de juger sommairement tous differendz entre marchans, sans autre forme de procès, juger

tantpar provision et sans appel jusques à cinq centz livres, que
ledict Conservateur n'a poinct plus d'authorité ne de des-
troit, n'est fondé n'avoir plus de prud'hommye, prééminence
et prérogative que lesditz consulz qui ne sont pas conseilliers et officiers de la justice perpetuelz, ny criyez en tiltre
d'office, lequel Conservateur par une ambition ou aultrement, s'est voulu mettre du rang de ceulx qui financent en
noz parties casuelles, sans qu'il y ait heu éédict qui l'ait
créé en office royal, que l'abondance et grande quantité des
marchans et procès entre eulx a faict prendre audict Conservateur qualité de nostre conseillier, sans aulcune juste
attribution, que ledict de Luz auparavant Conservateur auroit voulu avoir scéance parmy noz plus anciens officiers
et une prérogative que nostre dicte cour luy auroit voulu
adjuger ez assemblées publicques et ez solennelles où le
présidial ne marche poinct en corps, et fut déboutté de la
scéance par luy requise au siége, et ce qui faict plaider les
parties à présent est de sçavoir sy ez assemblées solennelles, où le corps de nostre siége présidial de Lyon est appellé, le demandeur Conservateur aura pouvoir de se mesler
dans ledit corps pour y obtenir la prérogative que luy a
esté attribuée par ledict arrest en autre cas, lequel arrest les
deffendeurs prennent à leur advantage, d'aultant que ledict
Conservateur ayant par icelluy esté déboutté de rang et
scéance qu'il prétendoit dans le siége, nostre dicte cour a
sans doubte jugé qu'il n'estoit poinct du corps et ne faisoit
poinct membre de la justice ordinaire royalle, dont s'en-
suyvoit que, par tout où ledit corps présidial se trouve, ledict
Conservateur ne peut avoir entrée, et y estre meslé pour
confondre les ordres et oster à la justice principalement
son honneur, sa bienscéance et sp(l)endeur, qu'il fault
examiner ce que peut estre excepté des termes de l'arrest,
affin qu'il soit exécuté, qu'est que par icelluy il est jugé

que le Conservateur préceddera les conseilliers ez assemblées et cérémonies publicques, ne peut estre que ez processions ordinaires publicques, où les compagnies ne vont poinct en corps, mais où chacun marche selon le rang de sa dignité; ez offrandes des églises, où pareillement le présidial n'estoit poinct représenté, et enterrement des personnes privées et nopces, baptesmes, qui sont autant d'assemblées publicques, le Conservateur doibt précéder lesdicts conseillers deffendeurs à la dignité desquelz la qualité de juge de marchans ne peut estre esgallée, et que la prescéance adjugée aux prevotz au dessus de noz conseilliers de noz siéges présidiaulx est qu'ilz sont juges ordinaires et de police et des premiers juges dans les villes, ce qui ne se rencontre pas en la personne du Conservateur, et par cest exemple la Cour ne luy a poinct adjugé la prescéance; lequel aussi ne peut apporter à son desseing l'exemple des Conservateurs des privillèges créez en faveur de noz Universitéz et des escoliers, et, qu'en la plupart de noz villes, les prevotz et baillifz sont conservateurs, qui sont juges ordinaires, et les causes qu'ilz jugent, semblables à celles attribuées à noz baillifz, séneschaulx et présidiaulx, et ce qui est attribué au Conservateur des foires n'est que les différens d'entre marchans et pour marchandise, qu'il n'a rien plus que le pouvoir des juges et consulz, que ledict Conservateur sans cause se plainct du jour de sainct Thomas, par ce que ledict jour l'assemblée du présidial se faict pour authoriser l'eslection des eschevins, qui se faict ledict jour en nostre dicte ville, comme estant ledict corps présidial les principaulx juges pour la police, pour la conservation et manutention d'icelle, et, qu'en tel acte et assemblée, ledict Conservateur ne peut prétendre aucune prescéance, à laquelle il ne debvroit seullement penser, car d'admettre ledict Conservateur à l'eslection des eschevins, ce seroit estendre les termes de la juridiction, et le faire doresnavant juge de la police comme les autres, et qu'à telle solennité jamais le Conservateur n'y a assisté, et les autres cas, esquelz les conseilliers deffendeurs auroient soubztenu ne debvoir poinct cedder audict Conservateur, sont tous les autres actes et solennités où ilz marchent en corps, et où mesmes tous les autres corps de nostre dicte ville de Lyon doibvent assister, et par ainsy ledict Conservateur particulièrement avec ceulx de son siège, comme ez entrées des roys, reynes, leurs enfants, princes, légatz du Sainct Siège, Cardinaux et Evesques de leur ville, Gouverneurs et Lieutenans de la province, Nopces et Baptesmes, Enterremens des susdictz, chants de *Te Deum* et resjouyssances publiques par nostre mandement, enterremens des chefz et membres de leurs sièges, processions généralles, touttes les prières de nostre dicte ville de Lyon, assemblées et pareilz actes, solennités esquelz, comme dict est, lesdictz conseilliers deffendeurs marchent en corps, représentans nostre justice ordinaire, et assistés des greffiers noz huissiers et sergens, en tous lesquelz actes et assemblées ilz auroient soustenu ledict Conservateur ne pouvoir avoir rang et prescéance parmy eulx et avant eulx, puisque, par ledict arrest, il est jugé ledict Conservateur n'estre du corps de la justice ordinaire ne présidiale, et partant il ne peut avoir entrée ny prescéance, et que la justice ordinaire ne peut pas admettre de membres autres que les siens, ne admettre le membre d'une justice estrangère et toutte contraire à soy. Et sy, ez actes susdictz, le Conservateur marchoit avec ceulx du Présidial et devant les conseilliers, jamais cette justice ne marcheroit en corps, d'aultant que luy n'estant poinct dudict corps, l'interposition et le meslange de sa personne feroient que ce ne seroit plus le corps du présidial, mais une confuzion de touttes justices ordinaires et extraordinaires de touttes sortes, et par ainsy sa pré-

sence n'est poinct en telz actes, mais bien ez autres assemblées, où les compagnies ne sont poinct solennellement en
corps, comme font tous les conseilliers qui font partye du
présidial, et que ledict Conservateur doibt conduyre son
corps séparément et augmenter en ce faisant la solennité
et l'honneur mesme de la ville, particulièrement des marchans dont il est le juge. Et si ledict Conservateur marchoit devant eulx en touttes assemblées publicques, ce seroit luy attribuer une charge plus éminante que la leur, ce
qu'ilz ne pourroient confesser pour avoir esté de tout temps
nos premiers officiers en nostre dicte ville, juges en dernier ressort. Il leur fascheroit beaucoup de cedder à un juge
des marchans en causes sommaires et de certain genre de
causes seullement, et n'y auroit poinct d'apparance que
ledict Conservateur se meslast parmy eulx, qui sont en corps
de soy parfaict et accomply, qui doibt marcher soubs l'enseigne dudict présidial. Et d'ailleurs, pourquoy ez enterremens d'un conseillier leur confrère, où tout le présidial se
trouveroit, ledict Conservateur qui n'est poinct de leur corps,
ne semond d'y aller, auroit-il la liberté de s'y trouver et d'y
précedder lesdicts defendeurs pour y mettre une confuzion
et oster à plusieurs l'affection de rendre le dernier honneur à l'un de leurs confrères, en quoy n'y auroit poinct
d'apparance de favoriser les prétentions dudict demandeur
Aussy est-il des autres, esquelz non-seullement la justice
recepvroit de la confuzion et de la difformité, mais où la
solemnité seroit et pourroit estre rompue et divisée, s'il
estoit loysible au demandeur de prendre son rang et une
prescéance dans le Présidial, touttefois et quantes il est en
corps, au moyen de quoy lesdicts deffendeurs, joinct ce que
dessus, leurs déclarations et remontrances contenues audict
procès-verbal de nostre dict maistre des requestes de Monthelon, du troisième juin mil six centz sept, auroient conclud

estre envoyées quites et absoutz des fins et conclusions dudict demandeur avec despens; sur tous lesquelz différens
et contestations cy dessus, à l'exécution dudict arrest du
septième septembre mil six centz deux, les parties, par appoinctement donné par l'un de noz amez et feaulx conseilliers en nostre dicte cour, le seiziesme janvier dernier, auroient esté appoinctées en droict, à escripre par advertissement et produire tout ce que bon leur sembleroit par
devers nostre dicte cour, dans huitaine ensuyvant, pour leur
estre faict droit, ainsy qu'elle verroit estre à faire par
rayson ; suyvant lequel appoinctement, lesdictes parties auroient respectivement escript et produit, et finallement
le jour et datte des présentes, comparans en nostre dicte
cour ledict Me Jacques de Bais, juge gardien conservateur
des priviléges royaulx des foires de Lyon, demandeur en
exécution d'arrest de nostre dicte cour du septiesme jour
de septembre mil six centz deux, selon le contenu en une
commission par luy obtenue en nostre chancellerye, le
vingtiesme jour de may mil six centz huict, d'une part, et
Mes Laurent de Bourg conseillier en la séneschaulcée et
siège présidial de Lyon, et les autres conseilliers de ladicte
seneschaulcée, deffendeurs, d'aultre, ou les procureurs des
dictes parties, veu par nostre dicte cour ledict arrest du
septiesme septembre mil six centz deux, demande deffences, appoinctement en droit à escripre et produire,
advertissemens et productions desdictes parties, et tout considéré, nostre dicte Cour par son arrest ayt ordonné et ordonne, que ledict Conservateur aura rang et scéance en tous
actes et assemblées publicques au dessus du plus ancien
conseillier de nostre dict siége présidial et seneschaulcée, après
les lieutenans généraulx civil et criminel, particulier et assesseur, suyvant ledict arrest du septiesme septembre mil six
centz deux, sans despens, en tesmoing de quoy nous avons

faict mettre notre scel à ces présentes. Donné à Paris en nostre Parlement le neuviesme may, l'an de grâce mil six centz neuf et de nostre règne le vingtiesme. Par arrest de la cour, du Tillet, et le xxiiie may, mil six centz neuf. (Arch. de Lyon BB 398.)

Assemblée de notables, tenue le 15 juillet 1610, en vue de provoquer une réforme de la Conservation.

« Du jeudy quinzieme jour de juillet, l'an mil six cens dix après midy, en l'hostel commung de la ville de Lyon, y estans,

En assemblée convocquée audit hostel commung, du plus grand nombre de marchans, tant régnicoles que estrangiers demeurans en ladicte ville, sont comparus les cy après nommés, sçavoir :

Pour les régnicolles, les sieurs :

Thierry, — Richard, — Gallier, — Puget, — Dausserres, — Gaillan, — Olier, — Blauf, — Michel, — Duboys, — Pons, — De Villeneuve, — Calcani et Mathieu Chappuis ;

Pour les Florentins, Lucquois, Genevois et Grisons,

Sieurs :

Galilei, — Spada, — Costa, — Burlamachi, — Scandolera, — Mascaroni, — Michaeli, — Chaffarani, — Pestalozzi ;

Pour les Souysses et Allemandz,

Sieurs :

Daniel Herriel, — Nicolas Bolicq, — Pierre André Couler.

Ausquelz, après avoir longuement attendu plus grand nombre, ledict sieur prevost des marchans a proposé le désir que le Consulat a tousjours heu de maintenir le négoce et les négocians en leurs privilleiges et libertez, et que, ayant heu advis du procès de reiglement qui est pendant en la court de Parlement pour raison de la jurisdiction de la seneschaussée et de celle de la Conservation des foyres, prétendant le seneschal avoir droict de cognoistre, par prévention, de tous les cas attribuez au Conservateur, et ledit Conservateur soubztenant qu'il en doibt cognoistre privativement à tous autres juges, l'on a estimé qu'il estoit très-requis de faire entendre à tous les négocians à ce intéressés, ce en quoy gist la maulvaise intelligence, qui a tiré les ungs à signer une requeste ou passer une procuration pour ledit seneschal, et les aultres pour ledit Conservateur, affin que une telle désunion ne soit cause de ruiner ce peu de commerce qui reste à ceste ville, sans lequel elle ne peut subcister, et qui conciste en la liberté que de tousjours lesdits négocians ont heu de se pourveoir par-devant celuy desdits juges que bon leur a semblé, laquelle sembleroit estre ostée, et conséquemment le moien de rechercher la justice là où le demandeur espère l'avoir avec plus de briefveté et moingtz de fraiz, et d'éviter les déclinatoires ou récusations qu'il prévoyoit pouvoir estre proposées, quand le cas y eschéoit ; c'est pourquoy il a demandé l'advis aux assistans sur ce subject, les exhortant de délaisser toute passion et affection particulière pour donner lieu à ce qu'ilz jugeront estre de l'utilité publicque.

Le dit sieur Galilei, parlant pour les Florentins, Lucquois, Genevois et Grisons, a dict qu'ilz ont faict assembler la meilleure partie de ceulx des nations sur semblable proposition que le Consulat leur feist aujourd'hier en la loge du Change, et ont trouvé qu'il ne se doibt rien altérer à ce qui

s'est observé du passé, parce que qui changera quelque
chose à ce qui est des privilleiges des foyres, le commerce
s'achèvera de perdre, que sy la liberté a cy-devant esté de
se pourveoir par-devant celuy desdits juges que bon a semblé au demandeur, elle soit maintenue, synon que les choses
demeurent en l'estat qu'elles ont esté par cy devant obser-
vées.

Le sieur Thierry dict qu'il a tousjours tenu, qu'il a esté
en sa liberté de se pourveoir par-devant lequel bon luy sembleroit, et l'a continuellement aussy veu observer, est d'advis
de requérir qu'il n'y soit en rien changé, synon que la ville
peult attirer une telle jurisdiction au Consulat, ou bien faire
que deux marchans fussent annuellement adjoinctz au juge
conservateur.

Le sieur Richard dict que la proposition dudit prévost des
marchans tend à conserver le privilleige comme le Consulat
le doibt faire, que quand il a recherché des privilleiges pour
le Conservateur et pour les foyres, ç'a esté par ce que, sans
ce, le commerce ne se pouvoit maintenir, et que le fondement desdits privilleiges, octroyés par nos Roys, a esté sur ce
subject de faict, que du commancement, la ville avoit
ceste auctorité de nommer ung marchant qui jugeoit des
différendz, et sy depuis, cela est tombé en la cognoissance
d'ung officier jurisconsulte, c'est tousjours avec le mesme
pouvoir porté par lesdits privilleiges, et qu'il n'y importe de
rien aux marchans par qui ilz soient jugez, pourveu que ce
soit suivant lesdits privilleiges, mais ce seroit une grande
utilité sy le Consulat rechercheoit que la cognoissance de
telle jurisdiction luy demeura, car l'on plaideroit sans fraiz
et sans ministère de procureur ny d'advocat, et seroit ung
bien inestimable à la ville outre l'honeur qui en demeu-
reroit à ceulx qui le procureront, et croit que durant la difficulté de ce procès, il seroit plus aisé de l'obtenir du roy

qu'en ung aultre temps ; et quand cela ne se pourroit, il estime, que, en tout cas, en remboursant il se pourroit faire, d'ailleurs qu'il y a éédit pour faciliter les différendz des marchands et obvier aux fraiz, portant que le Consulat peult nommer deux marchans pour assister au Conservateur; et qu'il ne scait de qui la justice seroit faite meilleur et plus brefve du Seneschal ou du Conservateur, croit que tous la font bonne mais longue, comme elle s'exerce à présent, et le marchant recherche la briefveté et fuit la despence, et c'est pourquoy il perciste à l'une des deux ouvertures qu'il vient de faire.

A de plus a dire qu'il y a quelques ungs qui ont lettres de Paris, que, de toutes les villes ¡de France, il y a des deputez qui sont allez rendre le debvoir d'obéissance au roy et à la reyne, et bailler le cahier de leurs remonstrances pour rechercher du solagement, avec espérance d'y obtenir quelque chose, et que l'on s'estonne comme ceste ville n'en a faict de mesmes, que l'on a bien subject de demander beaucoup de choses, estant ceste dite ville des plus chargées et oppressées qui soit en ce royaulme.

Ledit sieur prévost des marchans a expliqué, que chacun a veu comme dès aussy tost que l'advis de l'accident advenu au feu roy fust arrivé, l'on envoya ledit sieur Paradis pour faire mesme debvoir, en quoy ceste ville devança toutes les aultres; il porta aussy quelques remonstrances que l'on estima se pouvoir proposer selon le temps, l'on y adjoustera encor d'aultres poinctz ausquelz l'on a pensé, prie la compagnie de croire qu'il ne s'y obmettra aucune chose ny encores en la diligence requise.

Le sieur Gallier a dict, que sy tant est que les marchans aient heu la liberté cy devant de convenir par devant le Séneschal ou le Conservateur, comme bon leur a semblé, il perciste de n'y rien innover, comme il luy semble qu'ilz y ont esté bien, que de vingt causes que luy et son compaignon, le sieur Guillaume Charrier, ont heu a faire poursuivre, ilz se sont tous jours pourveus des seze par devant ledit sieur Conservateur; et quant aux expédiens proposés par. ledit Richard, dict, que à la Conservation comme ailleurs, c'est une grande longueur et des fraiz insupportables, et que sy tant estoit que le Consulat peult obtenir du roy d'annexer ceste jurisdiction audit Consulat, ce seroit ung très-grand bien pour toute la ville et le commerce, que sy la commodité ne le permettoit, il seroit d'advis de demander la jouyssance de la déclaration faicte aux estatz de Bloys portant que le Consulat baillera deux marchans assesseurs au Conservateur pour juger avec luy, et sans lesquelz il ne pourra juger, ains sera tenu les appeler, à peyne de nullité despens dommages et interestz des parties.

Le sieur Gaillat a dict que les marchans ont tousjours esté en liberté de se pourveoir par devant lequel des juges que bon leur a semblé, dict qu'il désire que ceste liberté continue et ne luy semble pas que l'on y doibve rien altérer.

Le sieur Olier ne pense pas qu'il faille en rien déroger à telle liberté qu'ils ont jusques icy heu, pour empescher les déclinatoires que l'on propose ordinairement.

Le sieur Duboys item.

Le dit sieur Pons a adhéré à l'opinion dudit sieur Richard et que sy le Consulat se pouvoit attirer ceste cognoissance, le bien en seroit inestimable, et que luy-mesmes, bien que des moindres négocians, s'offre de contribuer pour ce qu'il fauldroit rembourser Le marchant crainct desjà beaucoup les subsides qui sont plus grandz que jamais, et qu'en aultre ville de ce royaulme. Il crainct aussy la despence des procez, et c'est cela, qui, en grande partie, a ruiné le commerce de ceste ville, et de plus dict, que puis naguières, il est venu de

Paris, et que toutes les villes, après avoir faict leur députation
y ont laissé des poursuivans pour demander des soulage-
mens de leurs grandes charges, que ceste ville a la doanne
de Vienne et surtaux de ceste doanne de Lyon et de l'entrée du vin, qui ruinent le négoce et tout le peuple; qu'il a
veu n'y a pas longtemps à Sainct-Malo descharger très-
grande quantité des marchandises, que l'on y vend, lesquelles
soloient venir à Marseille et en ceste ville, et là ilz gaignent
vingt-cinq et trente pour cent, à cause qu'ilz ne sont pas
chargés de detes et impositions, et que cela est commung
pour la soye comme pour l'espicerie, qu'il y a veu pour
deux escus passer facillement les soyes, quoyque messieurs
de la doanne pensent avoir suffisamment pourveu à ce
empescher, de quoy il a voulu advertir la ville en l'occasion de ceste assemblée, parce que, sy une foys l'espicerie
et la soye s'en vont de ceste ville, il n'y restera du tout
plus de commerce.

Le sieur Puget dict que si lon a jouy de la liberté de
plaider devant l'ung et laultre juge, il est d'advis de la maintenir.

Le sieur Da.sseres dict quil a tousjours accoustumé de
faire appeller ses débiteurs à la Conservation, bien qu'il
ait apprins que cela estoit en sa liberté, comme des aultres négocians, de se pourveoir au seneschal, s'il eust voulu,
et pour ce, croit qu'il la faut maintenir.

Le sieur Blauf dict quil se fault tenir aux privilleiges
des foires, qu'il a tousjours esté permis de se pourveoir auquel des deux juges que l'on a voulu, et qu'il y fault per-
sister.

Le sieur Michel a tousjours veu ladicte liberté, ne désire
pas quil soit en rien altéré aux privilleiges.

Le sieur de Villeneufve de mesme, que l'on doibt demeurer a ladicte liberté.

Le sieur Calcani s'est pourveu avec toute liberté au séneschal, quand il a voullu, requert de le continuer ainsy, et a mesme convenu de ceulx des nations, qui volontairement y ont deffense, sans avoir jamais décliné pour avoir le Conservateur pour juge.

Le sieur Chapuis, que encore quil désire que ladicte liberté soit continuée, néantmoings, il trouve que sy le Consulat se pouvoit attirer ceste cognoissance, ce seroit un grand bien.

Les Allemandz, que sy ainsy est, qu'il ait esté permis de se pourveoir ou à l'ung ou a l'aultre, ilz sont d'advis de s'y conformer, et de rien altérer ausdits privilleiges, et à ce qui a esté observé, pourveu que le séneschal juge en la même forme que le Conservateur.

De faict ont esté confusément proposés plusieurs ouvertures pour procurer et faire le ramboursement des officiers de la Conservation, affin d'en attribuer la jurisdiction ausdits sieurs prevost des marchans et eschevins, ainsy quil est praticqué en plusieurs aultres villes, ou que pour le moings, sy l'on ny pouvoit parvenir, qu'il fauldra tacher de remestre sus les deux marchans assesseurs, cy devant trouvés raisonnables en plaine assemblée des estatz, et que l'une des choses qui plus travaille les marchans, est le long temps quil fault employer à plaider et contester, soit en la seneschaucée ou en la Conservation indifféremment, et les grandz fraiz quil y fault faire, au lieu que leurs différendz se debvroient juger sur le champ par leur bouche et sans fraiz, et l'assemblée levée, ledit sieur prévost des marchands les a remercié de leurs bons advis, et exhorté de continuer tousjours au public la bonne volonté qu'ilz luy tesmoignent par leurs offres et déclarations. (Arch. de Lyon, BB. 146, fo 85 vo).

N° 10

*Assemblée de notables tenue le 22 octobre 1615, pour délibérer
sur la réunion de la Conservation du Consulat.*

Du jeudy, vingt-deuxiesme octobre mil six cens quinze,
en l'hostel commung de la ville de Lyon, y estans,

En l'assemblée généralle des sieurs ex consulz et marchandz, tant François, que des nations fréquentans les
foires de ceste ville, convoquée suivant la délibération
prinse a ces fins, insérée dans l'acte du huitiesme du présent, ont esté convoqués par les mandeurs ordinaires dicelle les personnes cy après nommées :

Messieurs :

De Villars.
De la Salle.
Du Soleil.
De Fromente.

Ex-consulz

Messieurs :

C. Teste.
Charrier.
C. Gillier.
Pocullot.
Richard.
C. Daussarris.
De Pures.
Thierry.
Bernico.

Cardon.
De Grimaud.
Collabaud.
C. Mallo.
Pellot.
C. Sève.
C. Regnauld.

Marchands

Verges.
Richard le jeune.
C. Jean Roulland.
C. Roussellet et Blandin.
Barbier.
Maguis et Gayot.
C. Fay.
Jacques Goz.

C. Vidaud l'aîné.
Vidaud le jeune.
Christophle Ferrari.
Serre.
Chappuis.
Picquet et Estrazy.
C. Taschereau.
Deloaille.
Guillaume, juge.
Puillata.
Lorrain.
C. Guettons.
Dupont.
Saullier.
Carcany.
Herard.
C. Lantillon.
Garnier.
Neyret et Buillier.
Boyleau et Quantin.
C. de Bourg.
Greffet.
Monnery et Michel.
Gaillat.
Picou.
C. Boullet.
C. Verdier.
C. Jean Guibert.
Vausecours.
Bourdicaud.
C. Prost et Charmette.
Gromons.
Rousset.

Chabre.
Jacques de Pures.
Martin Bagny.
C. du Lieu.
Beraud.
Latour.
C. Orlandini.
La Court.
C. Blauf.
C. Saunier.
C. Dumas.
C. Van et Navergnon.
Boucquet et Desglaz.
Benoist-Voisin.
Liautaud.
Pierre Guibert.
C. François Roy.
Justin Aymond.
Pétigny.
C. Decoulleurs.
C. Dizy.

Les Thoullousins

Freslon.
Denis Couchet.
C. Claude Michel.
Bérard.
Morel.
C. Noyrat.
Orset.
C. Codeville.
Rambaud.

Roussellet.
C. Pilleotte.
C. Trolles.
C. Louys Maguis.
Pellissier.
La Fourestz.
Favin.
Blachon.
Mauzeillet.
C. Puget et Coton.
Rancquet.
C. Allerat.
C. Quinsson.
C. Roux.
C. Picquet et Castos.
Vanelle.
Perrin.
C. Tardy.
Caboud.
C. Rouvière.
André Rouvière.
C. Giraud.
C. Jean Juge.
C. Garbaizai.
Bateon.
Pasques.
Deschamps et Cassia.
Doucet et Yon.
Blaise Bonnaud.
Robio.
Marc-Anthoine Perrin.
Coursaud.
Sevelinges.

Payelle.
la vefve d'Ost.
C. Guette et Charmette.
La Praye.
Chrestien.
Simond et Perret.
Turrin.
Bessie.
Laroue.
Joseph Lebe.
la vefve Anthoine Girard.
C. Greffet.
C. Portal.
René Baye.
Mathieu.
Chappuis.
Mazuier.
Millottet.
C. Les héritiers Pierre Roux.
Pons St-Pierre.
Gabailléon.
Villeneufve.
Levrat et Dupin.
C. Charles Bayle.
C. Bezin.
C. Courneille Breton.
C. Etienne Breton.
C. Gabriel Fournier.
C. La Frasse.
Ollier.
Frelat.
Vinard.
C. Fradin.

Cézard Laure.
C. Coton.
C. Madame Girard.
Girard.
C. Suc.
C. d'Ambournaz.
Michel et Dom. Particelli.
Pianello.

Alemans

C. Jean-Anthoine Silis.
C. Studer.
C. Solicoffre.
C. Sillis.
C. Fiteler.
C. Sellon.

Grizons

C. Mascarany.
C. Becarie.
Les Pestolossi.

Florentins

C. Dominicque et Hug. Mey.
C. de Roussy.
C. Galliley et Barrelly.

Lucquois

C. Burlamachy.
De Nobilly.

Millanois

C. Ozio.

Desquelz sont comparus ceux qui sont cy dessus cottés en teste à la lettre *C*, ausquelz ledit sieur prévost des marchandz a remonstré, que par le décedz du feu sieur de Bais, que Dieu absolve, la charge de juge, gardien et Conservateur des Privilleiges des Foires de la ville de Lyon estoit demeurée vacante, qu'au moyen de ladicte vaccation l'occasion s'offroit de pouvoir effectuer le desseing qui se trouvoit par les registres consullaires avoir esté résollu en divers temps de pouvoir réduire et remettre la charge de Conservateur des dictes foires, selon sa première institution, rendre les marchandz juges de leur négoce et commerce, et retrancher ces fraiz longueurs et formalités que s'estoient glissées en la praticque de la jurisdiction des foires, laquelle debvoit estre sommaire et sans forme, ny figure de long procès ; qu'au commencement de l'institution de la ditte,

et en l'année mil quatre cent soixante-cinq (sic) le roy
Louis onziesme, après avoir estably les foires au nombre
quelles sont, donna pouvoir et authorité au Consullat
de nommer et eslire aucung prudhomme suffisant et
ydoine pour empescher que aucune extorsion ou vexation
fust faicte aux marchandz fréquentans les foires, et pour ap-
pointer toutes les questions et débatz qui naistraient entre
iceulx pendant et durant icelles, sy à l'amiable ilz le pouvoient faire, synon en feroient le renvoy pardevant monsieur le séneschal de Lyon ou son lieutenant, qui lors estoit
gardien et conservateur desdictes foires; que depuis les
marchandz ayant recongneu que lesdits renvoys leur estoient à charge, à cause des longueurs et formalités de justice, auroient obtenu que ledit prudhomme, nommé de
l'authorité du Consullat, termineroit et jugeroit non seullement à l'amiable, mais contradictoirement, tous les différendz naissans desdictes foires, à la charge que lesdits
différendz seroient jugés sommairement et sur le champ, sy
faire se pouvoit, et sans forme ny figure de long procès, ministère d'advocatz, ny procureurs, que de ce bénéfice le
commerce avoit jouy tant que la charge avoit été exercée
par gens de robbe courte, mais que depuis qu'on avoit
pourveu en la dicte charge des personnes de robbe longue,
les formalités et longueurs y avoient esté tellement intro-
duittes et estendues, quil n'y avoit quand à présent peu ou
point de différence de plaider en la justice ordinaire et en
celle de la Conservation; qu'il apparoissoit par les registres
consullaires, que ceux qui avoient esté appellés es charges
de la Conservation, avoient tasché de rétablir ladicte
charge de temps à autre en la forme ancienne, mesmement
chargé de ce leurs cahiers es estatz de Blois, es années mil
cinq cent septante six et mil cinq cent huictante huit, et à
Paris, l'année dernière par ledit règlement jugé utile au bien

du commerce, par le consentement et réquisition des Etats Généraux de ce royaume, mais que l'affaire n'avoit peu réuscir d'aultant que ladicte charge n'avoit vacqué par mort ni par résignation, s'y estant tousjours trouvé ung titulaire qui avoit empesché les bons desseings et intentions du consulat et des marchandz, qu'à présent ladicte vaccation estant advenue, le Consullat se sentoit obligé par le debvoir de leur charge de convocquer ladicte assemblée pour prendre sur ladicte proposition leurs bons advis et résolutions, que l'honneur et l'utillité estoient les causes principalles qui pouvoient inviter et déterminer l'assemblée, partant que sy lassemblée les jugeoient telles, comme scachans et resentans les incommodités que les marchands recepvoient de la longueur et despens des procès en la Conservation plus vivement que tous autres, il étoit temps de prévoir et pourveoir à s'approprier ledit honneur et esviter les incommodités préceddentes, et ayans esté les opinions des assistans recueillis;

Le sieur de Tasnay, plus ancien ex-consul, a dict quil trouvoit la proposition plaine d'honneur et d'utillité pour la ville et commodité des marchandz negotians, estoit d'advis d'icelle embrasser et rechercher les moyens pour y pouvoir parvenir.

Le sieur Regnauld, esleu et ancien ex-consul, a esté de mesme advis.

Le sieur Gallier, ex-consul de mesme, a offert, pour parvenir à l'effect de la dicte proposition, d'y contribuer selon son pouvoir.

Le sieur Daussaris, ex-consul, a faict la mesme offre, et que pour rechercher le fondz nécessaire, il faudroit députer des principaux de l'assemblée à ces fins.

Le sieur Mallo, de mesme advis.

Les sieurs de la nation allemande, par la voix du sieur

Jean Anthoine Sillis, ont dict quilz tiennent ladicte proposition utile et proffictable au bien du négoce, estoient d'advis que la ville en recherchat les moyens pour l'obtenir, mais qu'elle debvoit fournir les fraiz nécessaires, sans qu'ilz feussent tenus d'y contribuer.

Le dit sieur Mascarany, Grison, a dict quil trouvoit la proposition utile et offroit d'y contribuer.

Le sieur Becarie, aussy Grison, de mesme a faict le mesme offre.

Le dit sieur.... de la nation florentine, a dict que l'affaire estant de grande importance, il prie le Consullat de luy donner délay pour conférer avec les autres de la nation, et ce faict, y donner la résolution de leur advis.

Ledit sieur Costa Genevois (Gênois), en a dict de mesme.

Le sieur Burlamachi, Lucquois de mesme.

Ledit sieur Giovo de mesme, aussi Genevois.

Le sieur Capellety, Lucquois de mesme.

Le sieur May, Florentin de mesme.

Le sieur Philippe Serre a dict que ladicte proposition est fort utile et nécessaire, et offre dy contribuer de son pouvoir, pour parvenir à l'effet d'icelle.

Le sieur Verdier, id.	Le sieur François Roy, id.
Le sieur Bezin, id.	Le sieur Dizy, id.
Le sieur Orlandin, id.	Le sieur Decouleur, id.
Le sieur Gueyton, id.	Le sieur Michiel, id.
Le sieur Cornelle Breton, id.	Le sieur Noirat, id.
Le sieur Etienne Breton, id.	Le sieur Codeville.
Les srs Prost et Charmette, id.	Le sieur Giraud, id.
Le sieur Blauf, id.	Le sieur Trouillier, id.
Le sieur Punier, id.	Le sieur Cotton, id.
Le sieur Dumas, id.	Le sieur Quinsson, id.
Le sieur Navergnon, id.	Le sieur Roux, id.

Le sieur Allerat, id. Le sieur Portal, id.
Le sieur Tardy, id. Le sieur Baile, id.
Le sieur Juge, id. Le sieur Fournier, id.
Le sieur Garbuzai, id. Le sieur Fradin, id.
Le sieur Greffet, id. Le sieur la Frasse, id.

Comme aussi générallement tous les autres comparans ayans oppinés les ungs après les autres ont esté d'advis de rechercher les moyens pour effectuer ladicte proposition, comme honorable et profitable au bien du publicq et commerce, et offert respectivement de contribuer sellon leurs moyens et pouvoir pour y parvenir.

Ce faict, a esté arresté et conclud de rechercher les moyens pour pouvoir trouver fonds, pour rembourser tous les héritiers dudit feu sieur Conservateur, que fournir aux fraiz nécessaires en court, pour obtenir de Sa Majesté à ce que ladicte charge soit exercée par marchandz, suivant l'eslection qui en sera faicte en l'assemblée, qui sera convoquée en l'hostel de ville, par lesdits sieurs Prévost des marchands et eschevins avec les mesmes pouvoirs, jurisdictions et authorités qu'ont eus les Conservateurs des foires; et que la justice y soit cy après faicte sommairement et sans fraiz, suivant l'ancienne institution, et que pour recueillir les offres faictz en ladicte assemblée et trouver fondz nécessaires aux fins que dessus seroient deputés par le Consulat quatre notables marchandz du costé de Fourvière et aultant du costé de St-Nizier.

Et après que lesdits sieurs convocqués en ladicte assemblée se sont retirés, lesdits sieurs prévost ou marchandz et eschevins ont nommé et depputé, suivant la résolution de ladicte assemblée, les sieurs Gallier, Verges, Phillippes, Sèves et Picquet du costé de Fourvière, et les sieurs Thierry, Cardon, Bézin et Chaboud du costé de Sainct-Nizier, pour sçavoir et recueillir des marchandz et negotians, ce qu'ilz ont vollontairement offert de contribuer à l'effect que dessus, pour l'estat desdits offices rapporté au Consullat, estre pourveu au surplus sellon le bien et utillité publicque. » (Arch. de Lyon, BB. 151, f° 105.)

N° 11

« *Mémoyre et instructions, à M. Croppet, advocat au Conseil, et aiant charges des affaires de la ville de Lyon, aux fins de monstrer que monsieur David Coursaud, recepveur des consignations audit Lyon, ne doibt prétendre que les deniers provenans des effects mobiliaires ou immobiliaires des marchans faillis et aiant faictz bancqueroute soyent remis entre ses mains, ny générallement aulcung droit de consignation du Conservateur des privillèges des foyres de Lyon.* »
(14 janvier 1621).

Par éédict d'Henry trois, faict à Paris, au mois de juing de l'année 1578, il y a érection en tiltre d'office des charges de recepveurs des consignations avecq attribution de six deniers pour livre des deniers qui seroient remis entre leurs mains.

Cest édict est confirmé par ung second faict à Paris, le 17ᵉ fevrier 1581, et encores par ung troisiesme faict à Blois, le 16 may 1581.

Par le susdict édict d'érection, auquel se conforment les suivants, il est dict en mesmes termes : « Créons ung recepveur qui fera recepte et se chargera de tous les deniers consignez, soit par ordonnance de noz officiers, ou par dépostz volontaires entre marchant et particulier, tous séquestres, exécutions, sentences ou arrestz, provisions, garnissemens, et de tous autres deniers arresté, aura six deniers pour livre. »

Que si bien d'abord les termes généraulx dudict éédict semblent favoriser l'intention dudit recepveur, néantmoings, bien entendus, ils montrent l'injustice de sa poursuitte.

Premièrement, en ce qu'il ne peult recepvoir aulcungs deniers que par ordonnance d'ung juge ou dépost voluntayre, et est-il que le juge Conservateur en la jurisdiction duquel il prétend avoir les consignations, juge autrement que tous les autres juges de ce royaulme et d'une façon à lui toutte particulière, estant obligé par les éédictz de sa création et la qualité des parties, les justiciables, de terminer presque tous les procès sommairement, et s'il est question d'une somme de deniers licquide, le créancier en obtient toujours la provision en baillant caution, et, nonobstant oppositions ou appellations quelconques, à quelque somme que la debte se treuve monter, comme de ce appert par éédict du roy François premier qui se treuve dans le livre des privillèges des foyres au feuillet 85e.

Que s'il y a faillite ou bancqueroute, les créanciers assemblés députent quelques ungs d'entr'eux qui, comme tuteurs et curateurs des autres créanciers reçoipvent les deniers provenans des meubles et immeubles des débiteurs, et en font la distribution au sol la livre, et lorsque quelque difficulté diffère ladicte distribution pour quelque temps, lesdits députés sont comptables des proffictz des sommes qui leur demeurent, sans perdre ung jour, en sorte que les deniers remis entre leurs mains parviennent en celles des créanciers sans perte de temps, ny de finance.

Au lieu que sy lesdictes sommes estoyent délivrées au recepveur des consignations, il en défalqueroit d'abord es six deniers pour livre qu'il prend, en vertu de son éédict, de tout l'argent qui luy est remis; et sy, outre cella, il n'en payeroit ung seul teston, sans une ordonnance du juge, pour sa décharge, et une quittance receue par notaire en présence des tesmoingtz, ny ne pourroit on prétendre aulcungs interestz de luy quand il l'auroit gardé cent mille escuz des centaynes d'années.

De manière qu'ung pauvre créancier, après avoir perdu le quart, le tiers, la moitié, et quelques fois les trois quartz de son deub en une banqueroute, espérant de recepvoir ce peu qu'il luy reste, se trouvera frustré de tout par les fraiz que luy apporteront la poursuitte d'une ordonnance et l'expédition d'une quittance, les six deniers pour livre du droict dudict recepveur, et ce, outre les longueurs et perte de temps qui est grandement chère et considérable à ung marchant.

Et ainsy il faudra que le pauvre créancier, affligé de la perte que luy cause la bancqueroute, souffre une nouvelle perte pour enrichir le recepveur des consignations, qui garde son argent aultant que les inventions de la chicanne luy en fourniront les moyens, et, après touttes ces longueurs, luy diminuera sa portion de six deniers pour livre, le constituera en la despence d'une sentence et quittance pour sa descharge.

Que sy les tuteurs et curateurs reçoipvent sans difficulté les deniers provenans des meubles de leurs mineurs, pourquoy les députez des créanciers qui vrayement sont tuteurs et curateurs en ce faict des autres créanciers, voire sont quelque chose de plus, puisqu'intéressez avecq les autres, ilz peuvent dire que c'est leur bien et leurs deniers; ne recepvront-ils pas les deniers provenans des effectz de leurs débiteurs sans passer par les mains dudit recepveur qui veut rougner leurs morceaux, puisque comme dict a esté, c'est leur faict, leur bien, et que tous les intéressez le consentent et désirent ainsy?

Puy les deputez sont procureurs de la communauté des créanciers et ont droit de prendre les deniers proceddans de la vente des biens et marchandises du marchand failly comme de leur chose propre.

Et ainsy en a tousjours esté usé en cette ville jusques à présent, bien que feu Anthoine Coursaud, oncle de nostre partie, qui de son vivant a posseddé longuement ladicte charge, se soit torné de tous les costés qu'il a peu pour s'attribuer ce que son nepveu prétend mainctenant.

Mais néantmoingz, par ses artifices, il n'a jamais peu en venir à bout ; ains, au contraire, en a tousjours esté deboutté par arrestz ou bonnes sentences.

Qu'ainsy ne soit, l'on nous a asseuré que par arrest du Conseil, du 12 apvril 1612, donné au rapport de Monsieur d'E... ne majeur, maistre des requêtes, entre ledit sieur Anthoine Coursaud, recepveur des consignations en cette ville, demandeur contre Guiot (Henry), propriétaire du greffe de la Conservation, Monsieur Delaporte (Baudoin) estant greffier du Conseil et Monsieur de Reperant, son commis, ledit Coursaud est deboutté entièrement de ce qu'il prétendoit sur ladicte Conservation.

Arrest bien notable, et duquel nous vous eussions envoyé coppie collationnée, sy celuy qui l'avoit ne l'eust perdu, mais vous prions de le faire chercher et expédier pour vous en servir.

Bien est-il vrai que par le *visis* d'un autre arrest du Conseil, donné le cinquiesme juillet XVIᶜ treize, entre le sieur Coursaud, demandeur en requeste, et encores ledit Guyot (Henry), deffendeur, il est porté que par le susdict arrest, du 12ᵉ apvril 1612, ledit Coursaud percepvra en la Conservation les deniers provenans de la vente des immeubles tant seulement, et d'iceux en prendra les six deniers pour livre.

De manière que ce seroit ung tiltre pour le regard desdits immeubles, mais aussy serviroit ledict arrest pour l'exclure de ses prétentions sur les deniers des meubles et marchandises, le mot de « *Et seullement,* » le frustrant du surplus, et luy ostant le moyen de demander l'argent de ce qui n'est pas immeuble.

C'est pourquoy nous vous prions, ayant faict expédier le susdict arrest, de ne le point produire d'abbord s'il parle de la sorte, nostre intention estant d'empescher, sy nous pouvons, que ledict recepveur n'aye les deniers des immeubles non plus que des meubles.

Que sy vous voyez que, nonobstant noz raisons, l'on luy veuille adjuger les deniers des immeubles, allors vous servires dudit arrest ensemble et de celluy du cinquiesme juillet 1613, duquel nous vous envoyons une coppie collationnée, d'autant, que par iceluy, les deniers des immeubles sont seulz adjugez audit recepveur, à l'exclusion de celuy des meubles.

Que si ledict arrest est produit par nostre adverse partie, vous pourrés dire contre icelluy qu'il n'est que provisionnel, et, par conséquent, peut estre changé pour les raisons que vous déduirés, qui sont, outre ce que nous avons jadict, que ledit recepveur des consignations, en cette ville ne peult prétendre ny se dire recepveur des consignacions en la Conservation comme il prétend, et son oncle en avoit prins la qualité au susdit dernier arrest, en la séneschaucée de Lyon, si bien que la séneschaucée et la Conservation estant des jurisdictions totallement distinctes et séparées, il ne peut confondre l'une dans l'autre, estant chose toutte nottoyre que ladicte Conservation a ses privilleiges et formes particulières, voire contre l'ordinaire de toutes les autres jurisdictions.

Premièrement, parce que, asseurément ses lettres de

provision ne le portent poinct, ains seulement de recepveur des consignations.

Ce qu'estant, quelle apparance y a-il que Sa Majesté aye entendu attribuer audict Coursaud sans éédict nouveau, voire mesmes sans aulcune particulière désignation, en ses lettres de provision, ung nouveau droict, et assubjectir les privilleiges des foyres à des charges nouvelles, sans y déroger spécifiquement et en termes exprès, par nouveaux éédictz ou lettres patentes.

Que sy David Coursaud a faict glisser dans lesdictes lettres de provision quelque clause pour cela, l'on luy dira qu'elles doibvent estre conformes aux ééditz et aux provisions de ses prédécesseurs, sy ce n'est peut estre qu'il y ait augmentation de pouvoir par nouveaux éédictz ou lettres patentes, mais tousjours les particulliers intéressez seroyent recepvables en leurs oppositions à remonstrer leurs intérêts.

En second lieu, si ledit Coursaud estoit recepveur en ladicte Conservation, il fauldroit que non seulement il estendit la fonction de sa prétendue charge dans Lyon ou son ressort, mais encore par toute la France, voire par tout le monde, où le Conservateur suict ceulx qui ont négotié à Lyon, sous le privilleige des foyres, et faict recognoistre l'aucthorité de sa charge par saisies, emprisonnemens et touttes autres telles exécutions aussy librement que dans Lyon.

En troisiesme lieu, les lettres de déclaration du 6 janvier 1588, publiées en la séneschaucée de Lyon, le seiziesme may ensuyvant, sur lesquelles il fonde toute son authorité, ne donnent audit Coursaud autre droict ne pouvoir que de recepvoir des consignations en ladicte seneschaucée, sans parler de la Conservation.

Et ce qui est de plus fascheux parmy tant d'entreprises

dudit David Coursaud est que, contre son pouvoir et les arrestz de la Cour, il menace de délivrer des commissions et contrainctes comme appert par le playdé de La Poère, son procureur, qui plaidant en l'audience de la Conservation, le 17 décembre dernier, déclaire qu'il fera executer la commission par luy cy-devant délivrée contre les sieurs Picquet et Strasse.

Chose neantmoingtz qui luy est expressement deffendue par arrest solennel de la Cour de Parlement de Paris, du 25 novembre 1598, portant reiglement sur le faict des adjudications par décret, y aiant article conceu dans icelluy, en ces mesmes motz : « L'adjudicataire sera tenu consigner dans huictaine, et icelle passée y sera contrainct par corps, à cette fin contre lui délivré contraincte au poursuivant les criées ou opposans, sans que le recepveur des consignations puisse faire les contrainctes. »

Que sy vous désirez veoir ledict arrest, vous le trouverez au feuillet 311 du livre intitulé : « *Eedictz et ordonnances sur le faict de la justice, annotés et recueillis par Pierre Néron*, de l'impression de Anthoine Nuière à Paris, en la cour du Palais, au nom de Jésus, ou dans le Codde Henry, au feuillet 203 de l'impression de Paris, par Sébastien Cramoisy, en l'année 1609,

Que sy ledit recepveur des consignations avoit le pouvoir de délivrer des commissions, et en vertu d'icelles faire contraindre ceulx qu'il vouldroit, il ruyneroit infailliblement les plus huppés des marchans.

D'aultant que, les faisant emprisonner, il leur oste le crédit qui seul, le plus souvent, les soubstient et faict subsister et, par conséquent, les rendant des corps sans âme, les contraindroit de donner du nez en terre.

Ce qu'estant vray, comme il n'en fault point doubter, ledit Coursaud perdroit ceulx qu'il luy plairroit ou plus tost

desplayroient, ou pour le moings incommoderoit grandement par une indeue vexation, sy pernicieuse et de sy
dangereuse conséquence, qu'elle est capable, perdant le
négoce de cette ville, de perdre la ville entière, duquel (*sic*)
il est le seul ellément et support.

C'est pourquoy nous vous conjurons d'entreprendre
laditte poursuitte, non seullement avec la mesme affection
et diligence que vous apportes à noz autres affaires,
mais avecq ung soing particullier et une ardeur extraordinaire. Et parce que les marchans de Paris ont interestz
à la Conservation de nostre commerce, comme y ayans
tousjours la meilleure part à la bonne ou mauvaise fortune
d'icelluy, et que l'arrest, que le recepveur des consignations
de Lyon pourroit avoir à son advantaige, serviroit de
préjugé à celuy de Paris pour, en cas de bancqueroute,
prendre le maniement des deniers proceddans des effectz
des marchands faillis, nous jugeons à propos que vous tas-
chies de faire joindre avecq vous et intervenir en cette
instance le corps et communaulté desdits marchans, ou bien
mesme Messieurs les Prévost des marchans et eschevins
de Paris, ausquelz nous en escriprons, sy besoing est.

Bref, il faut convocquer le ban et arrière-ban de tous
les intéressez, implorer l'assistance et faveur de tous noz
amis et protecteurs, et ne rien oublier pour ranger ledit
Coursaud à la raison.

C'est pourquoy nostre résolution est d'avoir de Sa Majesté,
pour dernière ancre de salut de cette affaire, le pouvoir
d'estre subrogez au lieu et place dudit Coursaud, en le
remboursant de la finance qui est entrée aux coffres du
roy, ensemble de tous fraiz et loyaux coustz, remettant
icelle charge entre les mains d'une personne de la qualité
requise, qui l'exerce à la mesme forme que les devanciers
dudit Coursaud ont faict, c'est-à-dire sans prétendre
aucune chose dans la Conservation.

A cest effect, nous sommes aprés traicter avecq quelques ungs qui se sont desjà offertz à nous pour ce subject, nostre intention estant de faire l'offre, et travailler à ce qu'il soit receu, mais non pas de desbourser l'argent qu'il faudra, car noz nécessitez ne permettent pas d'en user autrement.

C'est pourquoy, pour plus grande précaultion, et affin que nous ne nous advancions plus qu'il n'est à propos, nous vous prions de ne point offrir ledit remboursement que nous ne vous le mandions, comme nous ferons d'abord que nous serons assurés de personne qui veuille mettre la main à la bource, et qui, ayant la charge, se contienne dans les antiennes limittes d'icelle.

De manière que vous pouvez bien menasser d'en venir audit offre de remboursement, mais non pas encores le faire, jusques à nouvel advis de nostre part, que nous espérons ne debvoir tarder beaucoup à vous arriver.

Au reste, nous oublions à vous dire deux choses: la première est que nous vous envoyons une sentence du séneschal de cette ville, judiciellement rendue contre feu Anthoine Coursaud, recepveur susdit, le 7ᵉ may 1615, confirmée par sentence arbitralle du 23ᵉ novembre 1616, par lesquelles sentences vous verres que le recepveur des consignations n'a aulcung droit de recepvoir les deniers provenans des meubles et marchandises des marchans, bien que vendus par aucthorité de justice, et que ledit Coursaud ayant receu, sur semblable natture de deniers, trois cens et tant de livres, pour les prétendus droictz de six deniers pour livre, auroit, par ladicte sentence arbitralle, esté condampné de les rendre, et ce à Pierre Roussellet, duquel il les avoit extorqué, sentence néantmoings à laquelle ledit Coursaut acquiesça comme se veoit par le prononcé d'icelle.

La seconde est, que ledit recepveur des consignations ne peult prétendre les deniers de la Conservation pour aulcung aultre titre qu'en expliquant, en sa faveur, l'éédict de l'an 1578, lorsque par icelluy il est faict mention des juges et consulz des marchans et des hostelz commungs des villes de ce royaulme, voulant entendre, soubz lesdits termes, la jurisdiction du Conservateur y estre comprise.

Mais, contre cella, nous opposons premierement que l'éédict designe *nominatin* (*sic*) les juges et consulz des marchans et des hostelz commungs des villes. Sa Majesté, néantmoings, recognoissant le préjudice que telle chose porteroit à ses deux petittes jurisdictions libres et privillégiées, a tousjours empesché que son éédict n'a eu lieu en aulcunes d'icelles, ny a eu oncques recepveurs des consignacions establys ausdittes justices, ny dans Paris, ny dans tout le ressort du Parlement.

En second lieu, l'on peult soubstenir avecq raison que la jurisdiction du Conservateur ne peult estre comprise soubz les termes susdits, estant toutte aultre et beaucoup plus grande et plus privillégiée que les susdittes, sy bien que ce seroit contre la maxime de droit qui veult que le plus noble ne soit jamais entendu estre compris soubz le nom du moings noble.

A ces raisons vous adjousteres, s'il vous plaict, celles que pourrés tenir de la communicquacion qu'aurez des tiltres et pieces dudit Coursaud, que nous n'avons sceu veoir par deça.

Délibéré par lesdictz sieurs, les an et jour susdits. Arch. de Lyon, BB, 158, non numéroté.

N° 12

Mémoire envoyé à M. de Miromesnil, garde des sceaux, sur les inconvénients qui résultent pour le Tribunal de la Conservation et pour le commerce en général, de l'existence d'un Conseil supérieur dans la ville de Lyon.

De tous les inconvénients qu'entraîneroit à sa suite l'existence d'un Conseil supérieur dans la ville de Lyon, la destruction de son commerce est sans contredit celui qu'elle a le plus à redouter, et dont elle ose espérer que Sa Majesté daignera la garantir.

L'érection de ce nouveau Tribunal ne peut, en effet, que nuire au commerce, dès lors qu'elle attaque et blesse la jouissance de tous les droits et de toutes les prérogatives que nos rois ont successivement accordés à la Conservation.

Pour être convaincu de l'importance de cette jurisdiction et de ses rapports directs avec le commerce, il suffit de se rappeler que Louis onze, jaloux de le faire fleurir dans toute l'étendue de son royaume, crut devoir le favoriser particulièrement dans la ville de Lyon, en considérant la situation avantageuse ainsi que le génie et l'industrie de ses habitants.

C'est dans cette vue, et pour empêcher que ceux qui négotioient dans cette seconde ville du royaume ne fussent inquiètés et troublés dans des opérations utiles à l'état qu'il créa par son édit du mois de mars 1462 (v. st), un juge conservateur pour veiller au maintien des priviléges des foires, et lui attribua en même temps la connoissance de toutes les matieres civilles et criminelles, circonstances et dépendances, tant en foires que hors des foires.

La création de cet office fut confirmée au mois de février 1535 (v. st) par un édit de François premier.

Au mois de may 1655 parut un édit de Louis XIV, verifié en Parlement, le 25 juin suivant, qui porte union de la jurisdiction de la Conservation des privilèges royaux des foires de Lyon au corps consulaire de la même ville.

Enfin, et sous le même règne, le roy rendit un second édit, au mois de juillet 1669, enregistré au Parlement, le 13 aoust suivant, par lequel Sa Majesté, en maintenant tous les privilèges dont la Conservation avoit joui précédemment, fixa deffinitivement la compétence de ce tribunal, et détermina les différentes matières dont les juges conservateurs devoient connaître privativement à tous autres juges ; ce même édit leur permit également de juger souverainement et en dernier ressort toutes les affaires de commerce jusques à la somme de 500 l., et ordonna, enfin, que les sentences et les jugements deffinitifs qu'ils rendroient seroient exécutés généralement dans tout le royaume, sans visa ni pareatis, comme s'ils étoient scellés du grand sceau.

D'après cet exposé, l'édit de 1655 et celui de 1669 doivent être regardés comme les titres constitutifs de la Conservation. C'est en usant des privilèges qu'ils accordent à ce tribunal, que la justice s'y est rendue, l'on peut le dire, non seulement au gré des négotians de la ville de Lyon et de ceux de tout le royaume, mais même de maniere à mériter la confiance des étrangers. Cette vérité est suffisamment prouvée par la foule d'arrêts confirmatifs des sentences de la Conservation, rendus par l'ancien Parlement de Paris, le seul où ses appels doivent être portés, le seul, en un mot, qui soit véritablement versé dans les questions de commerce, de la natture de celles qui se traitent dans la ville de Lyon.

La Conservation, ce tribunal célèbre, qui n'a jamais varié dans sa jurisprudence et dans son intégrité, seroit, il faut l'avouer, bientôt anéanti; s'il n'étoit rendu au ressort du Parlement de Paris. Tout ce qu'il a éprouvé depuis le malheureux instant où il en a été distrait, a porté le coup le plus funeste au commerce de la ville de Lyon. Quelques détails puisés dans plusieurs mémoires qui ont déjà et depuis longtemps été présentés au ministère, viendront facilement à l'appui de ce que le zèle le plus désintéressé et le patriotisme le plus pur n'ont pas craint d'avancer à ce sujet.

Sil ne sagissoit que de l'intérêt du commerce particulier de la ville de Lyon, certainement ce seroit méconnoitre l'étendue des lumières et la sagesse des vues du gouvernement actuel, que de demander des préférences en sa faveur, et d'insister sur le maintien de privilèges qui peuvent être confirmés ou détruits, suivant la volonté du prince qui gouverne.

Il est donc de sa bonté et de sa justice de regarder du même œil toutes les villes de son royaume, mais si dans dans le nombre de ces mêmes villes, il s'en trouvoit de plus utiles à l'état soit par l'étendue de leur commerce chés l'étranger, soit par les avantages prétieux d'une heureuse situation, ces mêmes villes sembleroient mériter plus particulièrement les regards bienfaisants du souverain; telle est, on peut le dire, la ville de Lyon.

L'industrie de ses habitants, la multiplicité de ses manufactures, la richesse et la perfection de ses étoffes, le goût et la variété de leurs desseins, le commerce considérable d'entrepôts qu'elle doit à sa situation entre un fleuve et une rivière des plus navigables, sont connus de tout l'univers commerçant; ses correspondances avec toutes les cours et toutes les provinces du Nord ne scauroient souffrir de comparaison avec celles d'aucune autre place du royaume, et l'on se rappellera toujours avec étonnement les ressources immenses ouvertes à l'Etat par la ville de Lyon, après les différentes guerres qu'il a eu à soutenir surtout après celles où on a vu l'Allemagne s'enrichir aux dépens des puissances belligérantes, qui l'avoient choisie pour être le théâtre de leurs hostilités.

Les sommes immenses que la France y a semées en tant d'occasions auroient été à jamais perdues pour l'Etat sans le commerce de la ville de Lyon. Cette ville seule a seu pendant la paix, ramener dans le royaume par son industrie tous les trésors qui en étoient sortis pendant la guerre. On l'a vu plus d'une fois, en effet, procurer la rentrée de plus de 15, 20, 30 millions, et ce, dans le plus court espace de temps.

L'exposition de ces faits certains dispensent (*sic*) que l'on s'étende sur les relations de la place de Lyon avec la Turquie, l'Espagne et les autres nations étrangères ; elles sont suffisamment connues du gouvernement. On doit s'en tenir, après avoir prouvé que le commerce de la ville de Lyon est de la plus grande importance à l'Etat, à mettre sous les yeux du Ministère, ce que ce même commerce a à souffrir de l'établissement du Conseil supérieur dans la ville de Lyon, par les entraves qu'il met à la justice qui se rend au tribunal de la Conservation.

Personne n'ignore l'impossibilité où est ce tribunal de faire exécuter les sentences dans les ressorts étrangers au Conseil supérieur, les plaintes et les murmures se renouvellent chaque jour à ce sujet; les négotiants qui ont obtenu des jugements contre leurs débiteurs s'addressent sans cesse aux juges du commerce, qui les ont rendus pour apprendre d'eux-mêmes quels peuvent être les moyens à employer pour les faire mettre à exécution ; les juges conservateurs, dont les pouvoirs sont par les circonstances aussi bornés que les leurs, ne peuvent què les inviter à la patience et leur faire espérer un avenir plus favorable et un temps plus heureux, où le prince daignera jetter un regard propice sur la légitimité de leurs réclamations, et terminer enfin par sa bienfaisance et par sa justice des maux qui portent le coup le plus funeste à l'industrie et au commerce.

Non-seulement les sentences de la Conservation ne peuvent être exécutées au-delà du ressort des juges d'appel nouvellement créés, mais il est encore d'une difficulté inouïe de les mettre à exécution dans l'étendue de leur propre ressort, dans l'enceinte même des murs de la ville de Lyon ; la malheureuse facilité d'obtenir des arrêts de deffense, que donne aux débiteurs la proximité du tribunal supérieur, forme de nouvelles entraves pour le commerce, gêne et suspend toutes ses opérations, et finira dans la suite par rebuter entièrement le négotiant qui s'y livroit autrefois avec autant de confiance que de sécurité.

La distance du Parlement de Paris, et encore plus, il faut l'avouer, les égards que cette cour avoit pour tout ce qui touchoit à l'intérêt général du commerce, laissoient à la Conservation le temps de faire exécuter ses sentences ; le Parlement ne permettoit jamais à la mauvaise foy de retarder le payement attendu par un créancier légitime.

La justice rendue avec intégrité par le Parlement de Paris, la foule des sentences de la Conservation qui y étoient confirmées, faisoient que toute la France, que les étrangers même s'empressoient de reconnoitre le tribunal de la Conservation, ils y venoient plaider avec cette confiance que leur inspirait la liberté d'aller replaider devant les premiers magistrats du royaume, devant des magistrats également faits pour en imposer par la dignité des places qu'ils occupoient, que par les connaissances profondes qu'ils avoient acquises sur la nature des affaires portées par devant les juges Conservateurs.

Ce qui ajoute infiniment aux maux qu'éprouve le commerce dans la ville de Lyon et ce qui dans la suite finirait par l'anéantir entièrement, c'est la crainte avec laquelle les négotiants commencent déjà à traiter avec les étrangers ; ils sentent que dans l'état actuel des choses, ces derniers sont fondés à refuser de comparoître par devant les juges conservateurs, puisque ce n'est que par un accord, consigné dans plusieurs traités faits entre la couronne de France et les princes étrangers, qu'ils se sont soumis à la Conservation.

On ne sçauroit donc sans de nouveaux traités leur fixer d'autres juges supérieurs que ceux qu'ils ont adopté et qui composaient le Parlement de Paris.

Il est parlé de ces traités par tous les écrivains qui ont travaillé à l'histoire de la ville de Lyon ; ils sont principallement rappellés dans l'édit du roy de 1655, portant union de la jurisdiction (de la Conservation) des priviléges royaux des foires de Lyon au corps consulaire de la même ville.

Certainement ces traités subsistent quelque part, et il seroit aisé sans doute de les trouver dans le dépôt des chartes du royaume.

Il est facile d'ailleurs de concevoir que jamais les étrangers n'adopteront pour juges d'appel des officiers qui siégeroient dans la même ville, où se trouve fixé le tribunal où l'on prononce en première instance sur les affaires du commerce.

Les relations qu'il pourroit y avoir d'un tribunal à l'autre, la conformité d'état, de naissance, les liaisons de parenté multipliées et presque générales dans une ville de province, détruiroient absolument leur confiance ; ils croiroient avoir été jugés par les mêmes juges deux fois.

Les inquiétudes des négotiants étrangers redoubleroient sans doute lorsquils songeroient que presque 'généralement tous les membres qui composent le Conseil supérieur sont nés de pères négotiants, et que par là même ils ne se trouvent que trop souvent intéressés à ménager la fortune des familles et l'honneur du failli à qui ils appartiennent; et n'a-t-on pas vu en dernier lieu et à ce sujet, la place justement allarmée de voir qu'un des principaux officiers de ce tribunal tenoit de très près et par les liens du sang à un homme, à un failli, qui, au plus grand éttonnement du commerce, a manqué tout à coup à ses engagements, et fait perdre des sommes considérables, à un nombre infini de créanciers.

On peut observer à cet égard que le tribunal de la Conservation est composé de juges qui sont eux-mêmes négotiants, tandis que ceux du Conseil supérieur ont renoncé à tout commerce, mais cette objection ne peut qu'être favorable aux juges Conservateurs; elle annonce l'avantage qu'ils ont sur les juges d'appel actuels, puisque leur état et leur fortune rassure le public de leur capacité, de leur connoissance et de leur désintéressement.

L'Europe entière sçait qu'ils n'ont jamais inspiré d'autres sentiments, que ceux qui naissent de la confiance qu'ils ont toujours méritée.

Et s'il s'est trouvé par hazard quelques plaideurs mécontents et inquiets, capables de douter de leur justice et de leur intégrité, ils ont eu du moins la liberté et la satisfaction de se pourvoir loin du siége de leur prétendue infortune; c'est-à-dire au Parlement de Paris, par devant des magistrats qui n'avoient pas besoin d'être éloignés des premiers juges, pour être regardés avec raison comme dépouillés de tout intérêt personnel et de toute prévention.

Les questions importantes qui intéressent le commerce sont donc aussi étrangères au Conseil supérieur qu'elles

sont familières aux juges Conservateurs, et qu'elles le sont
à l'ancien Parlement de Paris, par l'habitude où il a toujours été d'en connoître; des arrêts singuliers rendus
par ce nouveau tribunal, tant au civil qu'au criminel, seront
à jamais la preuve la plus convaincante de leur inexpérience
sur tous les objets qui se traitent à la Conservation : la véritable jurisprudence de ce siége leur est aussi inconnue
qu'une foule d'usages consacrés par la bonne foy au bien
général du commerce, et dans lesquels l'on ne sçauroit
mettre le cizeau, sans faire éprouver à la place de Lyon,
des secousses dont elle ne se releveroit presque jamais.

C'est avec la plus grande peine que l'on a vu le Conseil
supérieur, aux festes de Noël et de Pasques, prononcer la
délivrance de prisonniers détenus de l'autorité de la Conservation pour des sommes considérables.

Et tandis que le tribunal de commerce s'est toujours astreint, comme il le devoit, à ne délivrer que les prisonniers
détenus de l'autorité de la Conservation, pour des sommes
de cinq cens livres et au-dessous, de malheureux créanciers
ont eu la douleur de voir élargir des prisons des personnes
contre lesquelles ils avaient obtenu des condamnations de
mille, deux mille, même douze mille livres.

Toutes ces observations réunies s'élèvent avec force contre l'existence d'un tribunal dont on reconnoît journellement le danger; les inconvénients que l'on découvre à
chaque instant, et les maux évidents qui en résultent pour
le commerce demanderoient de trop longs détails.

Il suffit de considérer, en général, que la trop grande
proximité du tribunal supérieur a multiplié les appels, au
point que l'on s'apperçoit avec surprise de l'esprit de chi-
cane, qui s'est déjà répandue parmi tous les ouvriers qui
ont quelque raport avec le commerce.

Et si l'on calculoit ce que lui coute (*sic*) déjà les frais exhorbitants de cette nouvelle justice et la perte du temps que l'on emploie en démarches et en sollicitations, l'on reconnoîtroit bientôt, à n'en plus douter, que l'établissement du Conseil supérieur est la seule et unique source du mal qui accable nos manufactures, et qui fait languir conséquemment tout le commerce de la ville de Lyon.

Il y a longtemps que le gouvernement a reconnu que l'établissement d'une cour supérieure dans la ville de Lyon ne pouvoit qu'être nuisible à l'Etat et dangereuse pour le commerce. Il est facile de se convaincre de cette vérité en jettant les yeux sur l'édit de juin 1704, rendu par Louis XIV, lorsqu'il créa une Cour de Monnoyes dans la ville de Lyon. C'est ainsi que cet auguste monarque y explique ses motifs et sa volonté :

« Nous n'avons jamais voulu dans les besoins les plus pressants entendre les propositions d'y établir (à Lyon), aucunes de nos cours supérieures de Parlements, Chambre des Comptes, ni Cour des Aides, quelques secours que nous eussions eu lieu d'en attendre et quelque apparente utilité que nos sujets eussent pu en recevoir, par une plus prompte expédition de la justice qui leur auroit été rendue sur les lieux, dans la crainte que les familles des principaux marchands et négotiants, tentés d'entrer dans des charges, ne méprisassent insensiblement le commerce, et n'y causassent dans la suite un préjudice très-important; mais, etc. »

L'on voit clairement par cet édit, que l'intérêt du commerce, l'a emporté dans l'esprit du souverain, sur toutes les réflexions auxquelles pouvoit donner lieu la distance qui se trouve entre le Parlement de Paris et la ville de Lyon, qui fait partie de son ressort.

Au reste, si Sa Majesté pensoit qu'il pût résulter quelque inconvénient de l'éloignement du ressort du Parlement de Paris, il lui seroit facile d'y remédier en accordant à la

Conservation, une augmentation d'attribution pour juger
en dernier ressort jusqu'à concurrence de la somme que Sa
Majesté jugeroit à propos de fixer.

On observe à ce sujet que la Conservation n'entend et
n'ose former aucune demande.

Qu'elle se contente seulement, au cas où Sa Majesté auroit pris d'elle-même une détermination à cet égard, de la
supplier de considérer, que les pouvoirs accordés à ce tribunal de commerce, pour juger en dernier ressort, jusqu'à
la somme de 500 livres pouvoit être regardée, il y a plus
d'un siècle, comme un avantage pour le commerce, mais
que l'augmentation de valeur des numéraires et de tous
leurs rapports rendroit aujourd'hui cette même somme de
500 livres si modique, que la Conservation se trouv [er] oit
rarement dans le cas de juger en dernier ressort.

Sur ce point comme sur tous les autres contenus dans ce
Mémoire, le prévôt des marchands et échevins ne peuvent
que s'en rapporter à la bonté du prince, à la sagesse et à la
prudence du chef actuel de la magistrature.

Ils finissent par représenter, qu'il seroit à souhaiter pour
le bien et l'avantage du commerce, inséparable de la facilité
avec laquelle il est important que la Conservation puisse
faire exécuter ses sentences par tout le royaume, à la forme
de l'édit du mois de juillet 1669, que Sa Majesté daigna ordonner que ce même édit seroit enregistré généralement
dans toutes les cours de Parlement de son royaume, attendu
qu'il en est une ou deux auprès desquelles l'exécution des
sentences de la Conservation a souffert quelques difficultés,
dont on a été obligé de fatiguer le conseil de Sa Majesté.

Cette dernière faveur, conforme à l'édit constitutif de la
Conservation mettra le comble aux vœux et à la reconnoissance des négotiants qui composent la place de Lyon, et
elle rendra à cette ville de commerce en manifestant de

-plus en plus la bienfaisance du meilleur de tous les rois,
toute la splendeur dont elle jouissoit avant l'établissement
d'un Conseil supérieur dans l'enceinte de ses murs. (Arch.
de la ville de Lyon, BB. 363 f° 44 v° et suiv.)

LISTE DES CONSERVATEURS

DEPUIS L'ÉDIT DE 1655 JUSQU'EN 1792

Nota. — Dans cette liste, les cinq premiers noms sont
ceux du Prévôt des marchands et des quatre échevins, les
deux suivants ceux des deux magistrats nommés par le
roi, les quatre derniers ceux des magistrats nommés par le
Consulat. Chacun de ces trois groupes se renouvelait
régulièrement par moitié tous les ans, pourtant quelquefois
les mêmes personnes restent en fonction, et, au même
titre, plusieurs années de suite ; parfois aussi, ni les registres consulaires, ni les almanachs de Lyon n'ont pu
nous fournir les noms de tous les conservateurs, dont une
partie sont restés en blanc. L'ordre adopté par nous n'est
pas celui qui est observé dans ces documents, où un ex-
consul, de récente nomination, passait toujours à la suite
du Consulat, et avant tous autres élus du roi ou des esche-
chevins. Ces motifs d'étiquette, qui ne nous touchent plus
aujourd'hui, devaient s'effacer devant la nécessité de rendre
intelligible le mode de renouvellement des Conservateurs.

1655 et 1656

Guignard, prévôt des marchands.
Fayot.
Cochardet.
Mellier.
Bérerd.

Laure.
André.

Chappuis.
Dumas.
Julien.
Pécoil.

1657

Guignard.
Croppet.
Costart.
Bullioud.
Rambaud.

André.
Mazenod.

Dumas.
Pécoil.
Chausse.
Blauf.

1658

De Baillon, cte de la Salle.
Bullioud.
Rambaud.
Dugas.
André.

Mazenod.
Ferrus.

Chausse.
Blauf.
Pichon.
Ferrari.

1659

De Baillon, cte de la Salle.
Dugas.
André.
Mazenod.
Rougier.

Ferrus.
Benedetti.

Pichon.
Ferrari
Basset.
Bais.

1660

De Pomey, sr de Rochefort.
Mazenod.
Rougier.
Michel.
Ferrus.

Benedetti.
Arthaud.

Basset.
Bais.
De Noyelles.
Chevalier.

1661

De Pomey, sr de Rochefort.
Michel.
Ferrus.
Ponsaimpierre.
Thomé.

Arthaud.
Lumague.

De Noyelles.
Chevalier.
Bérerd.
Corteille.

1662

Du Sausay.
Ponsaimpierre.
Thomé.
Pellot.
Arthaud.

Lumague.
Bais.

Bérerd.
Corteille.
Dusoleil.
Monin.

1663

Du Sausay.
Pellot.
Arthaud.
Lumague.
Chappuis.

Bais.
De Madières, puis Vigneau.

Dusoleil.
Monin.
Paquet.
Delachaux.

1664

Charrier.
Lumague.
Chappuis.
De Madières.
Bais.

Vigneau.
Dupuis.

Paquet.
Delachaux.
Saulier.
Delaforest.

1665

Charrier.
De Madières.
Bais.
Prost.
Vacheron.

Dupuis.
Octavio Mey.

Saulier.
Delaforest.
Dalichoux.
Delafrasse.

1666

Laurent de la Veuhe, c^te de Che-
Prost.   [vrière.
Vacheron.
Savaron.
Bellet.

Octavio Mey.
Carrette.

Dalichoux.
Delafrasse.
Millotet.
Bay.

1667

Paul Mascranny.
Savaron.
Bellet.
Falconet.
Berton.

Carrette.
Regnon.

Millotet.
Bay.
De Ponsaimpierre.
Vacheron.

1668

{ Paul Mascranny.
Falconet.
Berton.
Pierre Boisse.
Antoine Blauf.

{ Regnon.
Laurent Anisson.

{ Lambert de Ponsaimpierre.
Vacheron.
Alexandre.
Philibert.

1669

{ Constant de Silvecane.
Pierre Boisse.
Antoine Blauf.
Claude Cachet.
Jean Carette.

{ Laurent Anisson.
Lambert de Ponsaimpierre.

{ Alexandre.
Philibert.
François Lumague, sr d'Arcuist.
François Dervieu.

1670

{ Constant de Silvecane.
Jean Carette.
Claude Cachet.
Alexandre Seguin.
Laurent Anisson.

{ Lambert de Ponsaimpierre.
Jean de la Forcade.

{ François Lumague, sr d'Arcuis.
François Dervieu.
Antoine Riverieulx.
Jacques Bellet.

1671

{ Jean Charrier.
Alexandre Seguin.
Laurent Anisson.
J.-F. Philibert.
Guillaume Perier.

{ Jean de la Forcade.
Claude Pécoil.

{ Antoine Riverieulx.
Jacques Bellet.
Antoine Blauf.
Louis de Coton.

1672

{ Jean Charrier.
J.-F. Philibert.
Guillaume Perier.
Jacques Cogniat.
Jean de la Forcade.

{ Claude Pecoil.
Laurent Arnaud.

{ Antoine Blauf.
Louis de Coton.
Pierre Florant.
Roman Thomé.

1673

{ Charles Grolier.
Jacques Cogniat.
Jean de la Forcade.
Claude Pecoil.
J.-B. Giraud.

{ Laurent Arnaud.
Louis Bay.

{ Pierre Florant.
Roman Thomé.
Alexandre Seguin.
Antoine Simonard.

1674

Charles Grolier.
Claude Pecoil.
J.-B. Giraud.
Jean Gregaine.
Louis de Coton.

Louis Bay.
Benoist Jobert.

Alexandre Seguin.
Antoine Simonard.
Jean Dalbepierre.
François Sauge.

1676

Philibert de Masso.
Lambert de Ponsaimpierre.
Benoist Jobert.
Pierre Mallet.
Jean Bénéon.

Jean Sabot.
Paul Aubarède.

Pierre Cholier.
Claude de la Frasse.
Pierre Dulivier.
Claude Crollier.

1678

Balthazard de Chaponay.
André Arthaud.
Paul Aubarède.
Guillaume Bouilloud-Mermet.
Léonard Bathéon.

Charles François Frascony.
Jean Fayard.

Jacques Cogniat.
Nicolas Jobert.
Pompée Gaspariny.
Marcelin Gayot.

1675

Philibert de Masso.
Jean Gregaine.
Louis de Coton.
Lambert de Ponsaimpierre.
Benoist Jobert.

Jean Sabot.
Antoine Roland.

Jean Dalbepierre.
François Sauge.
Pierre Cholier.
Claude de la Frasse.

1677

Balthasard de Chaponay.
Pierre Mallet.
Jean Bénéon.
André Arthaud.
Paul Aubarède.

Barthélemy Clément.
Charles-François Frascony.

Pierre Dulivier.
Claude Trollier.
Jacques Cogniat.
Nicolas Jobert.

1779

Thomas de Moulceau.
Guillaume Bouilloud-Mermet.
Léonard Bathéon.
Jérôme Chausse.
Laurent Arnaud.

Jean Fayard.
Alexandre Dusoleil.

Pompée Gaspariny, puis Pierre
Marcelin Gayot.   [Dervieu.
Jean de la Forcade.
André Choisity.

1680

- Thomas de Moulceau.
- Jérôme Chausse.
- Laurent Arnaud.
- Louis Dugas.
- Jacques Monin.

- Alexandre Dusoleil.
- François Saladin.

- Jean de la Forcade.
- André Choisity.
- Pierre Perrette.
- Louis Sabot.

1681

- Louis Gayot.
- Louis Dugas.
- Jacques Monin.
- Claude Trollier.
- François Bénéon.

- François Saladin.
- François Pauliny.

- Pierre Perrette.
- Louis Sabot.
- Claude Pécoil.
- Jean Anisson.

1682

- Louis Gayot.
- Claude Trollier.
- François Bénéon.
- François Huvet.
- François Saladin.

- François Pauliny.
- Jacques Colabaud.

- Claude Pecoil.
- Jean Anisson.
- Etienne Rivière.
- Mathieu Aumaistre.

1683

- Lambert de Ponsaimpierre.
- François Huvet.
- François Saladin.
- J.-J. Gayot.
- Claude de Belly.

- Jacques Colabot.
- Blaise Clairet.

- Etienne Rivière.
- Mathieu Aumaistre.
- Fleury Dervieu. [sant.
- Louis de Coton, sr de Val Plai-

1684

- Lambert de Ponsaimpierre.
- J.-J. Gayot.
- Claude de Belly.
- Jean Terrasson.
- Jacques Messier.

- Blaise Clairet.
- Gaspard Geneyey.

- Louis de Coton, sr de Val Plai
- Fleury Codeville. [sant.
- François Chais.
- Gaspard Jourdan.

1685

- Claude Pécoil.
- Jean Terrasson.
- Jacques Messier.
- Louis Ravat.
- Benoist Gayot.

- Gaspard Genevey.
- Bernardin Bastero.

- François Chais.
- Gaspard Jourdan.
- Léonard Bathéon.
- François Richy.

1686

Claude Pécoïl.
Louis Ravat.
Benoist Gayot.
Claude Basset.
Gaspard Genevey.

Gérard Martinière.
Jacques Jacquier.

Léonard Bathéon.
François Richy.
Jean Estival.
Eustache Sibut.

1687

Laurent Pianello de la Valette.
Claude Basset.
Gaspard Genevey.
Gabriel Valous.
Blaise Clairet.

Jacques Jacquier.
Jean Anisson.

Jean Estival.
Eustache Sibut.
Bathéon.
J.-B. Archimbaud.

1688

Laurent Pianello de la Valette.
Gabriel Valous.
Blaise Clairet.
Louis Athiaud de Monchanin.
Jean-Louis de Paturel.

Jacques Jacquier.
Barthélemi Dareste.

Bathéon.
J.-B. Archimbaud.
Jacques Regnaud.
Antoine Constant.

1689

Gaspard Baraillon, sr de la Combe.
Louis Athiaud de Monchanin.
Jean-Louis de Paturel.
Pierre de la Roue, sr d'Argencieu.
Jean Claret.

Barthélemi Dareste.
Marcelin Gayot.

Jacques Regnaud.
Antoine Constant.
Claude de Belly.
Mathieu de la Font.

1690

Gaspard Baraillon, sr de la Combe.
Pierre de la Roue, sr d'Argencieu.
Jean Claret.
Antoine Blauf, sr de Vourles.
Antoine Roland.

Marcellin Gayot.
J.-B. Delaforest.

Claude de Belly.
Mathieu de la Font.
Jean Rolin.
Guillaume Puilata.

1691

Etienne de Bartholy.
Antoine Blauf.
Antoine Roland.
Antoine Aumaistre, bon de St-
Mathieu de la Font.   [Marcel.

J.-B. Delaforest.
J.-B. Belly, sr de la Dargoire.

Jean Rolin.
Guillaume Puilata.
André Arthaud, sr de Bellevue.
David Ollivier.

1692

{ J.-B. Dulieu.
Mathieu Aumaistre.
Mathieu de la Font.
Barthélemi Dareste.
André Choisity.

{ J.-B. de Belly, sr de la Dargoire.
Charles Brossier.

{ André Arthaud, sr de Bellevue.
David Ollivier.
Antoine Servonnet.
Thomas Deboze.

1693

{ J.-B. Dulieu.
Barthélemi Dareste.
André Choisity.
J. B. de la Forest.
J.-B. de Belly, sr de la Dargoire.

{ Charles Brossier.
Antoine Perrin.

{ Antoine Servonnet.
Thomas Deboze.
Gaspard Genevey.
Duport.

1694

{ Mathieu de Sève, bon de Fléchè-
J. B. de la Forest.   [res.
J.-B. de Belly, sr de la Dargoire.
Annet Ranvier.
Jean Giraud, sr de St-Oyen.

{ Antoine Perrin.
David Ollivier.

{ Gaspard Genevey.
Duport.
J.-B. Richier.
J.-B. Perrin.

1695

{ Mathieu de Sève, bon de Fléchè-
Annet Ranvier.   [res.
Jean Giraud, sr de St Oyen. [dière.
Mathieu Pecoil, sr de la Tenau-
Corneille Vialis, sr de la Cour.

{ David Ollivier.
François de Costar.

{ J.-B. Richier.
J.-B. Perrin.
J.-B. de la Forest.
Jean Hubert.

1696

{ Louis Dugas, sr de Savounoux.
Mathieu Pécoil, sr de la Tenau-
   dière.
Corneille Vialis, sr de la Cour.
Gabriel de Glatigny.
Jacques Collabaud.

{ François de Costar.
Antoine Constant.

{ J.-B. de la Forest.
Jean Hubert.
J.-B. Cusset.
Etienne Riverieulx.

1697

{ Louis Dugas, sr de Savounoux.
Gabriel de Glatigny.
Jacques Collabaud.
Antoine Constant.
David Ollivier.

{ Marcelin Gayot.
Jean Posuel.

{ J.-B. Cusset.
Etienne Riverieulx.
Jean Claret.
Jacques Cardin.

1698

Louis Dugas, sᵣ de Savounoux.
Antoine Constant.
David Ollivier.
Jean-Mathieu Bastero.
Antoine Perrin.

Marcelin Gayot.
Jean Posuel.

Jean Claret.
Jacques Cardin.
François Sabot, sᵗ de Pivolay.
Mathieu de la Font.

1699

Louis Dugas, sᵣ de Savounoux.
Jean Mathieu Bastero.
Antoine Perrin.
Pierre Aubert.
J. B. Richier.

Marcelin Gayot.
Etienne Riverieulx.

François Sabot, sᵣ de Pivolay.
Mathieu de la Font.
Jacques Colabaud.
Pierre Trumeau.

1700

Jean Vaginay, sᵣ de Montpiney.
Pierre Aubert.
J. B. Richier.
Pierre Perrichon.
J.-B. de la Roue.

Marcelin Gayot.
Etienne Riverieulx.

Jacques Colabaud.
Pierre Trumeau.
Charles Vivien.
Philippe Bourlier.

1701

Jean Vaginay, sᵣ de Montpiney.
Pierre Perrichon.
J.-B. de la Roue.
Jean Croppet de Sᵗ-Romain.
François Sabot, sᵣ de Pivolay.

Etienne Riverieulx.
François de Costar.

Charles Vivien.
Philippe Bourlier.
David Ollivier.
Meynard.

1702

Jean Vaginay, sᵣ de Montpiney.
Pierre Aubert.
J.-B. Richier.
Pierre Perrichon.
J.-B. de la Roue.

Etienne Riverieulx.
François de Costar.

David Ollivier.
Meynard.
André Aussel.
Tissony.

1703

Jean Vaginay, sᵣ de Montpiney.
François Goulard des Landes.
Jacques de Bonnel.
François de Costar.
Antoine Bouchage.

André Aussel.
J.-B. Cusset.

Tissony.
Pierre Aubert.
Pierre Bourgelat.
Jean Fayard, jeune.

1704

Benoît Cachet de Montezun.
François de Costar.
Antoine Bouchage.
François du Fournel, sr du Breuil.
Marcelin Gayot.

J.-B. Cusset.
André Aussel.

Pierre Aubert.
Pierre Bourgelat.
Jean Fayard, jeune.
Castillony.

1705

Benoît Cachet de Montezun.
François du Fournel, sr du Breuil.
Marcelin Gayot.
Jean Hubert.
Mathieu de la Font.

Jean Peysson.
André Aussel.

Castillony.
Antoine Perrin.
Pierre Presle.
Hugues Le Bé.

1706

Benoît Cachet de Montezun.
Jean Hubert.
Mathieu de la Font.
François Dervieu.
Pierre Bourgelat.

Jean Peysson.
J.-B. Gayot.

Pierre Presle.
Hugues Le Bé.
Antoine Perrin.
Claude Trollier.

1707

Benoît Cachet de Montezun.
François Dervieu.
Pierre Bourgelat.
Pierre Trollier.
André Aussel.

J.-B. Gayot.
Pierre Presle.

Claude Trollier.
Jean Hubert.
Pierre Gacon.
Borne.

1708

Louis Ravat, sr des Mazes.
Pierre Trollier.
André Aussel.
Annibal Guillet.
Jean Estival.

Pierre Presle.
Claude Trollier.

Jean Hubert.
Pierre Gacon.
Borne.
Girard.

1709

Louis Ravat, sr des Mazes.
Annibal Guillet.
Jean Estival.
François Yon, sr de Jonage.
Jean Posuel.

Claude Trollier.
Jean Fayard.

Pierre Gacon.
Girard.
André Aussel.
Octavien Chantre.

1710

Louis Ravat, sᵣ des Mazes.
François Yon, sᵣ de Jonage.
Jean Posuel.
Charles Basset.
Pierre Presle.

Pierre Gacon.
Ferrary.

André Aussel.
Jean Perrin.
Jacques Laureau.
Léonard Borne.

1711

Louis Ravat, sᵣ des Mazes.
Charles Basset.
Pierre Presle.
Antoine Fischer.
Jacques Anisson.

Pierre Gacon.
Ferrary.

Jacques Laureau.
Borne, cadet.
Antoine Constaut.
Roch Quinson.

1712

Louis Ravat, sᵣ des Mazes.
Antoine Fischer.
Jacques Anisson.
Jacques Bourg.
César Ferrary.

Pierre Gacon.
Jean Perrin.

Antoine Constant.
Roch Quinson.
J. B. Guidy.
Pierre Bartalon.

1713

Louis Ravat, sᵣ des Mazes.
Jacques Bourg.
César Ferrary.
Claude Trollier.
Léonard Borne.

Jean Perrin.
Roch Quinson.

J. B. Guidy.
Pierre Bartalon.
Pierre Bourgelat.
Louis Philibert.

1714

Louis Ravat, sᵣ des Mazes.
Claude Trollier.
Léonard Borne.
Charles Cachot, sᵣ de Courbeville.
Pierre Gacon.

Roch Quinson.
J.-B. Guidy.

Pierre Bourgelat.
Louis Philibert.
Jean Figuière.
Gaspard Albanel.

1715

Louis Ravat, sᵣ des Mazes.
Charles Cachot, sᵣ de Courbeville.
Pierre Gacon.
Jean Borne.
Jacques Laureau.

J.-B. Guidy.
J.-B. Castillony.

Jean Figuière.
Gaspard Albanel.
Pierre Presle.
Joseph Reverony.

1716

Pierre Cholier, cte de Cibeins.
Jean Borne.
Jacques Laureau.
Benoist Renaud, sr de Laurette.
Gaspard Albanel.

J.-B. Castillony.
Jean Figuières.

Pierre Presle.
Joseph Reverony.
Claude Grimod.
Jean-Pierre Dutreuil.

1717

Pierre Cholier, cte de Cibeins.
Benoist Renaud, sr de Laurette.
Gaspard Albanel.
J.-B. Goiffon.
Jean Peysson.

J.-B. Castillony.
Jean Figuières.

Claude Grimod.
Jean Pierre Dutreuil.
Pierre Gacon.
Frédéric Gros.

1718

Pierre Cholier, cte de Cibeins.
J.-B. Goiffon.
Jean Peysson.
Hugues Jannou.
Jean Perrin, cte du Vieux-Bourg.

J.-B. Castillony.
Joseph Reverony.

Pierre Gacon.
Frédéric Gros.
Nicolas Ruffier.
Etienne Allezon.

1719

Pierre Cholier, cte de Cibeins.
Hugues Jannon.
Jean Perrin, cte du Vieux Bourg.
Philippe Bourlier.
J.-B. Castillony.

Joseph Reverony.
Roland.

Nicolas Ruffier.
Etienne Allezon.
Agniel l'aîné.
Pierre Gacon.

1720

Pierre Cholier, cte de Cibeins.
Philippe Bourlier.
J.-B. Castillony.
J. Terrasson.
Raymond Estienne.

Roland.
Etienne Allezon.

Agniel, l'aîné.
Pierre Gacon.
Barthélemy Terrasson.
Etienne Maindestre.

1721

Pierre Cholier, cte de Cibeius.
Jacques Bourg.
Raymond Estienne.
Léonard Michon.   [Champs.
J.-B. Michel, sr de la Tour des

Etienne Allezon.
Pierre Agniel.

Barthélemy Terrasson.
Etienne Maindestre.
Annibal Guillet.
Louis Bron.

1722

Pierre Cholier, c^{te} de Cibeins.
Léonard Michon.
J.-B. Michel.
Abraham Goy.
Dominique Roland, s^r des Places.

Pierre Agniel.
Etienne Maindestre.

Annibal Guillet.
Louis Bron.
Birouste l'aîné.
Jonquet l'aîné.

1723

Pierre Cholier, c^{te} de Cibeins.
Abraham Goy.
Dominique Roland.
Alexandre François du Soleil.
Joseph Reverony.

Etienne Maindestre.
Pierre Dutreuil.

Birouste l'aîné.
Jonquet l'aîné.
J.-B. Castillony.
Alexandre Regnaud.

1724

Laurent Dugas.
Alexandre François du Soleil.
Joseph Reverony.
Pierre Agniel.
J.-B. Cusset.

Jean-Pierre Dutrenil.
Barthélemy Terrasson.

J.-B. Castillony.
Alexandre Regnauld.
Blanchet.
Palerne.

1725

Laurent Dugas.
Pierre Agniel.
J.-B. Cusset.
Claude Bollioud de Fetan, s^r de
Pierre Gaultier.   [Chanzieu.

Barthélemy Terrasson.
Pierre Jonquet.

Blanchet.
Palerne.
Joseph Reverony.
Laurent Mayeuvre.

1726

Laurent Dugas.
Claude Bollioud de Fetan.
Pierre Gaultier.
Jacques Terrasse.
Estienne Maindestre.

Pierre Jonquet.
Alexandre Regnauld.

Joseph Reverony.
Laurent Mayeuvre.
Ravachol l'aîné.
Torrent l'aîné.

1727

Laurent Dugas.
Jacques Terrasse.
Etienne Maindestre.
Jean François de Noyel.
Pierre Jonquet.

Alexandre Regnauld.
Laurent Mayeuvre.

Ravachol l'aîné.
Torrent l'aîné.
J. B. Cusset.
Claude Antoine Morel.

1728

Laurent Dugas.
Jean-François de Noyel.
Pierre Jonquet.
Barthélemy Terrasson.
Alexandre Regnauld.

Laurent Mayeuvre.
Jean-Marie Ravachol.

J. B. Cusset.
Claude-Antoine Morel.
Nicolas Teissier.
Gabriel de Varennes.

1729

Laurent Dugas.
Barthélemy Terrasson.
Alexandre Regnauld.
Guichard.
Roch Quinson.

Jean-Marie Ravachol.
Claude-Antoine Morel.

Nicolas Teissier.
Gabriel de Varennes.
Pierre Jonquet.
Ennemond Mogniat.

1730

Camille Perrichon.
Guichard.
Roch Quinson.
Claude Brossette.
Charles Palerne.

Claude Antoine Morel.
Gabriel de Varennes.

Pierre Jonquet.
Ennemond Mogniat.
Pierre Jouvencel.
Duperrel.

1731

Camille Perrichon.
Charles Palerne.
Claude Brossette.
Blanchet.
Antoine Dutreuil.

Gabriel de Varennes.
Torrent l'aîné.

Pierre Jouvencel.
Duperrel.
Laurent Guichard.
Navarre.

1732

Camille Perrichon.
Blanchet.
Antoine Dutreuil.
François Pauliny.
Claude-Antoine Morel.

Torrent l'aîné.
Nicolas Teyssier.

Laurent Guichard.
Navarre.
Genève.
Pannier.

1733

Camille Perrichon.
François Pauliny.
Claude Antoine Morel.
Denis.
Birouste.

Nicolas Teyssier.
Claude Brossette.

Genève.
Pannier.
Pierre Jouvencel.
Antoine Dutreuil.

1734

Camille Perrichon.
Denis.
Birouste.
Aymé Bertin.
Mathieu Girard.

Pierre Jouvencel.
Ennemond Mogniat.

Claude Brossette.
Antoine Dutreuil.
Bourbon.
Barnier.

1735

Camille Perrichon.
Aymé Bertin.
Girard.
Ollivier.
Torrent aîné.

Ennemond Mogniat.
Pannier.

Bourbon.
Barnier.
François Pauliny.
Jean-Claude Fay.

1736

Camille Perrichon.
Ollivier.
Torrent l'aîné.
Brac.
Flachat.

Pannier.
Barnier l'aîné.

Pauliny.
Jean-Claude Fay.
Fayolle.
Fuselier.

1737

Camille Perrichon.
Brac.
Flachat.
Jouvencel.
Soubry.

Barnier l'aîné.
Navarre.

Fayolle.
Fuselier.
Pauliny.
J.-B. Montgirod.

1738

Camille Perrichon.
Jouvencel.
Soubry.
Gillet.
Ennemond Mogniat.

Navarre.
Duperrel.

Pauliny.
J.-B. Mongirod.
J.-B. Duverney.
Nicolas Barbier.

1739

Camille Perrichon.
Gillet.
Ennemond Mogniat.
Vincent Palerne.
Riverieulx.

Duperrel.
Montgirod.

J.-B. Duvernay.
Nicolas Barbier.
François Brac.
Simonnot.

<table>
<tr><td>

1740

Jacques Annibal Claret de la Tour-
Vincent Palerne.   [rette.
Riverieulx.
Marc-Antoine Chappe.
Mayeuvre.

Montgirod.
J.-B. Duvernoy.

François Brac.
Simonnot.
Pullignieux l'aîné.
Meynard.

</td><td>

1741

Jacques Annibal Claret de la Tour-
Marc Antoine Chappe.   [rette.
Mayeuvre.
Gilbert Rousset de St-Eloi.
Dutreuil cadet.

Montgirod.
J.-B. Duverney.

Maynard.
David Dupleix.
Aymé Bertin.
Vincent Palerme.

</td></tr>
<tr><td>

1742

Jacques Annibal Claret de la Tour
Gilbert Rousset de St Eloi. [rette.
Antoine Dutreuil.
Mathieu de Glatigny.
Jean-Claude Fay.

Montgirod.
Bourbon.

David Dupleix.
Aymé Bertin.
Vincent Palerne.
Paultrier père.

</td><td>

1743

Jacques Annibal Claret de la Tour-
Marc-Antoine Chappe.   [rette.
Jean Claude Fay.
Pierre Valfray de Salornay.
Nicolas Philippe Barbier.

Bourbon.
Simonnot.

Aymé Bertin.
David Dupleix.
Paultrier père.
Ravachol.

</td></tr>
<tr><td>

1744

Jacques Annibal Claret de la Tour-
Pierre Valfray de Salormay. [rette.
Nicolas Philippe Barbier.
Jean Pierre Gillet.
Jean Monlong.

Bourbon.
Simonnot.

Marc-Antoine Chappe.
Ravachol.
Parent.
Goudart.

</td><td>

1745

Hugues Riverieulx de Varax.
Jean Pierre Gillet.
Jean Monlong.
Pierre-Paul Bernardin de Prévidé-
Antoine Pannier.   Massara.

Bourbon.
Ravachol le jeune.

Marc-Antoine Chappe.
Parent.
Goudart.
Carra.

</td></tr>
</table>

1746

Jacques Riverieulx de Varax.
Pierre Paul Bernardin de Prévidé
Antoine Pannier.   [Massara.
François Deschamps.
Jean-Marie Ravachol.

Ravachol le jeune.
Parent.

Carra.
Jean-Pierre Gillet.
Chalmette l'aîné.
Genève l'aîné.

1747

Hugues Riverieulx de Varax.
François Deschamps.
Jean-Marie Ravachol.
Louis Dumarest.
Julien Rigod.

Parent.
Carra.

Jean Pierre Gillet.
Chalmette l'aîné.
Genève l'aîné.
Paultrier fils.

1748

Hugues Riverieulx de Varax.
Louis Dumarest.
Julien Rigod.
Pierre Geoffroy de la Chapelle.
Jacques Bourbon.

Carra.
Daniel Dupleix.

Paultrier fils.
François Deschamps.
Bouché.
Biétrix l'aîné.

1749

Hugues Riverieulx de Varax.
Pierre Geoffroy de la Chapelle.
Jacques Bourbon.
François-Philippe Richéri.
David Flachat.

Daniel Dupleix.
Goudard.

Bouché.
François Deschamps.
Biétrix l'aîné.
Bron l'aîné.

1750

Pierre Dugas.
François-Philippe Richéri.
David Flachat.
J.-B. Garnier.
Antoine Pautrier fils.

Goudart.
Genève l'aîné.

Pierre Geoffroy de la Chapelle.
Bron l'aîné.
Briasson.
Camille Dareste de Saconay.

1751

Pierre Dugas.
J.-B. Garnier.
Antoine Pautrier fils.
Jean-Baptiste Bona.
Daniel Dupleix.

Goudard.
Genève l'aîné.

Pierre Geoffroy de la Chapelle.
Briasson.
Camille Dareste de Saconay.
Audra l'aîné.

1752

Antoine Pautrier.
J. B. Bonna.
Daniel Dupleix.
François Prost.
François Rieussec.

Chalmette l'aîné.
Boucher.

Audra l'aîné.
J.-B. Garnier.
Antoine Fulchiron.
Thomas Deschamps.

1753

J. B. Flachat.
François Prost.
François Rieussec.
Jean-François Genève.
Geoffroy Chasseing.

Boucher.
Clavière l'aîné.

J.-B. Garnier.
Antoine Fulchiron.
Thomas Deschamps.
Bron l'aîné.

1754

J. B. Flachat.
Jean François Genève.
Geoffroy Chasseing.
Jean Le Roy, sr du Molard.
François Clavière.

Etienne Bron.
Charles-Claude Briasson.

Thomas Deschamps.
François Prost de Royer.
Du Fresne.
Giraud.

1755

J. B. Flachat.
Jean Le Roy, sr du Molard.
François Clavière.
Etienne Bron.
Jean Auriol.

Charles Claude Briasson.
Thomas Deschamps.

François Prost de Royer.
Dufresne.
Giraud.
Pierre Campredon.

1756

J.-B. Flachat.
Etienne Bron.
Jean Auriol,
Christophe de la Rochette.
Jacques Lambert.

Thomas Deschamps.
Antoine Fulchiron.

Pierre Campredon.
Jean Le Roy.
Bruyère.
Servant.

1757

J. B. Flachat.
Christophe de la Rochette.
Jacques Lambert.
Charles Dervieu.
Charles Claude Briasson.

Antoine Fulchiron.
Du Fresne.

Jean Le Roy.
Bruyère.
Servant.
Caussonnel.

1758

J. B. Flachat, sᵣ de St-Bonnet les-Oulles.
Charles Dervieu, sᵣ de Goiffieu.
Charles Claude Briasson.
Pierre Thomas Gonin Delurieu.
Camille Dareste de Saconay.

Du Fresne.
Pierre Campredon.

Caussonnel.
Christophe de la Rochette.
Parent l'aîné.
Lacour fils.

1759

J. B. Flachat, sᵣ de St Bonnet les-Oulles.
Pierre-Thomas Gonin Delurieu.
Camille Dareste de Saconay.
François Louis Clapasson de Val-lière.
Jacques Daudé.

Pierre Campredon.
Servan.

Christophe de la Rochette.
Parent l'aîné.
Lacour fils.
Joseph-Marie Rousset.

1760

J.-B. Flachat, sᵣ de St-Bonnet-les-Oulles.
François Louis Clapasson de Val-lière.
Jacques Daudé.
Pierre Monlong.
Pierre Flachon.

Servan.
Caussonnel.

Pierre Thomas Gonyn de Lurieu.
Joseph-Marie Rousset.
Christophe de la Rochette.
Roux.

1761

J.-B. Flachat, sᵣ de St-Bonnet-les-Oulles.
Pierre Monlong.
Pierre Flachon.
Aimé Guillin Dumontet.
Thomas Deschamps.

Caussonnel.
Bruyère.

Christophe de la Rochette.
Roux.
Chirat l'aîné.
François-Louis Clapasson de Val-lière.

1762

J.-B. Flachat, sᵣ de St-Bonnet-les-Oulles.
Aimé Guillin du Montet.
Thomas Deschamps.
Antoine Fulchiron.
François Valesque.

Bruyère.
Joseph Marie Rousset.

François-Louis Clapasson de Val-lière.
Chirat l'aîné.
Clavière cadet.
Horace Merlin.

1763

J. B. Flachat, sᵣ de St Bonnet-les-Oulles.
Antoine Fulchiron.
François Valesque.
Jacques Joliclerc.
J.-B. Lacour.

Joseph-Marie Rousset.
Roux.

Clavière le cadet.
Horace Merlin.
Aimé Guillin Dumontet.
Commarmot.

1764

{ Charles-Jacques Leclerc de la Ver-
  pillière.
  Charles Joliclerc, sr de la Bruyère.
  J.-B. Lacour.
  Claude Servan.
  Maurice Giraud.

{ Roux.
  Chirat l'aîné.

{ Aimé Guillin du Montet.
  Commarmot.
  Antoine Deschamps.
  Honoré Bœuf.

1765

{ Charles-Jacques Leclerc de la Ver-
  Claude Servan.   [pillière.
  Maurice Giraud.
  Benoît Valous.
  Jean-Joachim Reynaud.

{ Chirat aîné.
  Audras l'aîné.

{ Antoine Deschamps.
  Honoré Bœuf.
  Jacques Joliclerc.
  Jean Jacob.

1766

{ Jacques Leclerc de la Verpillière.
  Benoît Valous.
  Jean-Joachim Reynaud.
  Pierre Campredon.
  J.-B. Verger.

{ Audras l'aîné.
  Antoine Deschamps.

{ Jacques Joliclerc.
  Jean Jacob.
  Antoine Torrent.
  Mathieu Chancey.

1767

{ Charles-Jacques Leclerc de la Ver-
  Pierre Campredon.   [pillière.
  J.-B. Verger.
  Jean-Louis Desroys.
  François Bruyère.

{ Antoine Deschamps.
  Honoré Bœuf.

{ Antoine Torrent.
  Jean-Mathieu Chancey.
  Benoît Valous.
  Louis Auriol.

1768

{ Charles-Jacques Leclerc de la Ver
  Jean Louis Desroys.   [pillière.
  François Bruyère.
  Joseph Marie Rousset.
  André Rambaud.

{ Honoré Bœuf.
  Antoine Torrent.

{ Benoît Valous.
  Louis Auriol.
  Mathieu-Marc-Antoine Nolhac.
  Jean-Isaie Imbert.

1769

{ Charles-Jacques Leclerc de la Ver-
  Joseph-Marie Rousset.   [pillière.
  André Rambaud.
  Antoine Guillin du Montet.
  Jean-Antoine Roux.

{ Antoine Torrent.
  Jean-Mathieu Chancey.

{ Mathieu-Marc-Antoine Nolhac.
  Jean-Isaïe Imbert.
  Benoît Valous.
  Benoît Coste.

1770

{ Charles-Jacques Leclerc de la Ver-
pillière.
Antoine Guillin du Montet.
Jean-Antoine Roux.
Jean-Antoine Chirat.
Jean-François Clavière.

{ Jean-Mathieu Chancey.
Louis Auriol.

{ Benoît Valous.
Benoît Coste.
Mathieu Rast.
Joseph Vial.

1771

Charles-Jacques Leclerc de la Ver-
Jean-Antoine Chirat.   [pillière.
Jean-François Clavière.
François Bertin du Villars.
Laurent Audra.

{ Marc-Antoine Nolhac.
Louis Auriol.

Mathieu Rast.
Joseph Vial.
Guillin du Montet.
Henri Jordan.

1772

{ Claude-Espérance Marquis de Re-
gnauld, sr de Bellescise.
François Bertin du Villars.
Laurent Audra.
Jean Jacob.
Laurent Félix Sponton.

{ Marc-Antoine Nolhac.
Jean-Isaïe Imbert l'aîné.

{ Guillin du Montet.
Henri Jordan.
Jean-Henri Benoît.
Antoine Neyrat.

1773

Claude Espérance Marquis de Re-
gnauld, sr de Bellescise.
Jean Jacob.
Laurent Félix Sponton.
Antoine-François Prost de Royer.
Honoré Bœuf.

{ Jean-Isaïe Imbert.
Benoît Coste.

Jean-Henri Benoît l'aîné.
Antoine Neyrat.
François Bertin du Villars.
Claude Lemoyne.

1774

{ Claude Espérance Marquis de Re-
gnauld, sr de Bellescise.
Antoine François Prost de Royer.
Honoré Bœuf.
Antoine Torrent.
Jean-Mathieu Chancey.

{ Benoît Coste.
Mathieu Rast.

{ François Bertin du Villars.
Claude Lemoyne.
Jean-Marie Duperrel.
Léonard Gay.

1775

Claude Espérance Marquis de Re-
gnaud, sr de Bellescise.
Antoine Torrent.
Jean-Mathieu Chancey.
François-Pierre-Suzanne Brac.
Mathieu-Marc-Antoine Nolhac.

{ Mathieu Rast.
Antoine Henri Jordan.

Jean-Marie Duperrel.
Léonard Gay.
Antoine François Prost de Royer.
Jacques-Franç. Vauberet-Jacquier.

1776

Claude-Espérance Marquis de Re-
  gnauld, sʳ de Bellescise.
Antoine Torrent.
Jean Mathieu Chancey.
François Pierre-Suzanne Brac.
Mathieu Marc-Antoine Nolhac.

Antoine-Henri Jordan.
Joseph Vial._

Jacques-Franç. Vauberet-Jacquier.
François Bertin du Villars.
François Rocoffort.
Antoine Lucy.

1777

Claude Riverieulx.
Mathieu Rast.
François Muguet.
Marc Antoine Bloud.
Benoît Coste.

Joseph Vial. -
Jean Henri Benoît.

François Rocoffort.
Antoine Lucy.
Claude François Fayolle.
François Bertin du Villars.

1778

Claude Riverieulx.
Marc Antoine Bloud.
Benoît Coste.
Jean Isaïe Imbert.   [lier.
Simon-Claude Boulard de Gatel-

Jean Henri Benoît.
Jean Marie Duperrel.

Claude François Fayolle.
François Bertin du Villars.
Gilles Gaudin.
Jacques Imbert.

1779

Antoine Fay, baron de Sathonay.
Jean-Isaïe Imbert.
Simon-Claude Boulard de Gatel-
François Chol de Clercy.   [lier.
Antoine-Henri Jordan.

Jean-Marie Duperrel.
Léonard Gay.

Gilles Gaudin.
Jacques Imbert.
Marc-Antoine Bloud.
Louis Giraud.

1780

Antoine Fay, baron de Sathonay.
François Chol de Clercy.
Antoine-Henri Jordan.
Joseph Vial. -
Henri Decroix.

Léonard Gay.
Antoine Neyrat.

Marc-Antoine Bloud.
Louis Giraud.
Antoine Dian.
Louis Mongez.

1781

Antoine Fay, baron de Sathonay.
Joseph Vial. -
Henri Decroix.
Jean-Armand Durand.
Louis Reboul.

Antoine Neyrat.
François Rocoffort.

Antoine Dian.
Louis Mongez.
François Chol de Clercy.
Zacharie Pavy.

1782

(Antoine Fay, baron de .Sathonay.
| Jean Armand Durand.
| Louis Reboul.
| Jean Henri Benoit.
(Jacques Marie Muguet.

(François Rocoffort.
(Claude Lemoyne.

(François Chol de Clercy.
| Zacharie Pavy.
| Pierre Jacquier.
(Joseph-Michel Dian.

1783

(Antoine Fay, baron de Sathonay.
| Jean-Henri Benoît.
| Jacques-Marie Muguet de Mont-
| Philippe Choignard.   [gant.
(Antoine Neyrat.

(Claude Lemoyne.
(Jacques François Vauberet Jacquier

(Pierre Jacquier.
| Joseph-Michel Dian.
| Jean-Armand Durand.
(Joseph Steinman.

1785

(Antoine Fay, baron de Sathonay.
| Philippe Choignard.
| Antoine Neyrat.
| Léonard Gay.
(Louis-Joseph Baroud.

(Charles-François   Vauberet-Jac-
(Antoine Lucy.   [quier.

(Jean-Armand Durand.
| Joseph Steinman.
| Jacques Roybon.
(Claude-Benoît Marduel.

1785

(Louis Tolozan de Montfort.
| Léonard Gay.
| Louis-Joseph Baroud.
| Jean-Antoine Tavernier.
(Claude Lemoyne.

(Antoine Lucy.
(Claude-François Fayolle.

(Jacques Roybon.
| Claude-Benoît Marduel.
| Philippe Choignard.
(J.-B. Harent.

1786

| Louis Tolozan de Montfort.
| Jean-Antoine Tavernier.
| Claude Lemoyne.
| Jacques-François   Vauberet-Jac-
| François Rocoffort.   [quier.

(Claude-François Fayolle.
(Jacques Imbert.

(Philippe Choignard.
| J.-B. Harent.
| Louis Gallien.
(Jean-Pierre Suchet.

1787

| Louis Tolozan de Montfort.
| Jacques-François   Vauberet-Jac-
| François Rocoffort.   [quier.
| Jean Antoine Ravier.
| Claude François Fayolle.

(Jacques Imbert.
(Charles-Louis Giraud.

(Philippe Choignard.
| Louis Gallien.
| Jean Pierre Suchet.
(Etienne Vachon.

1788

Louis Tolozan de Montfort.
Jean-Marie Ravier.
Claude-François Fayolle.
Charles Imbert Colomès.
Joseph Steinman.

Charles-Louis Giraud.
Gilles Gaudin.

Philippe Choignard.
Etienne Vachon.
Jean Pilat.
Charles-Joseph Jacob.

1789

Louis Tolozan de Montfort.
Jacques Imbert-Colomès.
Joseph Steinman.
Marie-Antoine Bertholon.
Jean-Marie Degraix.

Charles Louis Giraud.
Antoine Dian.

Philippe Choignard.
Jean Pilat.
Charles-Joseph Jacob.
André Mongez.

1790

Palerne-Savy, maire.
Lagier.
Vauberet-Jacquier.
Goudard le jeune.

Charles-Louis Giraud.
Antoine Dian.

Philippe Choignard.
Jean Pilat.
Charles Joseph Jacob.
André Mongez.

1791

Il n'y a point de nominations. Peut-être a-t-on maintenu les mêmes conservateurs, la loi du 25 mai 1791 ayant ordonné qu'ils seraient conservés jusqu'à la nomination du nouveau tribunal de commerce.

1792

Vitet, maire.
Challier.
Sicard.
Morenas.

Chalon.
Philippe Choignard.

Charles-Louis Giraud.
Jean Pilat.
Charles-Joseph Jacob.
André Mongez.

TABLE

PIÈCES JUSTIFICATIVES